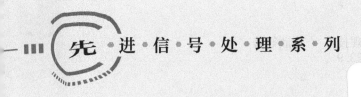

先·进·信·号·处·理·系·列

智能网联汽车环境感知信号处理技术

毕欣 田炜 高乐天 冯雨 著

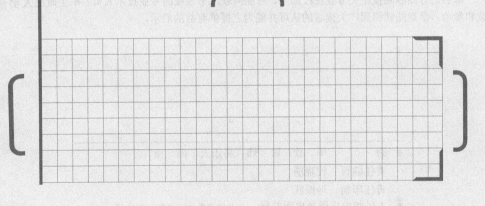

人民邮电出版社

北京

图书在版编目（CIP）数据

智能网联汽车环境感知信号处理技术 / 毕欣等著
. -- 北京：人民邮电出版社，2022.9
（先进信号处理系列）
ISBN 978-7-115-59171-5

Ⅰ．①智… Ⅱ．①毕… Ⅲ．①汽车－智能通信网－信号处理 Ⅳ．①U463.67

中国版本图书馆CIP数据核字(2022)第065352号

内 容 提 要

本书围绕智能网联汽车环境感知部分的传感器内容进行阐述，主要内容包括：绪论、信号处理的基本知识、毫米波雷达信号处理技术、激光雷达信号处理技术、视觉传感器信号处理技术、车载定位传感器信号处理技术、多传感器融合技术和其他传感器技术等。本书对智能网联汽车的传感器核心技术进行了梳理和总结，对关键技术的原理、核心算法及其在智能网联汽车中的应用实例进行了论述，并对其优缺点展开了探讨。

本书适合高等院校相关专业在校师生、智能网联汽车领域的专业技术人员、车企研发人员阅读和参考，希望能够得到广大读者的认可并能为之提供有益的启示。

◆ 著　　毕　欣　田　炜　高乐天　冯　雨
　责任编辑　代晓丽
　责任印制　马振武

◆ 人民邮电出版社出版发行　北京市丰台区成寿寺路 11 号
　邮编　100164　　电子邮件　315@ptpress.com.cn
　网址　https://www.ptpress.com.cn
　北京七彩京通数码快印有限公司印刷

◆ 开本：700×1000　1/16
　印张：14.25　　　　　2022 年 9 月第 1 版
　字数：280 千字　　　2024 年 12 月北京第 4 次印刷

定价：149.80 元

读者服务热线：(010)53913866　印装质量热线：(010)81055316
反盗版热线：(010)81055315
广告经营许可证：京东市监广登字 20170147 号

前　言

随着社会经济的快速发展和智能产业的不断进步，智能网联汽车的发展如火如荼，不论传统车企还是造车新势力，均在智能网联汽车技术、自动驾驶技术这一赛道投入了大量人力、物力。自 2009 年谷歌启动自动驾驶汽车计划以来，自动驾驶汽车已经发展了 13 年，传统车企与科技公司等都已加入了这场颠覆汽车制造与交通出行的新技术革命，自动驾驶行业的竞争日趋激烈。同时随着信息化与汽车的深度融合，汽车正在从传统的交通运输工具转变为新型的智能出行载体，发展智能网联汽车对一个国家而言具有战略意义，因此近年来各国大力支持智能网联汽车的发展，我国也不例外，从政策扶持、制定道路测试法规、建设示范区、基础数据平台、产业创新联盟和批准重点项目等多方面推进我国智能网联汽车的发展。

随着智能网联汽车技术的发展，安全作为汽车行业的首要因素被重点关注。智能网联汽车的安全是通过获取汽车周围环境信息进行判断来保障的，也就是说智能网联汽车的环境感知系统尤为重要。因而，环境感知技术作为智能网联汽车技术的一个重要研究领域已成为各科研机构以及学者们的研究重点。

智能网联汽车的环境感知是通过安装在汽车上的传感器，持续地感知外部环境信息，探测周围环境中静止和运动的物体，进一步对目标进行跟踪和识别。通过环境感知与理解算法，判断目标运动态势及威胁程度，智能网联汽车自动做出相应的规划和执行动作。环境感知的目的是基于自身行驶性能和共识规则，实时、可靠、准确地识别出行驶路径周边对行驶安全可能存在安全隐患的物体，用于规划出可保证规范、安全、迅速到达目的地的行驶路径，并为自身采取必要操作以避免发生交通安全事故。

本书力求将理论研究与实际应用并重，围绕环境感知涉及的传感器和算法理论研究及其在智能网联汽车技术中的应用，基于作者在毫米波雷达、数据融合等方面的成果，融合复杂网络、人工智能等思想和方法，构建针对智能网联汽车的环境感知方法。本书从自动驾驶技术的发展历程以及自动驾驶涉及的关键环境感知技术的总体概述出发，依次详细介绍了毫米波雷达信号处理技术、激光雷达信号处理技术、视觉传感器信号处理技术、车载定位传感器信号处理技术、多传感器融合技术等。

作者及其研究团队在环境感知、毫米波雷达、传感器融合等方面进行了多年的深入研究，承担了多项国家、省部级科研课题和横向合作项目，积累了大量经验和成果，本书的大部分内容来源于这些经验和成果，其中很多出自相应的原创论文。这些经验和成果为本书的完成提供了丰富的材料和应用基础。

在人工智能蓬勃发展的时代，环境感知技术将迸发出更多的活力，本书只是在环境感知技术方面做了一些探索和尝试，难免挂一漏万，敬请广大读者批评指正。未来，作者将进一步深入研究环境感知技术的内在机理，以应对智能网联汽车领域环境感知技术的快速发展。

本书撰写过程中，得到同行和课题组学生的大力支持和帮助。特别感谢熊璐、季向阳、于淼等专家老师提出的宝贵意见，感谢课题组的仝盼盼、张博、杨士超、翁才恩、邓振文、余先旺、许志秋、赵晓龙、谭大艺、章毓娴等（排名不分先后），在相关材料的收集整理方面提供的帮助。

由于作者水平有限，书中难免有不足之处，恳请读者批评指正。

目 录

第1章 绪论 1
 1.1 智能网联汽车发展趋势 1
  1.1.1 自动驾驶历史发展 2
  1.1.2 自动驾驶行业——量的积累让自动驾驶汽车开始迈向质的飞跃 ... 3
  1.1.3 国内外政策——多角度保障自动驾驶汽车安全落地 4
  1.1.4 业界公司发展 6
 1.2 车载传感器概述与技术进程 7
  1.2.1 毫米波雷达 8
  1.2.2 激光雷达 8
  1.2.3 超声波传感器 9
  1.2.4 图像传感器 9
  1.2.5 组合定位导航 9
 1.3 小结 10
 参考文献 11

第2章 信号处理的基本知识 12
 2.1 信号采样 12
  2.1.1 信号、系统及信号处理 12
  2.1.2 信号处理的一般过程 13
  2.1.3 模拟信号的采样过程 14
  2.1.4 采样定理 15
 2.2 线性系统与非线性系统 16
  2.2.1 系统的一般分类 16

1

2.2.2　线性系统与非线性系统的基本性质 ································ 17
　　2.2.3　线性系统的分析方法 ·· 18
2.3　傅里叶变换 ··· 19
　　2.3.1　傅里叶级数 ··· 19
　　2.3.2　连续非周期信号的傅里叶变换 ·· 20
　　2.3.3　离散时间傅里叶变换 ·· 21
　　2.3.4　离散时间周期信号的傅里叶级数 ·· 22
　　2.3.5　离散傅里叶变换和快速傅里叶变换 ···································· 23
　　2.3.6　其他重要变换 ·· 27
2.4　矩阵代数基础 ·· 28
　　2.4.1　行列式的性质 ·· 28
　　2.4.2　方阵的迹及其性质 ·· 29
　　2.4.3　逆矩阵 ·· 29
　　2.4.4　初等变换与秩 ·· 31
　　2.4.5　关于秩的一些重要结论 ·· 32
2.5　概率论基础 ··· 32
　　2.5.1　分布函数 ·· 32
　　2.5.2　均值与方差 ·· 33
　　2.5.3　矩 ·· 33
　　2.5.4　随机向量 ·· 34
2.6　滤波算法与滤波器 ·· 35
　　2.6.1　滤波器的分类 ·· 35
　　2.6.2　滤波器的技术要求 ·· 36
　　2.6.3　滤波器算法 ·· 37
参考文献 ··· 40

第3章　毫米波雷达信号处理技术 ·· 41

3.1　毫米波雷达原理 ·· 41
　　3.1.1　雷达方程 ·· 41
　　3.1.2　雷达工作体制 ·· 42
3.2　车载雷达信号处理流程 ·· 47
3.3　脉冲压缩技术 ·· 48
　　3.3.1　脉冲压缩原理 ·· 49
　　3.3.2　脉冲压缩基本方法 ·· 50
3.4　雷达杂波抑制 ·· 52

目录

3.5 雷达目标检测技术 ... 55
    3.5.1 雷达检测的门限值 ... 55
    3.5.2 恒虚警检测器原理 ... 56
    3.5.3 白噪声背景下的恒虚警检测器 ... 56
    3.5.4 有序统计恒虚警检测器 ... 58
3.6 雷达阵列信号处理 ... 59
    3.6.1 MIMO雷达工作原理 ... 59
    3.6.2 MIMO雷达信号处理流程 ... 60
    3.6.3 时分多路 ... 62
3.7 多目标跟踪与识别技术 ... 64
    3.7.1 多目标跟踪技术 ... 64
    3.7.2 毫米波雷达目标识别系统 ... 67
3.8 超宽带的毫米波雷达三维成像算法 ... 69
3.9 应用实例 ... 72
    3.9.1 4D毫米波雷达 ... 72
    3.9.2 车辆周围障碍物的检测 ... 74
    3.9.3 ADAS中的应用 ... 74
    3.9.4 基于微多普勒特征的行人、车辆的目标识别 ... 75
参考文献 ... 77

第4章 激光雷达信号处理技术 ... 79

4.1 激光雷达原理 ... 79
    4.1.1 激光产生的原理 ... 79
    4.1.2 激光测距原理 ... 80
    4.1.3 激光雷达作用距离方程 ... 81
    4.1.4 激光雷达扫描方式 ... 82
4.2 激光雷达信号处理流程 ... 88
    4.2.1 激光雷达回波信号降噪 ... 88
    4.2.2 全波形信号处理 ... 90
4.3 激光点云处理方法 ... 91
    4.3.1 点云滤波 ... 91
    4.3.2 点云特征描述与提取 ... 92
    4.3.3 点云分割 ... 99
    4.3.4 点云配准 ... 106
4.4 激光三维成像研究 ... 107

4.4.1　激光扫描点云成像 ·· 108
　　　4.4.2　其他主动激光成像技术 ·· 111
　4.5　应用实例 ··· 114
　　　4.5.1　基于激光雷达点云的车辆检测方法 ·································· 114
　　　4.5.2　基于激光雷达点云的车道线检测方法 ······························ 115
　　　4.5.3　基于激光雷达的目标追踪 ··· 116
　　　4.5.4　三维场景重建 ··· 117
　参考文献 ··· 117

第5章　视觉传感器信号处理技术 ·· 122

　5.1　车载视觉传感器原理 ·· 122
　　　5.1.1　视觉传感器基本组成 ··· 122
　　　5.1.2　典型的视觉传感器 ·· 123
　5.2　数字图像处理流程 ··· 127
　　　5.2.1　图像的采集和存储 ·· 128
　　　5.2.2　图像预处理 ··· 128
　　　5.2.3　图像分割 ·· 129
　　　5.2.4　图像特征提取和选择 ·· 130
　5.3　图像预处理技术 ·· 131
　　　5.3.1　图像灰度化 ··· 131
　　　5.3.2　图像几何变换 ·· 132
　　　5.3.3　图像增强 ·· 132
　5.4　图像特征提取与分类 ··· 134
　　　5.4.1　原始特征提取 ·· 135
　　　5.4.2　特征降维 ·· 136
　　　5.4.3　特征选择 ·· 138
　5.5　机器学习与深度学习方法 ··· 141
　　　5.5.1　机器学习方法 ·· 141
　　　5.5.2　深度学习方法 ·· 144
　5.6　应用实例 ··· 146
　　　5.6.1　车辆与行人识别和跟踪 ·· 146
　　　5.6.2　车道线识别 ··· 150
　　　5.6.3　交通标志牌识别 ··· 153
　参考文献 ··· 155

目录

第6章 车载定位传感器信号处理技术 157

- 6.1 引言 157
- 6.2 车载定位传感器信号简介 157
  - 6.2.1 GNSS信号 158
  - 6.2.2 轮速信号 159
  - 6.2.3 惯性传感器信号 159
- 6.3 GNSS定位 162
  - 6.3.1 单点定位 163
  - 6.3.2 差分定位 164
  - 6.3.3 精密单点定位 165
- 6.4 航迹推算定位系统 165
  - 6.4.1 平面航迹推算定位系统 166
  - 6.4.2 轮速信号的处理 168
- 6.5 惯性导航系统 170
  - 6.5.1 惯性导航常用参考坐标系 171
  - 6.5.2 惯性传感器测量模型 171
  - 6.5.3 姿态解算 172
  - 6.5.4 速度解算 173
  - 6.5.5 位置解算 173
- 6.6 应用实例——GNSS/INS/轮速传感器松耦合组合定位系统 174
  - 6.6.1 系统简介 174
  - 6.6.2 INS误差状态模型 174
  - 6.6.3 基于误差状态卡尔曼滤波的信息融合 176
- 参考文献 178

第7章 多传感器融合技术 180

- 7.1 车载传感器数据融合方法 180
  - 7.1.1 多传感器融合 180
  - 7.1.2 多传感器融合的基本原理 180
  - 7.1.3 多传感器的前融合与后融合技术 181
  - 7.1.4 多传感器数据融合算法 182
- 7.2 贝叶斯估计 184
  - 7.2.1 贝叶斯估计基本概念 184
  - 7.2.2 基于贝叶斯估计的数据融合算法 186

5

7.2.3 估计算法的局限性 ····· 187
7.3 扩展卡尔曼滤波 ····· 188
　7.3.1 扩展卡尔曼滤波介绍 ····· 188
　7.3.2 扩展卡尔曼滤波原理 ····· 189
　7.3.3 扩展卡尔曼滤波在一维非线性系统中的应用 ····· 190
7.4 模糊决策 ····· 192
　7.4.1 模糊决策基本概念 ····· 192
　7.4.2 模糊一致关系 ····· 192
　7.4.3 模糊一致矩阵 ····· 194
　7.4.4 广义去模糊机制 ····· 195
7.5 应用实例——多目标跟踪 ····· 196
　7.5.1 多目标跟踪方法分类 ····· 197
　7.5.2 多目标跟踪算法 ····· 198
参考文献 ····· 200

第8章 其他传感器技术 ····· 201

8.1 超声波雷达 ····· 201
　8.1.1 超声波雷达的工作原理 ····· 201
　8.1.2 超声波雷达的类型 ····· 202
　8.1.3 超声波雷达的数学模型 ····· 203
　8.1.4 超声波雷达的优势与劣势 ····· 203
　8.1.5 超声波雷达的技术特点 ····· 204
8.2 红外传感器 ····· 204
　8.2.1 红外线 ····· 205
　8.2.2 红外传感器分类 ····· 205
　8.2.3 红外传感器相关技术 ····· 207
8.3 其他车身状态传感器 ····· 211
　8.3.1 车身高度传感器 ····· 211
　8.3.2 碰撞传感器 ····· 212
参考文献 ····· 213

名词索引 ····· 215

第1章 绪论

1.1 智能网联汽车发展趋势

汽车智能化技术在减少交通事故、缓解交通拥堵、提高道路及车辆利用率等方面具有巨大潜能,已成为众多企业的竞争热点[1]。我国明确指出将智能网联汽车作为一项重点发展对象,并定义智能网联汽车是指搭载先进的车载传感器、控制器、执行器等装置,并融合现代通信与网络技术,实现车内网、车外网、车际网的无缝连接,具备信息共享、复杂环境感知、智能化决策、自动化协同等控制功能,与智能公路和辅助设施组成的智能出行系统,可实现"高效、安全、舒适、节能"行驶的新一代汽车[2]。

智能网联汽车是新一轮科技革命背景下的新兴技术,集中运用了现代传感技术、信息与通信技术、自动控制技术、计算机技术和人工智能技术等,代表着未来汽车技术的战略制高点,是汽车产业转型升级的关键,也是目前世界公认的汽车发展方向。智能网联汽车技术示意如图1-1所示。

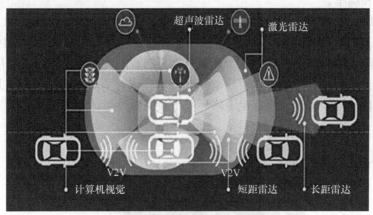

图 1-1 智能网联汽车技术示意

注:V2V 为车辆对车辆(Vehicle to Vehicle)。

1.1.1 自动驾驶历史发展

国外智能驾驶发展历程如图 1-2 所示。智能驾驶并不是 21 世纪出现的新技术，从 20 世纪 70 年代开始，美国、欧洲、日本等发达国家或地区开始步入智能驾驶汽车的研究领域，在可行性和实用性方面取得了突破性的进展[3]。

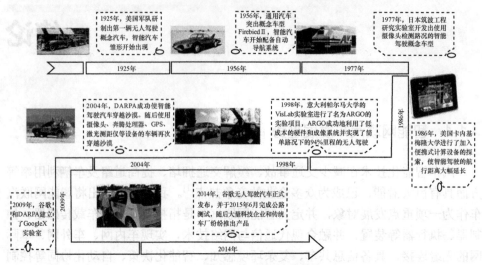

图 1-2　国外智能驾驶发展历程

注：GPS 为全球定位系统（Global Positioning System）。

美国起步较早，早在 1939 年纽约世界博览会上，美国通用汽车公司首次展出了无人驾驶概念车 Futurama。1958 年，美国无线电公司（Radio Corporation of America，RCA）和美国通用汽车公司联合，对外展示了智能驾驶汽车原型。依赖于预埋线圈的道路设施，车辆可以按电磁信号指示确定其位置与速度，控制方向盘、油门和刹车。

自 20 世纪 80 年代在美国国防部高级研究计划局（Defense Advanced Research Projects Agency，DARPA）的支持下掀起了智能驾驶车技术研究热潮。1984 年由卡内基梅隆大学研发了全世界第一辆真正意义的智能驾驶车，如图 1-3 所示。该车利用激光雷达、计算机视觉及自动控制技术完成对周边环境的感知，并据此做出决策，自动控制车辆，在特定道路环境下最高时速可达 31 km。

图 1-3　第一辆真正意义的智能驾驶车

欧洲从20世纪80年代中期开始研发智能驾驶车辆,其研究不强调车路协同,而是将智能驾驶车辆作为独立个体,并让车辆混行于正常交通流。日本智能驾驶技术研发起步较晚,且更多关注于降低事故发生率,以及采用车间通信方式的辅助驾驶。日本在智能安全及车联网方面的研究走在世界前列,但对完全智能驾驶技术关注较少。

国内智能驾驶车辆技术起步较晚,与国外汽车公司基于自主研发不同,中国汽车制造商大多与国内科研院所和高校合作研究智能驾驶技术[4]。国内传统的车企倾向于从辅助驾驶到自动驾驶的逐步递进方案。

1.1.2 自动驾驶行业——量的积累让自动驾驶汽车开始迈向质的飞跃

自2009年谷歌公司(以下简称谷歌)启动自动驾驶汽车计划以来,自动驾驶汽车已经发展了13个年头,传统车企与科技公司等都已加入了这场颠覆汽车制造与交通出行的新技术革命,自动驾驶行业的竞争日趋激烈。

国内外持续涌现的投资与并购表明自动驾驶汽车依然是人工智能领域的宠儿。例如,谷歌旗下的自动驾驶公司Waymo首次融资即达到了创纪录的30亿美元;美国通用汽车公司旗下的自动驾驶公司Cruise最新融资20亿美元,微软参与了此次投资,将基于Azure为Cruise提供云服务,表明微软以云服务切入自动驾驶行业;亚马逊以13亿美元收购自动驾驶公司Zoox。

在技术方面,十多年间,量的积累让自动驾驶汽车开始迈向质的飞跃。特斯拉自动驾驶平台经历3次升级迭代:① 2014年HW1.0版本,采用Mobile EyeQ3处理器,1个摄像头,1个毫米波雷达,12个超声波雷达;② 2016年HW2.0版本,采用英伟达Drive PX2计算平台,8个摄像头实现360°环视;2017年推出的HW2.5版本在的HW2.0基础上增加了算力与芯片的冗余;③ 2019年推出的HW3.0版本使用两块自主研发的完全自动驾驶(Full Self-Driving,FSD)芯片,同时在2022年年初取消了雷达的配置,仅保留摄像头。Cruise发布了没有方向盘和脚踏板的全新共享自动驾驶汽车Cruise Origin,谷歌开始上路运行取消了安全员的无人驾驶汽车。整体而言,以下几个方面的趋势值得关注。

(1)不需要安全员的真正无人驾驶开始变为现实

自动驾驶汽车的终极目的是用自动驾驶系统取代人类司机,这不仅可以带来商业模式的根本性变革,而且可以带来安全、效率的极大提升。2020年10月,Waymo在美国凤凰城,面向一般公众正式推出了取消了安全员的Robotaxi,用户可以通过其叫车服务软件Waymo One获取无人驾驶出租汽车服务。在国内,广州、长沙和北京等城市开始发放无人驾驶测试许可,为无人驾驶最终商业化开路。

(2)新基建政策加速自动驾驶基础设施建设,助力自动驾驶行业迎来发展黄金期

2020年以来,国家密集部署"新基建"政策,新基建迎来风口。根据国家发

展改革委对新基建的范围界定，新基建中的5G、人工智能、云计算、数据中心和智能计算中心等信息基础设施，以及智能交通基础设施与自动驾驶汽车密切相关[5]。

5G将加速车联网发展，与智能交通基础设施配合，实现车路协同；人工智能、云计算是自动驾驶系统的核心支撑技术，帮助自动驾驶系统实现感知、行为预测和规划等，从而可以代替人类司机执行全部动态驾驶任务。

可以预见，在新基建的加持下，未来几年自动驾驶汽车在我国将迎来发展黄金期，助力实现国家智能网联汽车战略中所要求的到2025年实现市场化应用。近年来，美国、欧洲也高度重视车联网等基础设施建设，纷纷加大投入力度，加速推动自动驾驶商业化进程，抢占应用高地。

（3）仿真技术与平台成为自动驾驶发展成熟的关键，政府及行业纷纷布局

受限于时间、空间等因素，完全依靠实际道路测试来迭代、验证自动驾驶汽车的安全性，可能让自动驾驶汽车的落地遥遥无期。从自动驾驶行业的实际来看，在对自动驾驶汽车的安全性进行检测、验证和优化等时，不受时空限制的虚拟仿真测试扮演着更为重要的角色。虚拟仿真平台已然成为自动驾驶汽车不可或缺的基础设施。在推动自动驾驶汽车应用落地的过程中，美国和欧洲部分国家都非常重视虚拟仿真测试验证平台的重大价值，已开始了此类路线。政府和行业都在建立虚拟仿真平台，以对自动驾驶汽车的安全性能进行仿真测试与验证。

1.1.3 国内外政策——多角度保障自动驾驶汽车安全落地

1. 各国继续加强战略与政策布局，构建本国领先行业愿景

作为前沿科技与汽车制造业、交通出行行业等融合发展的产物，自动驾驶已被各国上升到国家战略高度，纷纷抢占技术与产业制高点。在国内，国家发展改革委等11部委于2020年2月联合印发了《智能汽车创新发展战略》，提出到2025年实现有条件自动驾驶的智能汽车达到规模化生产，实现高度自动驾驶的智能汽车在特定环境下市场化应用[6]。

展望2035年到2050年，中国标准智能汽车体系全面建成，逐步实现智能汽车强国愿景。《智能汽车创新发展战略》提出了构建以技术完善与示范应用为核心的技术创新体系、跨界融合的生态体系、先进完备的基础设施体系、系统完善的法规标准体系、科学规范的产品监管体系、全面高效的网络安全体系的智能汽车发展主要任务。表明国家对发展自动驾驶汽车的高度重视。

在美国，2020年1月，美国交通部发布了《确保美国自动驾驶领先地位：自动驾驶汽车4.0》（以下简称《自动驾驶4.0》）战略，该战略提出整合38个联邦部门、独立机构、委员会和总统行政办公室在自动驾驶领域的工作，为州政府和地方政府、创新者以及所有利益相关者提供美国政府有关自动驾驶汽车工作的指导，主要包括优先考虑安全，保障、推动创新，确保一致的监管方法，促进行业参与

者、联邦及各州地方政府和标准制定组织等主体之间的协作和信息共享，以确保美国在自动驾驶技术领域的领先地位。

而在 2020 年 3 月公布的《智能交通系统（ITS）战略规划 2020—2025》中，美国政府强调自动驾驶、车联网已从研究阶段进入加速部署和应用阶段。2021 年 1 月美国交通部发布《自动驾驶汽车综合计划》，该计划定义了实现自动驾驶系统愿景的 3 个目标，包括促进协作和透明度，现代化监管环境（主要是消除创新汽车设计、功能和操作等方面的不必要的监管障碍，并开发针对安全性的框架和工具，以评估自动驾驶系统的安全性能），以及为运输系统作准备。

在欧洲，根据欧盟的《通往自动化出行之路：欧洲未来出行战略》中的自动驾驶时间进度表，欧洲计划于 2030 年步入以完全自动驾驶为标准的社会，使欧洲在完全自动驾驶领域处于世界领先地位。

日本也在积极推动自动驾驶的远景规划，2020 年 5 月公布的《实现自动驾驶的行动报告与方针》4.0 版提出，到 2025 年将只需远程监控的无人自动驾驶服务扩大到全国 40 个区域范围。

2. 监管聚焦自动驾驶安全性能与驾驶安全，逐步完善相关标准要求

安全性能始终是自动驾驶发展的重中之重。美国连续 4 年发布的自动驾驶汽车政策的核心是自动驾驶系统的安全性能标准，并与行业一起不断迭代这些标准，以适应自动驾驶技术发展趋势。

《自动驾驶 4.0》进一步扩大覆盖至 38 个与安全开发和自动驾驶技术集成有直接或间接利益相关的内容。2020 年 6 月，美国国家公路交通安全管理局（National Highway Traffic Safety Administration，NHTSA）启动 AV-Test 计划，并在 9 月推出公共在线工具，旨在提高自动驾驶汽车研发和测试的透明度和安全性，通过数据共享方式使公众了解制造商、开发商和运营商以及各级政府发布的与道路测试和系统开发相关的信息。对道路测试与系统开发的全方位公开可以实现信息对等流通，一方面倒逼制造商等主体更加主动地保障安全性能，另一方面给予消费者全面了解自动驾驶信息的平等机会，根据其真实性能状况做出有效选择。

在日本，2020 年 5 月开始实施的《道路运输车辆法（修正案）》对 L3 级的自动驾驶安全要求做出了明确规定，允许人类驾驶员在自动驾驶过程中使用手机或观看车载电视，前提是能够快速恢复手动驾驶，这本质上要求人类驾驶员在自动驾驶开启的过程中并不能完全放松警惕意识与安全意识，保持随时可实现手动驾驶的状态。

此外，2020 年 6 月联合国欧洲经济委员会通过了《车道自动保持系统条例（ALKS）》，该条例是针对 L3 级车辆自动化的第一个具有约束力的国际法规。其中核心内容是安全条款，对 L3 级的自动驾驶系统设计研发有较高的安全性要求，

防止一切可预防可预见的事故发生,且要求网络安全级别能够有效防止网络攻击以及制止网络威胁和漏洞的不利影响,同时要求人类驾驶员仍需专注于驾驶任务,即人类驾驶员处于注意力集中状态。

总之,各国各地区在推动自动驾驶发展的过程中,对安全性要求始终保持极其谨慎的态度,通过探索自动驾驶系统安全框架或指南,推动安全性能信息的公开,规范研发过程中的技术要求,规范人类安全员的驾驶行为,尽可能全面地保障自动驾驶的运行安全。

1.1.4 业界公司发展

1. 百度:自动驾驶生态拓荒者

在国内,谈到自动驾驶,一定绕不开百度公司(以下简称百度)。这家公司是国内最早从事自动驾驶研发的科技公司,可以说自动驾驶之火,在国内燃自百度。

在宣布 Apollo 计划之前,百度深度学习研究院发起对自动驾驶的研发,聚拢了一大批人才。在这个过程中,百度与宝马、奇瑞等合作研发自动驾驶汽车,才有了打着百度商标的自动驾驶宝马 3 系、奇瑞 EQ 出现在北京高速路、浙江乌镇的场景。正是有百度无人车的宣传,"自动驾驶"这个词才得以被更多人认知。

北京小马智行科技有限公司、北京领骏科技有限公司和北京主线科技有限公司等均是在百度自动驾驶团队中经过历练的技术人才创办的初创公司,覆盖了 Robotaxi、卡车自动驾驶和乘用车自动驾驶以及自动泊车各类商业场景。除此之外,广州汽车集团股份有限公司汽车工程研究院、北京车和家信息技术有限公司等一些车企中,百度出身的人才也担任着自动驾驶技术的负责人。

除了为大行业贡献人才,百度自身的自动驾驶业务也在 Apollo 计划推出后趟出了一条产业化道路。百度以开放的模式,广泛吸纳自动驾驶产业链上的合作伙伴,通过 Apollo 开放自动驾驶数据集,以及开放能力不断升级的自动驾驶算法 Apollo X.0(目前已迭代到 Apollo 7.0),降低自动驾驶的开发门槛。

截止 2022 年上半年,百度 Apollo 自动驾驶测试里程已经超过 2 500 万千米,无人驾驶的测试已经从封闭园区驶入开放社会测试道路、商业化收费运营也从园区接驳应用到公众日常出行服务。具体来说,百度的萝卜快跑出租车目前已服务 8 个城市,且订单量正在飞速增长,2021 年第四季度就完成了 21.3 万订单。

2. 阿里巴巴:车路协同最大支持者

相较于百度在自动驾驶上的早早出发,阿里巴巴集团控股有限公司(以下简称阿里巴巴)在自动驾驶上算是一个后来者。但在车路协同的概念大火后,阿里巴巴正式找到了自身在自动驾驶竞赛中的定位——以车路协同为突破点。2018 年 9 月,阿里巴巴达摩院与交通运输部公路科学研究院达成合作关系,发力"车路协同"。为此，阿里巴巴还推出了专用的路侧基站，让智能汽车能够通过车联网，获取路端智能设备采集到的环境信息，辅助车辆更好地做出驾驶决策。

3. 博世：L2 级自动驾驶的赋能者

作为全球最大的汽车零部件供应商，罗伯特·博世有限公司（以下简称博世）提供了一整套 L2 级自动驾驶解决方案，同时包含硬件与软件——无论是摄像头、毫米波雷达，还是底盘控制的电控转向（Electric Power Steering，EPS）系统、iBooster。软件则包括了博世在新款摄像头上更新的，更加精确的图像识别算法——包括对车道线、对前车乃至对自行车的精准识别，由此带来的则是自动跟车、拥堵辅助等较为先进的 L2 级自动驾驶功能[7]。

与此同时，博世还在为 L3、L4 级自动驾驶做技术储备。比如 L3 级自动驾驶技术，博世把安全冗余摆在了很高的位置——计算平台与底盘控制系统，博世的 L3 方案准备了互为备份的两套；感知算法方面，博世则同时集成了传统的模式识别、光流法，以及新型的深度学习神经网络。而在 L4 级自动驾驶技术上，博世也和梅赛德斯—奔驰公司（以下简称奔驰）、英伟达公司（以下简称 NVIDIA）结盟，打造 Robotaxi。三方合作的 L4 级自动驾驶出租车队，在北美投入试运营。

1.2 车载传感器概述与技术进程

智能驾驶汽车在传统汽车的基础上扩展了视觉感知功能、实时相对地图功能、高速规划与控制功能，增加了 GPS 天线、工业级计算机、全球定位系统接收机、雷达等核心软硬件。感知环节通过各种传感器采集周围环境基本信息，是智能驾驶的基础[8]。智能汽车感知环节传感器如图 1-4 所示，主要包括毫米波雷达、激光雷达、超声波传感器和图像传感器（摄像头）等。

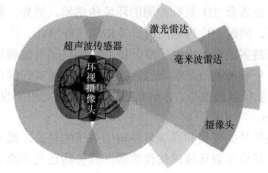

图 1-4　智能汽车感知环节传感器

1.2.1 毫米波雷达

高级驾驶辅助系统（Advanced Driving Assistance System，ADAS）需要雷达传感器的支持，而雷达也是实现自动驾驶功能的一大功臣。毫米波雷达利用无线电波对物体进行探测和定位。

现在的雷达系统主要有用于中短测距的 24 GHz 雷达和长测距的 77 GHz 雷达 2 种，其中 77 GHz 雷达的优势主要在于距离和速度测定的准确性，此外其角分辨率也更加精准。毫米波雷达可有效提取景深及速度信息，识别障碍物，有一定的穿透雾、烟和灰尘的能力，但在环境障碍物复杂的情况下，毫米波依靠声波定位，声波出现漫反射，导致漏检率和误差率比较高。

多片级联的多输入多输出（Multiple Input Multiple Output，MIMO）和数字波束形成（Digital Beam Forming，DBF）技术的发展，进一步提升了毫米波雷达具备更高的角度和距离分辨率，使得毫米波雷达具备 4D 点云成像能力，可实现目标三维目标和速度多普勒维度信息多维特征提取和识别，借助毫米波雷达系统雨、雪、雾和夜间等全天候工作特性，这会导致对激光雷达和被动视觉系统的挑战，4D 毫米波雷达将成为未来自动驾驶乃至无人系统环境感知技术重要组成及发展趋势。

1.2.2 激光雷达

激光雷达系统能探测静态和动态物体，并提供被探测物的高分辨率的几何图像、距离图像和三维点云密度图像。

激光雷达是一种主动环境感知传感器，其通过激光光束测量环境中目标的距离、反射强度等参数，在测绘学、考古学、地理学、地貌、林业、遥感、大气物理以及智能汽车等领域都有所应用。

目前，智能网联汽车上普遍使用多线激光雷达，其可以同时发出多束激光，采集更高的距离和角度分辨率的点云数据，可用于生成精确的 3D 地图。由于激光雷达能够获取到周围环境中物体准确的位置及三维结构信息，且不易受环境光照的影响，是目前最适合 3D 目标检测的环境传感器。另外，激光雷达也被广泛应用到车道线检测、同时定位与地图构建等感知任务中。

近年来，越来越多的激光雷达厂商开始专门为自动驾驶领域推出符合车规级要求的激光雷达。车载激光雷达在这些年经历了由机械式向混合固态式与固态式的发展，其尺寸与重量越来越小，分辨率越来越高。探测距离也由初期的 30 m 提高到了 150～200 m。

尽管随着自动驾驶的发展和高级驾驶辅助系统的普及，激光雷达的成本有所下降。但是相较于其他车载环境感知传感器，其价格还是太高。另外，易受恶劣天气和烟雾环境的影响也是激光雷达的一个劣势。

1.2.3 超声波传感器

超声波传感器主动发出高于人类听觉水平的高频声音并且对于非常近距离的三维映射非常好，因为声波相对较慢，所以可以检测到一厘米或更小的差异。

无论光照水平如何，由于适用于短距离，超声波传感器都可以在雪、雾和雨的条件下同样良好地工作。与激光雷达一样，超声波传感器不提供任何颜色、对比度或光学字符的识别功能。超声波传感器的射程短，因此无法用于测量速度。

超声波传感器主要应用于短距离场景下，如辅助泊车。结构简单、体积小和成本低是它的优势。

超声波传感器是利用超声波的特性，将超声波信号转换成其他能量信号的传感器，具有频率高、波长短和绕射现象小等特点，对液体、固体的穿透性较强，用于自动驾驶汽车可帮助车辆探测外部环境并指导车辆对此做出适当的反应。超声波传感器初期主要用于车辆制动辅助系统和倒车雷达，用来检测障碍物避免碰撞和擦蹭，目前已被研究应用在自动泊车和自动刹车系统中。

自动泊车系统利用超声波传感器提供的停车区信息和车辆位置，控制汽车油门、制动器和转向，从而完成车库停车和侧方位自动泊车。泊车传感器通过声呐技术来计算与目标物体的距离或方向，汽车制造商通过在后保险杠上安置 2～4 个传感器来部署自动泊车系统，这样可以确保探测距离在 2～2.5 m，并将测量到的距离用蜂鸣声传达给驾驶员。

自动刹车系统是通过松开油门踏板，同时采取制动来避免前侧碰撞。放置在汽车车头的超声波传感器会发射超声波，在接收到前面物体的反射波后确定汽车与物体之间的距离，进而通过伺服电机自动控制汽车制动系统。

1.2.4 图像传感器

近年来，相机图像识别系统变得非常便宜、小巧且分辨率高。图像传感器的颜色、对比度和光学字符识别功能为其提供了一个全新的功能集，是其他所有传感器完全没有的。在光线条件良好的情况下，图像传感器具有最佳的传感器范围，随着光线水平变暗，它们的范围和性能会降低，因此使用时必须依赖于汽车前灯的光线。

通过对采集的图像进行计算机算法分析，车载摄像头能够识别行人、自行车、机动车、道路轨迹线、路牌和信号灯等环境信息，进而支撑实现车道保持辅助、车道偏离预警、前向碰撞预警、行人碰撞预警、全景泊车和驾驶员疲劳预警等功能。

1.2.5 组合定位导航

当前智能驾驶汽车感知环节除了基于上述 4 种传感器实现的交通状态感知功能以外，还要基于全球导航卫星系统（Global Navigation Satellite System，GNSS）

和美国 GPS、中国北斗卫星导航系统（BeiDou Navigation Satellite System，BDS）、欧盟 GALILEO、俄罗斯 GLONASS 以及惯性导航系统（Inertial Navigation System，INS）等的设备实现的车身状态感知功能，获取车辆的行驶速度、姿态方位等信息，为智能驾驶车辆的定位和导航提供有效数据。

GNSS 板卡通过天线接收所有可见 GPS 卫星和实时动态（Real-Time Kinematic，RTK）的信号后，进行解译和计算得到自身的空间位置。当车辆通过隧道或行驶在高耸楼群间的街道时，这种由信号受遮挡而造成的信号盲区会带来不能实施导航的风险。因此，需要融合 INS 的信息。INS 具有全天候、完全自主、不受外界干扰和可以提供全导航参数（位置、速度、姿态）等优点，组合之后能达到比以上两个独立运行设备的最好性能还要好的定位测姿性能。

1.3 小结

智能网联汽车将车联网与智能汽车有机结合起来，搭载了先进的车载传感器、控制器、执行器等装置，并融合现代通信与网络技术，可以实现车与人、车、路、后台等智能信息交换共享，并且可以达到安全、舒适、节能、高效行驶的目标。同时汽车的智能化和网联化是整个汽车制造业数字化转型的启动按钮，从赋能产品力的提升，到赋能汽车后市场的价值挖掘，再到赋能产品研发以及全价值链的协同创新，成为汽车行业"新四化"——电动化、智能化、网络化和共享化趋势下车企的必争之地。

智能网联汽车的自动驾驶技术有 4 个核心技术，分别是环境感知、精确定位、路径规划和线控执行。环境感知是其中被研究最多的部分，不过单独基于视觉或其他单一数据的环境感知是无法满足自动驾驶要求的，因此车载传感器的研究与发展是至关重要的一环，同时需要利用多传感器的数据进行融合感知。虽然说自动驾驶在全球范围内已经形成风潮，并有望实现 L4 级自动驾驶，但是其想要真正走入现实也并非易事。从技术方面而言，目前自动驾驶的痛点在于稳定可靠的感知及认知，包括清晰的视觉、优质的算法、多传感器融合以及高效强大的运算能力。其中，多传感器融合是实现自动驾驶的必然发展趋势，环境感知中的信号处理技术研究也变得尤为关键。

具体而言，多传感器融合就是将多个传感器获取的数据、信息集中在一起综合分析以便更加准确可靠地描述外界环境，从而提高系统决策的正确性。虽然在原理上看似简单，但是在自动驾驶场景中则显得充满挑战。多传感器融合需要对每个传感器采集的信息进行快速处理，从而让高速行驶的汽车及时进行反馈动作，以应对突发的交通情况。由此可见，多传感器融合并不仅仅是硬件方面的协同配合，更需要各个传感器在信号处理速度上满足要求，还包括决策层的算法和算力支持。

参考文献

[1] 中国人工智能学会. 中国人工智能系列白皮书——智能驾驶 2017[R]. 2017.

[2] 周游, 王晓伟, 徐瑛. 智能汽车的发展趋势[J]. 西南汽车信息, 2017(7): 2-7.

[3] 马乃铎, 魏雅雯, 庄梦梦, 等. 国内外自动驾驶政策发展趋势研究[J]. 汽车与配件, 2021(1): 58-60.

[4] 侯荣. 我国智能网联汽车发展现状研究[J]. 南方农机, 2020, 51(24): 101-102.

[5] 尉志青, 马昊, 张奇勋, 等. 感知–通信–计算融合的智能车联网挑战与趋势[J]. 中兴通讯技术, 2020, 26(1): 45-49.

[6] 庞靖光. 自动驾驶在复杂环境下的感知与决策[J]. 信息与电脑(理论版), 2020, 32(10): 107-108.

[7] 王金强, 黄航, 郅朋, 等. 自动驾驶发展与关键技术综述[J]. 电子技术应用, 2019, 45(6): 28-36.

[8] 郝俊. 自动驾驶环境感知系统研究[J]. 时代汽车, 2018(9): 15-16.

第 2 章
信号处理的基本知识

2.1 信号采样

2.1.1 信号、系统及信号处理

信号定义为随时间、空间或者其他自变量变化的物理量。数学上，我们把一个信号描述为一个或几个自变量的函数。例如，函数

$$S_1(t) = 5t \tag{2-1}$$

$$S_2(t) = 20t^2 \tag{2-2}$$

描述了两个信号，一个随着自变量 t（时间）线性变化，而另一个随着 t 的平方变化。作为另一个例子，考虑函数

$$s(x,y) = 3x + 2xy + 10y^2 \tag{2-3}$$

该函数描述了具有两个自变量 x 和 y 的信号，这两个自变量可以表示一个平面上的两个空间坐标。

由式（2-1）和式（2-2）描述的信号属于一类准确定义的信号，指定了对于自然变量的函数依赖关系。然而有些情况下这种函数关系是未知的，或者太复杂以至于没有任何实际用处。例如，某种语音信号如图 2-1 所示，不能用式（2-1）这样的表达式函数化描述。一般来说，一段语音可以被高精度表示为几种不同幅度和频率的总和[1]，即

$$S = \sum_{i=1}^{N} A_i(t)\sin\left[2\pi F_i(t)t + \theta_i(t)\right] \tag{2-4}$$

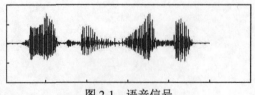

图 2-1 语音信号

第 2 章 信号处理的基本知识

语音信号只是一些作为单个自变量的函数的信息载体信号。具有两个自变量的函数信号是图像信号在这种情况下的自变量空间坐标。

系统也可以被定义为对某个信号执行某种操作的一台物理设备。例如，用于降低破坏有用信息载体信号的噪声和干扰的滤波器，被称为一个系统。在这种情况下，滤波器对系统执行了一些操作，从而有效地降低有用信息载体信号夹杂的噪声和干扰。

当一个信号经过一个系统时，我们就说该信号已经进行了处理。在这种情况下，对信号进行处理的含义是从有用信号中对噪声和干扰信号进行滤波。一般来说，系统由对信号所执行的操作表征。例如，如果对系统的操作是线性的，那么系统就为线性的。如果对系统的操作是非线性的，那么该系统就是非线性的。这些操作通常被称为信号处理。

2.1.2 信号处理的一般过程

在实际应用中，我们感兴趣的信号大多是模拟信号，如语言信号、生物学信号、地震信号、雷达信号和声呐信号等。要通过数字方法处理模拟信号，有必要先将它们转化成数字形式，即转化成具有优先精度的数字序列。图 2-2 所示为信号处理的一般流程。

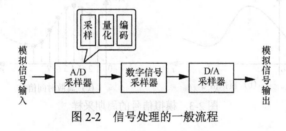

图 2-2　信号处理的一般流程

一般来说，信号处理涉及 3 个步骤。

① 模数（Analog-to-Digital，A/D）转换：把模拟信号变成数字信号，是一个对自变量和幅值同时进行离散化的过程，基本的理论保证是采样定理。

② 数字信号处理（Digital Signal Processing，DSP）：包括变换域分析（如频域变换）、数字滤波、识别和合成等。

③ 数模（Digital-to-Analog，D/A）转换：把经过处理的数字信号还原为模拟信号。通常，这一步并不是必需的。

从概念上讲，我们将模数转换视为 3 步完成过程。

① 采样。这是连续时间信号到离散时间信号的转换过程，通过对连续时间信号在离散时间点处取样本值获得。

② 量化。这是离散时间连续值信号转换到离散时间离散值信号的转换过程。每个信号样本值是从可能值的有限集中选取的。

③ 编码。在编码过程中，每一个离散值由若干位二进制序列表示。

2.1.3 模拟信号的采样过程

模拟信号采样有很多方式。本书只讨论实际中最常用的采样类型，即周期采样或均匀采样。这可由式（2-5）描述。

$$x(n) = x_a(nT), \quad -\infty < n < +\infty \tag{2-5}$$

其中，$x(n)$ 是通过对模拟信号 $x_a(t)$ 每隔 T 秒取样本值获得的离散时间信号。这一过程在图 2-3 中描述。在两个连续的样本之间的时间间隔 T 称为采样周期或采样间隔，其倒数 $1/T = F_s$ 称为采样频率或采样率。

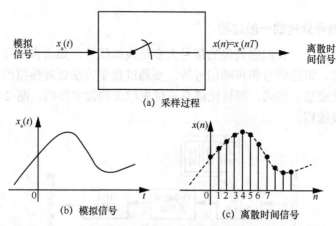

图 2-3 模拟信号的周期采样

周期采样建立了连续时间信号的时间变量 t 和离散时间信号的时间变量 n 之间的关系。事实上，这些变量是通过采样周期 T 或采样率 F_s 线性相关的，即

$$t = nT = \frac{n}{F_s} \tag{2-6}$$

由式（2-5）推出，在模拟信号的频率变量 F 和离散时间信号的频率变量 f 之间存在一种关系。为建立此关系，考虑模拟正弦信号形式。

$$x_a(t) = A\cos(2\pi Ft + \theta) \tag{2-7}$$

如果以 $F_s = 1/T$ 的采样率进行周期采样，那么有

$$x_a(nT) \equiv x(n) \equiv A\cos(2\pi FnT + \theta) = A\cos\left(\frac{2\pi Fn}{F_s} + \theta\right) \tag{2-8}$$

而一个离散时间正弦信号通常可以表示为

$$x(n) = A\cos(\omega n + \theta) = A\cos(2\pi f n + \theta) \tag{2-9}$$

比较式（2-8）和式（2-9）可以发现，两个频率变量 F 和 f 之间呈线性关系，即

$$f = \frac{F}{F_s} \tag{2-10}$$

对于连续时间正弦信号的频率变量 F 的范围是

$$-\infty < F < +\infty \tag{2-11}$$

然而对于离散时间信号则情形不同。

$$-\frac{1}{2} < f < \frac{1}{2} \tag{2-12}$$

我们发现当以 $F_s = 1/T$ 的采样率进行采样时，连续时间正弦信号的频率一定会落在某个范围，即

$$-\frac{1}{2T} = -\frac{F_s}{2} \leqslant F \leqslant \frac{F_s}{2} = \frac{1}{2T} \tag{2-13}$$

由此可以推出，对于某一个采样率 F_s，相应的 F 的最高值是

$$F_{\max} = F\frac{F_s}{2} = \frac{1}{2T_{\max}} \tag{2-14}$$

因此，采样引入了争议，既然区分连续时间信号的最高频率 $F_{\max}$，即信号以速率 $F_s = \frac{1}{T}$ 采样时可以被唯一区分，那么对于频率大于 $\frac{F_s}{2}$ 的信号则会出现问题。

2.1.4 采样定理

假设任何模拟信号都可以表示成不同振幅、频率和相位的正弦信号的和，即

$$x_a(t) = \sum_{i=1}^{N} A_i \cos(2\pi F_i t + \theta_i) \tag{2-15}$$

其中，N 代表频率成分的数目。假定这些频率不会超过某个已知频率，也就是 $F_{\max}$。

由上文所述可知，当信号以 $F_s = 1/T$ 的采样率进行采样时，一种可以被准确重构的模拟信号的最高频率是 $F_s/2$。高于 $F_s/2$ 或低于 $-F_s/2$ 的任何频率都会导致与 $-F_s/2 \leqslant F \leqslant F_s/2$ 范围内的相应频率相同的样本。为了避免由混叠引起的争议，我们必须选择充分高的采样率。也就是说，我们必须选择大于 $F_{\max}$ 的 $F_s/2$。因此，为了避免混叠的问题，可以选择 F_s 使其满足

$$F_s > 2F_{\max} \tag{2-16}$$

其中，F_{max} 是模拟信号中的最大频率成分。采用这种方式选择采样率，模拟信号中的任何频率成分，即 $|F_i| < F_{max}$，就都可以映射成某个离散时间的正弦信号，其频率

$$-\frac{1}{2} \leqslant f_i = \frac{F_i}{F_s} \leqslant \frac{1}{2} \tag{2-17}$$

或等价为

$$-\pi \leqslant \omega_i = 2\pi f_i \leqslant \pi \tag{2-18}$$

既然 $|f| = \frac{1}{2}$ 或 $|\omega| = \pi$ 是离散时间信号中的最高（唯一）频率，那么按照式（2-16）选择采样率就可以避免混叠的问题。换言之，条件 $F_s > 2F_{max}$ 保证了模拟信号中的所有频率成分都能映射到频率在基本区间内的相应的离散时间频率成分。这样，模拟信号的所有频率成分都可以无混淆地表示成采样的形式，因此使用合适的插值方法，模拟信号可以从样本值无失真地重构。这个"合适的"或理想的插值公式是由采样定理制定的。

采样定理：如果包含在某个信号 $x_a(t)$ 中的最高频率是 F_{max}，而信号以采样率 $F_s > F_{max}$ 进行采样，那么 $x_a(t)$ 可以从样本值准确恢复，插值函数为

$$g(t) = \frac{\sin 2\pi B t}{2\pi B t} \tag{2-19}$$

于是，$x_a(t)$ 可以表示为

$$x_a(t) = \sum_{n=-\infty}^{\infty} x_a\left(\frac{n}{F_s}\right) g\left(t - \frac{n}{F_s}\right) \tag{2-20}$$

其中，$x_a(n/F_s) = x_a(nT) \equiv x(n)$ 是 $x_a(t)$ 的样本。

当 $x_a(t)$ 的采样以最小采样率 $F_s = 2B$ 执行时，式（2-20）变成

$$x_a(t) = \sum_{n=-\infty}^{\infty} x_a\left(\frac{n}{2B}\right) \frac{\sin 2\pi B \left(t - \frac{n}{2B}\right)}{2\pi B \left(t - \frac{n}{2B}\right)} \tag{2-21}$$

采样率 $F_N = 2B = 2F_{max}$ 称为奈奎斯特频率。

2.2 线性系统与非线性系统

2.2.1 系统的一般分类

系统可以被定义为对某个信号执行某种操作的一台物理设备。

系统的分类错综复杂，主要考虑其数学模型的差异来划分不同的类型。

（1）连续时间系统与离散时间系统

若系统的输入和输出都是连续时间信号，且其内部也未转换为离散时间信号，则称其为连续时间系统。若系统的输入和输出都是离散时间信号，则称其为离散时间系统。

（2）即时系统与动态系统

若系统的输出信号只决定于同时刻的激励信号，则称其为即时系统。若系统的输出信号不仅取决于同时刻的激励信号，还与它过去的工作状态有关，则为动态系统。

（3）集总参数系统与分布参数系统

只有集总参数元件组成的系统称为集总参数系统；含分布参数元件的系统称为分布参数系统。

（4）时变系统与时不变系统

若系统的参数不随时间变化，则称其为时不变系统，反之为时变系统。

（5）可逆系统与不可逆系统

若系统在不同的激励信号作用下产生不同的响应则称其为可逆系统，反之称为不可逆系统。

2.2.2 线性系统与非线性系统的基本性质

满足叠加性和齐次性的系统被称为线性系统。叠加性是指当几个激励信号同时作用于系统时，总的输出响应等于每个激励单独作用所产生的响应之和；而齐次性的含义是，当输入信号乘以某个常数时，响应也倍乘相同的常数。不满足叠加性或齐次性的系统被称为非线性系统。

为了表达系统的输入输出关系，通常用式（2-22）描述。

$$x(n) \xrightarrow{\Gamma} y(n) \quad (2-22)$$

其中，$y(n)$ 是系统 Γ 对激励 $x(n)$ 的响应。

在离散时间系统中，系统的线性可以表示为

$$\Gamma[a_1 x_1(n) + a_2 x_2(n)] = a_1 \Gamma[x_1(n)] + a_2 \Gamma[x_2(n)] \quad (2-23)$$

图 2-4 所示为线性系统的图形表示，当且仅当 $y(n) = y'(n)$ 时 Γ 为线性系统。

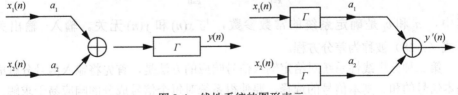

图 2-4 线性系统的图形表示

式（2-23）表现的线性系统可以分成两部分[2]。第一，假设 $a_2 = 0$，那么式（2-23）简化为

$$\Gamma[a_1 x_1(n)] = a_1 \Gamma[x_1(n)] = a_1 y_1(n) \tag{2-24}$$

其中，

$$y_1(n) = \Gamma[x_1(n)]$$

式（2-24）展示了线性系统的乘法或者缩放特性。即，如果系统对输入 $x_1(n)$ 的响应为 $y_1(n)$，那么系统对 $a_1 x_1(n)$ 的响应就仅仅是 $a_1 y_1(n)$。因此，对输入的任意缩放会导致相应输出的等同缩放，这就是齐次性的表现。

第二，假设在式（2-23）中有 $a_1 = a_2 = 1$，那么

$$\Gamma[x_1(n) + x_2(n)] = \Gamma[x_1(n)] + \Gamma[x_2(n)] = y_1(n) + y_2(n) \tag{2-25}$$

式（2-25）展示了线性系统的叠加性，叠加性和齐次性组成了线性性。

式（2-23）所包含的线性条件，通过归纳，可以扩展到任意加权组合。通常，可以得到

$$x(n) = \sum_{k=1}^{M-1} a_k x_k(n) \xrightarrow{\Gamma} y(n) = \sum_{k=1}^{M-1} a_k y_k(n) \tag{2-26}$$

其中，

$$y_k(n) = \Gamma[x_k(n)], k = 1, 2, \cdots, M-1 \tag{2-27}$$

2.2.3 线性系统的分析方法

对于给定输入信号，有两种分析其响应的方法。第一种是基于系统输入-输出方程的直接求解方法，通常，输入-输出方程的形式为

$$y(n) = F[y(n-1), y(n-2), \cdots y(n-N), x(n), x(n-1), \cdots, x(n-M)]$$

其中，F 的方括号内是表示各个量的某些函数。特别地，对线性时不变（Linear Time Invariant，LTI）系统，它的输入-输出关系的一般形式为

$$y(n) = -\sum_{k=1}^{N} a_k y(n-k) + \sum_{k=0}^{M} b_k x(n-k) \tag{2-28}$$

其中，a_k 和 b_k 是确定系统的常数参数，与 $x(n)$ 和 $y(n)$ 无关。输入-输出关系式（2-28）被称为差分方程。

第二种分析线性系统对给定输入信号响应的方法是，首先将输入信号分解成基本信号的和。基本信号的选择，要使得系统对每个信号成分的响应易于求解。

然后，利用系统的线性特性，将系统对基本信号的响应相加就得到了系统对给定输入信号的总响应。

假设输入信号 $x(n)$ 分解为基本信号成分 $\{x_k(n)\}$ 的加权和，使得

$$x(n) = \sum_{k} c_k x_k(n) \tag{2-29}$$

其中，$\{c_k\}$ 是信号 $x(n)$ 分解后的一组权系数。假设系统对基本信号成分 $x_k(n)$ 的响应为 $y_k(n)$，从而有

$$y_k(n) \equiv \Gamma[x_k(n)] \tag{2-30}$$

系统对输入 $x(n)$ 的总响应为

$$y(n) = \Gamma[x(n)] = \Gamma\left[\sum_{k} c_k x_k(n)\right] = \sum_{k} c_k \Gamma[x_k(n)] = \sum_{k} c_k y_k(n) \tag{2-31}$$

在选择基本信号时，主要依靠的是对想要求解的输入信号的分类。如果对输入信号的特性不做限制，那么将输入信号分解为单位冲击序列的加权和，这种处理方法可以证明是运算方便且十分普遍的。此外，如果我们的讨论限制在输入信号的一个子集上，那么或许存在其他的基本信号集，使得求解输出的运算更加方便，例如，如果输入信号 $x(n)$ 是周期为 N 的周期信号，运算方便的基本信号集是指数信号

$$x_k(n) = e^{j\omega_k n}, k = 0, 1, \cdots, N-1 \tag{2-32}$$

其中，频率 $\{\omega_k\}$ 是谐波相关的，即

$$\omega_k = \left(\frac{2\pi}{N}\right)k, k = 0, 1, \cdots, N-1 \tag{2-33}$$

频率 $2\pi/N$ 称为基本频率，所有高频成分都是基频成分的倍数。为了将输入信号分解成单位采样序列的加权和，我们必须首先求解系统对单位采样序列的响应，然后利用线性系统的缩放和乘法特性来求解对于给定的任意输入信号的输出公式。

2.3 傅里叶变换

2.3.1 傅里叶级数

设 $x(t)$ 是一个复正弦信号，记作 $x(t) = Xe^{j\Omega_0 t}$，其中 X 是幅度，Ω_0 是频率，其周期 $T = 2\pi/\Omega_0$。若 $x(t)$ 由无穷多个复正弦组成，且其第 k 个复正弦的频率是 Ω_0 的

k 倍，其幅度记为 $X(k\Omega_0)$，则 $x(t)$ 可表示为

$$x(t) = \sum_{k=-\infty}^{\infty} X(k\Omega_0) e^{jk\Omega_0 t} \qquad (2\text{-}34)$$

显然，$x(t)$ 也是周期的，周期仍为 T。反过来，我们也可以将式（2-34）理解为周期信号 $x(t)$ 的分解，用于分解的基函数都是幅度为 1 的复正弦。其中，对应频率为 $k\Omega_0$。将此结果推广到一般的周期信号，即大家所熟知的傅里叶级数。

设 $x(t)$ 是一个周期信号，其周期为 T，若 $x(t)$ 在一个周期内的能力是有限的，即

$$\int_{-\frac{T}{2}}^{\frac{T}{2}} |x(t)|^2 \, dt < \infty \qquad (2\text{-}35)$$

那么，我们可将 $x(t)$ 展开成傅里叶级数，即式（2-34）。在式（2-34）中，$X(k\Omega_0)$ 是傅里叶系数，其值应是有限的，且有

$$X(k\Omega_0) = \frac{1}{T} \int_{-\frac{T}{2}}^{\frac{T}{2}} x(t) e^{-jk\Omega_0 t} \, dt \qquad (2\text{-}36)$$

$X(k\Omega_0)$ 代表了 $x(t)$ 中第 k 次谐波的幅度。需要说明的是，$X(k\Omega_0)$ 是离散的，即 $k \in (-\infty, +\infty)$，两点之间的间隔是 Ω_0。式（2-34）称为指数形式的傅里叶级数[3]，此外还有三角形式的傅里叶级数。

应该指出，并非任一周期信号都可以展开成傅里叶级数。将周期信号 $x(t)$ 展开成傅里叶级数，除了式（2-35）所示的条件外，$x(t)$ 还需满足如下狄利赫里条件[4]。

① 在任一周期内有间断点的存在，且间断点的数目应是有限的。
② 在任一周期内极大值和极小值的数目应是有限的。
③ 在一个周期内应是绝对可积的，即

$$\int_{-\frac{T}{2}}^{\frac{T}{2}} |x(t)| \, dt < \infty \qquad (2\text{-}37)$$

然而在实际工作中遇到的信号一般都能满足狄利赫里条件，在展开成傅里叶级数时一般不需考虑狄利赫里条件。

2.3.2 连续非周期信号的傅里叶变换

设 $x(t)$ 是一个连续时间信号，若 $x(t)$ 属于 L_2 空间，即

$$\int_{-\infty}^{+\infty} |x(t)|^2 \, dt < \infty \qquad (2\text{-}38)$$

那么，$x(t)$ 的傅里叶变换存在，并定义为

$$X(\mathrm{j}\Omega) = \int_{-\infty}^{+\infty} x(t)\mathrm{e}^{-\mathrm{j}\Omega t}\mathrm{d}t \qquad (2\text{-}39)$$

其反变换是

$$x(t) = \frac{1}{2\pi} \int_{-\infty}^{+\infty} X(\mathrm{j}\Omega)\mathrm{e}^{\mathrm{j}\Omega t}\mathrm{d}\Omega \qquad (2\text{-}40)$$

式（2-39）和式（2-40）中 $\Omega = 2\pi f$ 为角频率，单位是 rad/s。$X(\mathrm{j}\Omega)$ 是 Ω 的连续函数，称为信号 $x(t)$ 的频率谱密度，简称为频谱密度[5]。

实现傅里叶变换，除了满足式（2-38）所给出的条件外，也需要满足狄利赫里条件。除了将考虑的区间由一个周期扩展到 $(-\infty, +\infty)$ 外，傅里叶变换时的狄利赫里条件的表述方法和傅里叶级数的是一样的，此处不再重复。其中狄利赫里条件的第三个条件来自于傅里叶变换的定义，即

$$|X(\mathrm{j}\Omega)| = \left|\int_{-\infty}^{+\infty} x(t)\mathrm{e}^{-\mathrm{j}\Omega t}\mathrm{d}t\right| \leqslant \int_{-\infty}^{+\infty} |x(t)|\mathrm{d}t < \infty \qquad (2\text{-}41)$$

因此，只要满足 $x(t)$ 绝对可积的条件，那么，它就一定是平方可积的。但是反过来则不一定成立。例如，信号

$$x(t) = \frac{\sin(2\pi t)}{\pi t} \qquad (2\text{-}42)$$

是平方可积的，但不是绝对可积的。这一结果说明，狄利赫里条件是傅里叶变换存在的充分条件，但并不是必要条件。几乎所有的能量信号都可以作傅里叶变换，因此，在实际工作中一般不需逐条考虑狄利赫里条件。

2.3.3 离散时间傅里叶变换

设 $h(n)$ 为一个线性时不变系统的单位抽样响应，我们可以求出该系统的频率响应

$$H(\mathrm{e}^{\mathrm{j}\omega}) = \sum_{n=0}^{\infty} h(n)\mathrm{e}^{-\mathrm{j}\omega n} \qquad (2\text{-}43)$$

式（2-43）即为离散时间傅里叶变换（Discrete-Time Fourier Transform，DTFT），$H(\mathrm{e}^{\mathrm{j}\omega})$ 是 ω 的连续函数，且是周期的，周期为 2π。比较式（2-34）和式（2-43）可以看出，式（2-43）的 DTFT 也可以看作周期信号 $H(\mathrm{e}^{\mathrm{j}\omega})$ 在频域内展成的傅里叶级数，其傅里叶系数是时域信号 $h(n)$。

由序列 Z 变换的定义，容易得到

$$H(\mathrm{e}^{\mathrm{j}\omega}) = H(z)\big|_{z=\mathrm{e}^{\mathrm{j}\omega}} \qquad (2\text{-}44)$$

即，DTFT 是 z 仅在单位圆上取值的 Z 变换。若希望 $H(e^{j\omega})$ 存在，那么 $H(z)$ 的收敛域应包含单位圆，即

$$\left|H(e^{j\omega})\right| = \left|\sum_{n=0}^{\infty}h(n)e^{-j\omega n}\right| \leqslant \sum_{n=0}^{\infty}\left|h(n)e^{-j\omega n}\right| = \sum_{n=0}^{\infty}|h(n)| < \infty \tag{2-45}$$

若 $h(n)$ 的 $H(e^{j\omega})$ 存在，那么 $h(n)$ 一定要属于 l_1 空间。由此，对于任一序列 $x(n)$，只要它属于 l_1 空间，我们都可以按式（2-43）来定义它的 DTFT，即

$$X(e^{j\omega}) = \sum_{n=0}^{\infty}x(n)e^{-j\omega n} \tag{2-46}$$

属于 l_1 空间的 $x(n)$ 将是非周期的时间序列[6]。进一步，我们认为式（2-46）是能量有限序列的傅里叶变换。显然 $X(e^{j\omega})$ 也是 ω 的连续函数，同样，由于

$$X(e^{j\omega+2\pi}) = \sum_{n=-\infty}^{\infty}x(n)e^{-j(\omega+2\pi)n} = e^{-j2\pi n}\sum_{n=-\infty}^{\infty}x(n)e^{-j\omega n} = X(e^{j\omega}) \tag{2-47}$$

因而 $X(e^{j\omega})$ 也是 ω 的周期函数，周期为 2π。

2.3.4 离散时间周期信号的傅里叶级数

设 $\tilde{x}(nT_s)$ 是周期信号 $\tilde{x}(t)$ 的采样，$\tilde{x}(t)$ 的周期为 T，每个周期内采 N 个点，即 $T = NT_s$。这样，$\tilde{x}(nT_s)$ 也是周期的，周期为 NT_s 或 N。由式（2-43），将 $\tilde{x}(t)$ 展开成傅里叶级数，得

$$\tilde{x}(t) = \sum_{k=-\infty}^{\infty}X(k\Omega_0)e^{jk\Omega_0 t} \tag{2-48}$$

因为 $X(k\Omega_0)$ 是 $\tilde{x}(t)$ 的傅里叶系数，所以它是离散且非周期的，式（2-48）中 $k = 0, \pm 1, \cdots, \pm \infty$，而 $\Omega_0 = 2\pi/T = 2\pi/NT_s$。现对式（2-48）进行采样，得

$$\tilde{x}(nT_s) = \tilde{x}(t)\big|_{t=nT_s} = \sum_{k}\tilde{X}(k\Omega_0)e^{jk\frac{2\pi}{NT_s}nT_s} = \sum_{k}\tilde{X}(k\Omega_0)e^{jk\frac{2\pi}{N}n} \tag{2-49}$$

由于 $\Omega_s = 2\pi/T_s = 2\pi N/T = N\Omega_0$，$\Omega_s$ 是 $\tilde{x}(t)$ 的基波频率，因此，在 $\tilde{X}(k\Omega_0)$ 的一个周期内应有 N 个点，也即其周期是 N。取其一个周期，并简记为 $X(k)$。又由于

$$e^{jk\frac{2\pi}{N}n} = e^{j\frac{2\pi}{N}n(k+lN)} \tag{2-50}$$

当 $n = 0, 1, \cdots, N-1$ 和 $n = N, \cdots, 2N-1$ 时，式（2-50）所求结果是一样的，即式（2-50）只能计算出 N 个 $\tilde{x}(nT_s)$ 的值。这 N 个值即 $\tilde{x}(nT_s)$ 的一个周期，记为

$x(n), n = 0, 1, \cdots, N-1$。这样,式(2-49)左边的 $\tilde{x}(nT_s)$ 可换成 $x(nT_s)$。现对式(2-50)两边作如下运算

$$\sum_{n=0}^{N-1} x(n) e^{-j\frac{2\pi}{N}ln} = \sum_{n=0}^{N-1} \left[\sum_{k=0}^{N-1} X(k) e^{j\frac{2\pi}{N}(k-l)n} \right] = \sum_{k=0}^{N-1} X(k) \sum_{n=0}^{N-1} e^{j\frac{2\pi}{N}(k-l)n} \quad (2-51)$$

由于

$$\sum_{n=0}^{N-1} e^{j\frac{2\pi}{N}(k-l)n} = N$$

在 $k - l = 0, N, 2N, \cdots$ 时成立,其他情况下皆为 0,于是有

$$X(k) = \frac{1}{N} \sum_{n=0}^{N-1} x(n) e^{-j\frac{2\pi}{N}nk} \quad (2-52)$$

2.3.5 离散傅里叶变换和快速傅里叶变换

1. **离散傅里叶变换**

因为 $e^{\pm j\frac{2\pi}{N}nk}$ 相对 n 和 k 都是以 N 为周期的,所以只要保证 $\tilde{x}(nT_s)$ 是以 N 为周期的,那么 $\tilde{X}(k\Omega_0)$ 也是以 N 为周期的。而且由 $\tilde{X}(k\Omega_0)$ 在一个周期内取反变换得到的 $\tilde{X}(kT_s)$ 也能保证是以 N 为周期的。这一性质引导出离散傅里叶变换(Discrete Fourier Transform,DFT),即有

$$X(k) = \sum_{n=0}^{N-1} x(n) e^{-j\frac{2\pi}{N}nk} = \sum_{n=0}^{N-1} x(n) W_N^{nk}, k = 0, 1, \cdots, N-1 \quad (2-53)$$

$$x(n) = \frac{1}{N} \sum_{k=0}^{N-1} X(k) e^{j\frac{2\pi}{N}nk} = \frac{1}{N} \sum_{k=0}^{N-1} X(k) W_N^{-nk}, n = 0, 1, \cdots, N-1 \quad (2-54)$$

式(2-53)和式(2-54)中 $x(n)$、$X(k)$ 分别是 $\tilde{x}(nT_s)$ 和 $\tilde{X}(k\Omega_0)$ 的一个周期,此处把 T_s、Ω_0 都归一化为 1;而 $W_N = e^{-j\frac{2\pi}{N}}$。DFT 对应的是在时域、频域都是有限长,且又都是离散的一类变换。

2. **快速傅里叶变换**

对 N 点序列 $x(n)$,其快速傅里叶变换(Fast Fourier Transform,FFT)为

$$\begin{cases} x(n) = \frac{1}{N} \sum_{k=0}^{N-1} X(k) W_N^{-nk}, n = 0, 1, \cdots, N-1, \\ X(k) = \sum_{n=0}^{N-1} x(n) W_N^{nk}, k = 0, 1, \cdots, N-1, W_N = e^{-j\frac{2\pi}{N}} \end{cases} \quad (2-55)$$

求式（2-53）中的 N 点 $X(k)$ 需要 N^2 次复数乘法及 $N(N-1)$ 次复数加法。为了实现一次复数乘法则需要 4 次实数相乘和两次实数相加，为了实现一次复数加法则需要两次实数相加。当 N 很大时，其计算量是非常大的。例如 N=1 024，则需要 1 048 576 次复数乘法即 4 194 304 次实数乘法，所需时间太长，难于"实时"实现。

其实，在DFT运算中包含大量重复运算，其中，W_N 因子的取值有如下特点。

① $W^0 = 1, W^{\frac{N}{2}} = -1$。

② $W_N^{N+r} = W_N^r, W^{\frac{N}{2}+r} = -W^r$。

由此，库利（Cooley）和图基（Tukey）提出了快速傅里叶变换，使 N 点 DFT 的乘法计算量由 N^2 次降为 $\frac{N}{2}\log N$ 次。自库利-图基（Cooley–Tukey）算法提出后，新的算法不断涌现，总体而言，FFT 的发展方向有两个，一是针对 N 等于 2 的整数次幂的算法，如基 2、基 4 算法、实因子算法和分裂算法等，另一个是 N 不等于 2 的整数次幂的算法，如素因子算法、威诺格拉德（Winograd）算法。本书主要介绍基 2FFT 算法。

（1）时间抽取基 2FFT 算法

对于式（2-52），令 $N = 2^M$，M 为正整数，我们可以将 $x(t)$ 按奇偶分成两组，即令 $n = 2r$ 及 $n = 2r+1$，而 $r = 0,1,\cdots,N/2-1$，于是

$$X(k) = \sum_{r=0}^{\frac{N}{2}-1} x(2r)W_N^{2rk} + \sum_{r=0}^{\frac{N}{2}-1} x(2r+1)W_N^{(2r+1)k} = \sum_{r=0}^{\frac{N}{2}-1} x(2r)W_{\frac{N}{2}}^{rk} + W_N^k \sum_{r=0}^{\frac{N}{2}-1} x(2r+1)W_{\frac{N}{2}}^{rk}$$

（2-56）

式（2-56）中

$$W_{N/2} = e^{-j\frac{2\pi}{N/2}} = e^{-j4\pi/N}$$

令

$$A(k) = \sum_{r=0}^{\frac{N}{2}-1} x(2r)W_{\frac{N}{2}}^{rk}, k = 0,1,\cdots,\frac{N}{2}-1 \quad (2\text{-}57)$$

$$B(k) = \sum_{r=0}^{\frac{N}{2}-1} x(2r+1)W_{\frac{N}{2}}^{rk}, k = 0,1,\cdots,\frac{N}{2}-1 \quad (2\text{-}58)$$

那么

$$X(k) = A(k) + W_N^k B(k), k = 0,1,\cdots,\frac{N}{2}-1 \quad (2\text{-}59)$$

$A(k)$、$B(k)$ 都是 $N/2$ 点的 DFT，$X(k)$ 是 N 点的 DFT，因此，单用式（2-59）表示 $X(k)$ 并不完全。但是，因为

$$X\left(k+\frac{N}{2}\right) = A(k) - W_N^k B(k), k=0,1,\cdots,\frac{N}{2}-1 \qquad (2-60)$$

所以，用 $A(k)$、$B(k)$ 可完整地表示 $X(k)$。

$A(k)$、$B(k)$ 仍是高复合函数（$N/2$）的 DFT，分别令 $r=2l, r=2l+1$，而 $l=0,1,\cdots,\frac{N}{4}-1$，则 $A(k)$ 和 $B(k)$ 可表示为

$$A(k) = \sum_{l=0}^{\frac{N}{4}-1} x(4l) W_{\frac{N}{2}}^{2lk} + \sum_{l=0}^{\frac{N}{4}-1} x(4l+2) W_{\frac{N}{2}}^{(2l+1)k} = \sum_{l=0}^{\frac{N}{4}-1} x(4l) W_{\frac{N}{4}}^{lk} + W_{\frac{N}{2}}^{k} \sum_{l=0}^{\frac{N}{4}-1} x(4l+2) W_{\frac{N}{4}}^{lk}$$

令

$$C(k) = \sum_{l=0}^{\frac{N}{4}-1} x(4l) W_{\frac{N}{4}}^{lk}, k=0,1,\cdots,\frac{N}{4}-1 \qquad (2-61)$$

$$D(k) = \sum_{l=0}^{\frac{N}{4}-1} x(4l+2) W_{\frac{N}{4}}^{lk}, k=0,1,\cdots,\frac{N}{4}-1 \qquad (2-62)$$

那么，

$$A(k) = C(k) + W_{\frac{N}{2}}^{k} D(k), k=0,1,\cdots,\frac{N}{4}-1 \qquad (2-63)$$

$$A\left(k+\frac{N}{4}\right) = C(k) - W_{\frac{N}{2}}^{k} D(k), k=0,1,\cdots,\frac{N}{4}-1 \qquad (2-64)$$

同理，令

$$E(k) = \sum_{l=0}^{\frac{N}{4}-1} x(4l+1) W_{\frac{N}{4}}^{lk}, k=0,1,\cdots,\frac{N}{4}-1 \qquad (2-65)$$

$$F(k) = \sum_{l=0}^{\frac{N}{4}-1} x(4l+3) W_{\frac{N}{4}}^{lk}, k=0,1,\cdots,\frac{N}{4}-1 \qquad (2-66)$$

则

$$B(k) = E(k) + W_{\frac{N}{2}}^{k} F(k), k=0,1,\cdots,\frac{N}{4}-1 \qquad (2-67)$$

$$B\left(k+\frac{N}{4}\right)=E(k)-W_{\frac{N}{2}}^{k}F(k), k=0,1,\cdots,\frac{N}{4}-1 \tag{2-68}$$

（2）频率抽取基 2FFT 算法

与时间抽取基 2FFT 算法相对应，频率抽取基 2FFT 算法是将频域 $X(k)$ 的序号 k 按奇、偶分开。对式（2-55）进行 DFT，先将 $x(n)$ 按序号分成上下两部分，得

$$X(k)=\sum_{n=0}^{\frac{N}{2}-1}x(n)W_N^{nk}+\sum_{n=\frac{N}{2}}^{N-1}x(n)W_N^{nk}=$$

$$\sum_{n=0}^{\frac{N}{2}-1}x(n)W_N^{nk}+\sum_{n=0}^{\frac{N}{2}-1}x\left(n+\frac{N}{2}\right)W_N^{nk}W_N^{\frac{Nk}{2}}=$$

$$\sum_{n=0}^{\frac{N}{2}-1}\left[x(n)+W_N^{Nk/2}x\left(n+\frac{N}{2}\right)\right]W_N^{nk}$$

其中，$W_N^{\frac{Nk}{2}}=(-1)^k$，分别令 $k=2r, k=2r+1$，而 $r=0,1,\cdots,\frac{N}{2}-1$，于是得

$$X(2r)=\sum_{n=0}^{\frac{N}{2}-1}\left[x(n)+x\left(n+\frac{N}{2}\right)\right]W_{\frac{N}{2}}^{nr} \tag{2-69}$$

$$X(2r+1)=\sum_{n=0}^{\frac{N}{2}-1}\left[x(n)-x\left(n+\frac{N}{2}\right)\right]W_{\frac{N}{2}}^{nr}W_N^n, \quad r=0,1,\cdots,\frac{N}{2}-1 \tag{2-70}$$

令

$$g(n)=x(n)+x\left(n+\frac{N}{2}\right) \tag{2-71}$$

$$h(n)=\left[x(n)-x\left(n+\frac{N}{2}\right)\right]W_N^n \tag{2-72}$$

则

$$X(2r)=\sum_{n=0}^{\frac{N}{2}-1}g(n)W_{\frac{N}{2}}^{nr} \tag{2-73}$$

$$X(2r+1)=\sum_{n=0}^{\frac{N}{2}-1}h(n)W_{\frac{N}{2}}^{nr} \tag{2-74}$$

这样，就可以将一个 N 点 DFT 分成了两个 $N/2$ 点的 DFT，其办法是将 $X(k)$ 按序号 k 的奇、偶分开。

2.3.6 其他重要变换

1. 拉普拉斯变换

由上文可知，当函数 $x(t)$ 满足狄利赫里条件时，便可构成一对傅里叶变换式。

$$\begin{cases} X(j\Omega) = \int_{-\infty}^{+\infty} x(t) e^{-j\Omega t} dt \\ x(t) = \dfrac{1}{2\pi} \int_{-\infty}^{+\infty} X(j\Omega) e^{j\Omega t} d\Omega \end{cases} \tag{2-75}$$

考虑到在实际问题中遇到的总是因果信号，令信号起始时刻为 0，傅里叶变换可简化为

$$X(j\Omega) = \int_0^{+\infty} x(t) e^{-j\Omega t} dt \tag{2-76}$$

再从狄利赫里条件考虑，在此条件之中，绝对可积的要求限制了某些增长信号如 $e^{at}(a>0)$ 傅里叶变换的存在，而阶跃信号、周期信号虽未受此约束，但其变换式出现了冲激函数 $\delta(\Omega)$，为了使更多的函数存在变换，并简化某些变换形式或运算过程，引入一个衰减因子 $e^{-\sigma t}$，使它与 $x(t)$ 相乘，于是 $e^{-\sigma t} x(t)$ 得以收敛，绝对可积条件就可容易满足。

$$X_1(\Omega) = \int_0^{+\infty} \left[x(t) e^{-\sigma t} \right] e^{-j\Omega t} dt = \int_0^{+\infty} x(t) e^{-(\sigma+j\Omega)t} dt \tag{2-77}$$

将式（2-77）中 $(\sigma+j\Omega)$ 用符号 s 代替，令

$$s = \sigma + j\Omega$$

式（2-77）可写为

$$X(s) = \int_0^{+\infty} x(t) e^{-st} dt \tag{2-78}$$

$$x(t) e^{-\sigma t} = \frac{1}{2\pi} \int_{-\infty}^{+\infty} X_1(\Omega) e^{j\Omega t} d\Omega \tag{2-79}$$

式（2-79）两边各乘 $e^{\sigma t}$，因为它不是 Ω 的函数，可放到积分号内，于是得到

$$x(t) = \frac{1}{2\pi} \int_{-\infty}^{+\infty} X_1(\Omega) e^{(\sigma+j\Omega)t} d\Omega \tag{2-80}$$

因为 $s = \sigma + j\Omega$，所以 $ds = d\sigma + jd\Omega$，若 σ 为选定之常量，则 $ds = jd\Omega$，以此代入式（2-80），并相应改变积分上下限，得到

$$x(t) = \frac{1}{2\pi j} \int_{\sigma-j\infty}^{\sigma+j\infty} X(s) e^{st} ds \tag{2-81}$$

式（2-78）和式（2-81）就是一对拉普拉斯变换。

2. Z 变换

给定一个离散信号 $x(n)$，$n \in (-\infty, +\infty)$，可直接给出 $x(n)$ 的 Z 变换的定义。

$$X(z) = \sum_{n=-\infty}^{\infty} x(n) z^{-n} \tag{2-82}$$

其中，z 为一复变量，由于 $x(n)$ 的存在范围是 $(-\infty, +\infty)$，所以式（2-82）定义的 Z 变换为双边 Z 变换[7]。如果 $x(n)$ 的存在范围是 $(-\infty, +\infty)$，那么式（2-82）变成单边 Z 变换，即

$$X(z) = \sum_{n=0}^{\infty} x(n) z^{-n} \tag{2-83}$$

令 $x_s(nT_s)$ 是由连续信号 $x(t)$ 经采样得到的，即

$$x_s(nT_s) = x(t) \sum_{n=-\infty}^{\infty} \delta(t - nT_s) = \sum_n x(nT_s) \delta(t - nT_s) \tag{2-84}$$

现对 $x_s(nT_s)$ 取拉普拉斯变换，得

$$X(s) = \int_{-\infty}^{+\infty} x_s(nT_s) e^{-st} dt = \int_{-\infty}^{+\infty} \left[\sum_n x(nT_s) \delta(t - nT_s) \right] e^{-st} dt =$$

$$\sum_n x(nT_s) \int_{-\infty}^{+\infty} \delta(t - nT_s) e^{-st} dt = \sum_{n=-\infty}^{\infty} x(nT_s) e^{-snT_s} = X(e^{sT_s}) \tag{2-85}$$

令

$$z = e^{sT_s} \tag{2-86}$$

这样，$x_s(nT_s)$ 的拉普拉斯变换就可以变成另一个复变量 z 的变化式，再次将 T_s 归一化为1，即将 $x_s(nT_s)$ 简记为 $x(n)$，那么式（2-85）变为

$$X(z) = \sum_{n=0}^{\infty} x(n) z^{-n} \tag{2-87}$$

此时，和式（2-82）的直接定义是一样的。

2.4 矩阵代数基础

2.4.1 行列式的性质

设 A、B 均为 n 阶方阵，k 为常数。

$$\det(A^T) = \det(A)$$
$$\det(A^H) = \overline{\det(A)}$$
$$\det(kA) = k^n \det(A)$$
$$\det(AB) = \det(A)\det(B)$$

若 A 是共轭对称矩阵，则 $\det(A)$ 是实数。

因为 $\det(A) = \det(A^H) = \overline{\det(A)}$，所以 $\det(A)$ 的虚部为 0，即 $\det(A)$ 为实数。

设 A、B 分别为 m 阶、n 阶方阵。

$$\begin{vmatrix} A & C \\ O & B \end{vmatrix} = |A||B| \begin{vmatrix} A & O \\ C & B \end{vmatrix} = |A||B|$$

若 A 是对角矩阵或上（下）三角矩阵，则 A 的行列式是 A 的主对角元之积[8]。

2.4.2 方阵的迹及其性质

1. 定义

方阵 A 的迹 $\text{tr}(A)$ 定义为 A 的主对角元之和。

2. 性质

① 设 A、B 皆为 n 阶方阵，则 $\text{tr}(A \pm B) = \text{tr}(A) \pm \text{tr}(B)$。

② $\text{tr}(cA) = c\text{tr}(A), c \in \mathbb{C}$。

③ $\text{tr}(A^T) = \text{tr}(A), \text{tr}(\overline{A}) = \text{tr}(A^H) = \overline{\text{tr}(A)}$。

推论：$\text{tr}(A^T B) = \text{tr}(B^T A) = \sum_{i,j} a_{ij} b_{ij}$，其中 A、B 均为 $m \times n$ 矩阵。

④ 设 A 为 $m \times n$ 矩阵，B 为 $n \times m$ 矩阵，则 $\text{tr}(AB) = \text{tr}(BA) = \sum_{i,j} a_{ij} b_{ji}$。

⑤ 设 A、B、C 均为 $m \times n$ 矩阵，则

$$\text{tr}((A \odot B)^T C) = \text{tr}(A^T (B \odot C)) = \sum_{i,j} a_{ij} b_{ij} c_{ij}$$

其中，$\odot$ 是逐元素乘积。

2.4.3 逆矩阵

1. 定义

设 A 为 n 阶方阵，若存在 n 阶方阵 B 使得

$$AB = BA = I \tag{2-88}$$

则称 A 是可逆的，B 是 A 的逆矩阵，记为 $B = A^{-1}$。

2. 定理

任意方阵的逆矩阵若存在则唯一。

3. 伴随矩阵

n 阶 $(n \geq 2)$ 方阵 A 的伴随矩阵 A^* 定义为：以 A_{ji} 为 (i,j) 元素的 n 阶方阵，其中 A_{ij} 是 $\det(A)$ 的元素 a_{ij} 的代数余子式[9]。

对于任意 n 阶 $(n \geq 2)$ 方阵 A，有 $AA^* = A^*A = \det(A)I$ 成立[10]。

4. 伴随矩阵的性质[设方阵 A、B 均为 n 阶 $(n \geq 2)$ 方阵]

① $(kA)^* = k^{n-1}A^*, k \in \mathbf{C}$。

② $|A^*| = |A|^{n-1}$。

③ $(A^*)^* = |A|^{n-2}A$。

④ $(A^*)^{\mathrm{T}} = (A^{\mathrm{T}})^*$。

⑤ $(A^*)^{\mathrm{H}} = (A^{\mathrm{H}})^*$。

⑥ $(AB)^* = B^*A^*$。

5. 方阵可逆的充要条件

n 阶方阵 $A = (a_{ij})_{n \times n}$ 可逆的充要条件是 $\det(A) \neq 0$，且 A 的逆矩阵为

$$A^{-1} = \begin{cases} \dfrac{A^*}{\det(A)}, & n \geq 2 \\ (a_{11}^{-1})_{1 \times 1}, & n = 1 \end{cases} \qquad (2\text{-}89)$$

6. 逆矩阵的性质

设 A、B 是同阶方阵，常数 $k \neq 0$。

① $(A^{-1})^{-1} = A$。

② $(A^{\mathrm{T}})^{-1} = (A^{-1})^{\mathrm{T}}$。

③ $(A^{\mathrm{H}})^{-1} = (A^{-1})^{\mathrm{H}}$。

④ $(kA)^{-1} = \dfrac{1}{k}A^{-1}$。

⑤ $(A^n)^{-1} = (A^{-1})^n$。

⑥ $(A^*)^{-1} = (A^{-1})^* = \dfrac{A}{|A|}$（$A$ 的阶数大于等于 2）。

⑦ $(AB)^{-1} = B^{-1}A^{-1}$。

7. 特殊矩阵的逆矩阵

① 若对角矩阵 $\boldsymbol{\Sigma} = \begin{bmatrix} \lambda_1 & & \\ & \ddots & \\ & & \lambda_n \end{bmatrix}$ 可逆，则其逆矩阵为 $\boldsymbol{\Sigma}^{-1} = \begin{bmatrix} \lambda_1^{-1} & & \\ & \ddots & \\ & & \lambda_n^{-1} \end{bmatrix}$。

② 若上三角方阵可逆，则其逆矩阵为上三角方阵。

③ 若下三角方阵可逆，则其逆矩阵为下三角方阵。

2.4.4 初等变换与秩

1. 行最简形式和列最简形式

① 矩阵 A 称为行最简形，若 A 的所有非零行都在零行的上面，A 的每个非零行的首非零元是 1，其列号随行号严格单调递增，且其所在列的其他元素均为零。

② 矩阵 A 称为列最简形，若 A 的所有非零列都在零列的左面，A 的每个非零列的首非零元是 1，其行号随列号严格单调递增，且其所在行的其他元素均为零。

2. 初等变换

初等行（列）变换有 3 种：交换矩阵的第 i 行（列）和第 j 行（列）、用非零常数乘矩阵的第 i 行（列）和将矩阵的第 i 行（列）的 k 倍加到第 j 行（列）。

3. 初等矩阵

① 定义：对单位矩阵只作 1 次初等变换得到的矩阵称为初等矩阵。

② 定理：设 A 为 $m \times n$ 矩阵对 A 施行 1 次初等行变换，其结果等同于给 A 的左边乘上一个相应的 m 阶初等矩阵（对单位矩阵施行 1 次相同的初等行变换）；对 A 施行 1 次初等列变换，其结果等同于给 A 的右边乘上一个相应的 n 阶初等矩阵（对单位矩阵施行 1 次相同的初等列变换）。

③ 定理：方阵 A 是可逆矩阵的充要条件是 A 可以写成若干初等矩阵的积。

④ 定理：任意矩阵 A 可通过有限次初等行变换化为唯一的一个行最简形，此称为 A 的行最简形；也可通过有限次初等列变换化为唯一的一个列最简形，称为 A 的列最简形；即存在可逆矩阵 P、Q 使得 PA 是 A 的行最简形，AQ 是 A 的列最简形。

4. 矩阵的秩

① 定义：矩阵 A 的最高阶非零子式的阶数称为 A 的秩，记为 $r(A)$ 或 $\mathrm{rank}(A)$；当 A 没有非零子式（即 $A = O$）时，定义 $r(A) = 0$。

② $r(A^H) = r(A^T) = r(A)$。

③ 定义：若 $m \times n$ 矩阵 A 的秩等于 n，则称 A 是列满秩矩阵；若秩为 m，则称 A 是行满秩矩阵；若 $r(A) = m = n$，则称 A 是满秩方阵，显然满秩方阵就是可逆矩阵。

④ 定理：初等行（列）变换不改变矩阵的秩。

⑤ 定理：$r(PA) = r(AQ) = r(A)$，其中 P、Q 是可逆矩阵。

⑥ 定义：设 $m \times n$ 矩阵 A 的秩为 r，A 的标准形定义为 $m \times n$ 矩阵 $\begin{bmatrix} I_r & O \\ O & O \end{bmatrix}$。

⑦ 定理：任意秩为 r 的矩阵 A 可经有限次初等变换化为 A 的秩标准形；即

存在可逆矩阵 P、Q 使得 $PAQ = \begin{bmatrix} I_r & O \\ O & O \end{bmatrix}$。

⑧ 定理：列满秩矩阵可经有限次初等行变换化为它的秩标准形。
⑨ 定理：行满秩矩阵可经有限次初等列变换化为它的秩标准形。
⑩ 可逆方阵 A 求逆的方法：因为 $A^{-1}[I\ A] = [A^{-1}\ I]$，故只需对 $[I\ A]$ 进行初等行变换把 A 化成单位矩阵，此时 I 就自然化成了 A 的逆矩阵。
⑪ 定理：$r(BA) = r(AC) = r(A)$，其中 B 是列满秩矩阵，C 是行满秩矩阵。

2.4.5 关于秩的一些重要结论

① 矩阵的秩等于其行秩和列秩。
② $r(A+B) \leqslant r(A) + r(B)$。
③ $r(A+B) - n \leqslant r(A_{m \times n} B_{n \times k}) \leqslant \min\{r(A), r(B)\}$
④ 设 B 是 $m \times n$ 矩阵，若 $r(AB) = r(B)$，则关于 x 的线性方程组 $ABx = 0$ 和 $Bx = 0$ 是同解方程。
⑤ 对于 $m \times n$ 复矩阵 A，$r(A^H A) = r(AA^H) = r(A)$；对于 $m \times n$ 实矩阵 A，$r(A^T A) = r(AA^T) = r(A)$。

2.5 概率论基础

2.5.1 分布函数

对随机变量 X，实函数

$$P(x) = \text{Probability}(X \leqslant x) = \text{Probability}(X \in (-\infty, x))$$

称为 X 的概率分布函数，简称分布函数[11]。$P(x)$ 有如下一些最基本的性质。
① $0 \leqslant P(x) \leqslant 1$。
② $P(-\infty) = 0$。
③ $P(+\infty) = 1$。
④ 若 $x < y$，则 $P(x) \leqslant P(y)$。

若 X 为连续随机变量，则定义

$$p(x) = \frac{\mathrm{d}P(x)}{\mathrm{d}x}$$

为 X 的概率密度函数。显然，分布函数和密度函数有如下关系。

$$P(x) = \int_{-\infty}^{x} p(v) dv$$

密度函数有如下的基本性质。
① $p(x) \geq 0$。
② $\int_{-\infty}^{+\infty} p(x) dx = 1$。
③ $P(b) - P(a) = \int_{a}^{b} p(x) dx$。

2.5.2 均值与方差

定义

$$\mu_X = E\{x\} = \int_{-\infty}^{+\infty} x p(x) dx$$

为 X 的数学期望，或简称为均值。定义

$$D_X^2 = E\{|X|^2\} = \int_{-\infty}^{+\infty} |x|^2 p(x) dx$$

$$\sigma_X^2 = E\{|X - \mu_X|^2\} = \int_{-\infty}^{+\infty} |x - \mu_X|^2 p(x) dx$$

分别为 X 的均方差和方差。式中 $E\{\cdot\}$ 表示求均值运算。若 X 是离散型数据变量，则上述的求均值运算将由积分改为求和。例如，对均值，有

$$\mu_X = E\{X\} = \sum_k x_k p_k$$

其中，p_k 是 X 取值为 x_k 时的概率。

2.5.3 矩

定义

$$\eta_X^m = E\{|X|^m\} = \int_{-\infty}^{+\infty} |x|^m p(x) dx$$

为 X 的 m 阶原点矩，显然，$\eta_X^0 = 1, \eta_X^1 = \mu_X, \eta_X^2 = D_X^2$。再定义

$$\gamma_X^m = E\{|X - \mu_X|^m\} = \int_{-\infty}^{+\infty} |x - \mu_X|^m p(x) dx$$

为 X 的 m 阶中心矩，显然 $\gamma_X^0 = 1, \gamma_X^1 = 0, \gamma_X^2 = \sigma_X^2$。矩、均值和方差都称为随机变量的数字特征，它们是描述随机变量的重要工具。例如，均值表示 X 取值的中心位置，方差表示其取值相对均值的分散程度。$\sigma_X = \sqrt{\gamma_X^2}$ 又称为标准差，它同样表示了 X 的取值相对均值的分散程度。

均值称为一阶统计量，均方值和方差称为二阶统计量。同样可以定义更高阶的统计量。定义

$$\text{Skew} = E\left\{\left[\frac{X-\mu_X}{\sigma_X}\right]^3\right\} = \frac{1}{\sigma_X^3}\gamma_X^3 \qquad (2\text{-}90)$$

为 X 的斜度。它是一个无量纲的量,用来评价分布函数相对均值的对称性。再定义

$$\text{Kurtosis} = E\left\{\left[\frac{X-\mu_X}{\sigma_X}\right]^4\right\} - 3 = \frac{1}{\sigma_X^4}\gamma_X^4 - 3 \qquad (2\text{-}91)$$

为 X 的峰度。它也是一个无量纲的量,用来表征分布函数在均值处的峰值特性。

2.5.4 随机向量

N 个随机变量组成的向量

$$\boldsymbol{X} = [X_1, X_2, \cdots, X_N]^\mathrm{T} \qquad (2\text{-}92)$$

称为随机向量。随机向量是研究多个随机变量的联合分布及进一步将随机变量理论推广到随机信号的重要工具。$\boldsymbol{X}$ 的均值是由各个分量的均值所组成的均值向量,即

$$\boldsymbol{\mu}_x = [\mu_{X1}, \mu_{X2}, \cdots, \mu_{X_N}]^\mathrm{T}, \mu_{x_i} = E\{X_i\} \qquad (2\text{-}93)$$

其方差是由各个分量之间互相求方差所形成的方差矩阵,即

$$\boldsymbol{\Sigma} = E\{(\boldsymbol{X}-\boldsymbol{\mu}_X)^*(\boldsymbol{X}-\boldsymbol{\mu}_X)^\mathrm{T}\} = \begin{bmatrix} \sigma_1^2 & \text{cov}(X_1,X_2) & \cdots & \text{cov}(X_1,X_N) \\ \text{cov}(X_2,X_1) & \sigma_2^2 & \cdots & \text{cov}(X_1,X_N) \\ \vdots & \vdots & & \vdots \\ \text{cov}(X_N,X_1) & \text{cov}(X_N,X_2) & \cdots & \sigma_N^2 \end{bmatrix} \qquad (2\text{-}94)$$

其中,

$$\text{cov}(X_i, X_j) = \sum_{i,j} = E\{(X_i-\mu_{X_i})^*(X_j-\mu_{X_j})\} \qquad (2\text{-}95)$$

称为分量 X_i 和 X_j 的协方差。

对于 N 维正态分布,其联合概率密度函数是

$$p(\boldsymbol{X}) = [(2\pi)^N|\boldsymbol{\Sigma}|]^{-\frac{1}{2}} \mathrm{e}^{-\frac{1}{2}(\boldsymbol{X}-\boldsymbol{\mu}_X)^\mathrm{T}\boldsymbol{\Sigma}^{-1}(\boldsymbol{X}-\boldsymbol{\mu}_X)} \qquad (2\text{-}96)$$

它也完全由其均值向量和方差矩阵决定[12]。

两个随机变量 X 和 Y,记其联合概率密度为 $p(x,y)$,其边缘概率密度分别为 $p(x)$ 和 $p(y)$,若

$$p(x,y) = p(x)p(y) \qquad (2\text{-}97)$$

则称 X 和 Y 是相互独立的。这一概念可推广到更高维度的联合概率分布。若

$$\text{cov}(X,Y) = E\{(X-\mu_X)^*(Y-\mu_Y)\} = E\{X^*Y\} - E\{X^*\}E\{Y\} = 0$$

则必有 $E\{X,Y\} = E^*\{X\}E\{Y\}$，这时，我们说 X 和 Y 是不相关的。两个独立的随机变量必然是互不相关的，但反之并不一定成立，两个互不相关的随机变量不一定是相互独立的。对正态分布，独立和不相关是等效的。因此，若式（2-92）的 X 的各个分量都服从正态分布，且各分量之间互不相关，那么式（2-94）的方差阵将变成对角阵。

可以证明，4 个零均值高斯型的随机变量的联合高阶矩为

$$E\{X_1X_2X_3X_4\} = E\{X_1X_2\}E\{X_3X_4\} + E\{X_1X_3\}E\{X_2X_4\} + E\{X_1X_4\}E\{X_2X_3\} \quad (2\text{-}98)$$

2.6 滤波算法与滤波器

2.6.1 滤波器的分类

滤波器的种类很多，分类方法也不同，例如可以从功能上分，也可以从实现方法上分，或从设计方法上来分。但总体而言滤波器可以分为两大类，即经典滤波器和现代滤波器。经典滤波器是假定输入信号 $x(n)$ 中的有用成分和希望去除的成分各自占有不同的频带。这样，当 $x(n)$ 通过一个线性系统（即滤波器）后可将欲去除的成分有效地去除。如果信号和噪声的频谱相互重叠，那么经典滤波器将无能为力。

现代滤波器理论研究的主要内容是从含有噪声的数据记录中估计出信号的某些特征或信号本身。一旦信号被估计出，那么被估计出的信号的信噪比将比原信号的高。现代滤波器把信号和噪声都视为随机信号，利用它们的统计特征导出一套最佳的估值算法，然后用硬件或软件予以实现。现代滤波器理论源于维纳在 20 世纪 40 年代及其以后的工作，因此维纳滤波器便是这一类滤波器的典型代表。此外还有卡尔曼滤波器、线性预测器和自适应滤波器等。

经典滤波器从功能上总的可分为 4 种，即低通（Low Pass，LP）、高通（High Pass，HP）、带通（Band Pass，BP）和带阻（Band Stop，BS）滤波器，但是，每一种又有模拟滤波器（Analogue Filter，AF）和数字滤波器（Digital Filter，DF）两种形式。图 2-5 和图 2-6 分别所示为模拟滤波器及数字滤波器的理想幅频响应。图 2-5 和图 2-6 中所给的滤波器的幅频特性都是理想情况，在实际上是不可能实现的。例如，对于低通滤波器，它们的抽样响应 $h(n)$ 是 sinc 函数，从 $-\infty$ 至 $+\infty$ 都有值，因此是非因果的。在实际工作中，我们设计的滤波器都是在某些准则下对理想滤波器的近似，但这保证了滤波器是物理可实现的，且是稳定的。

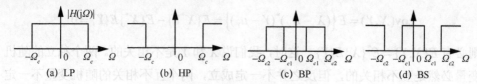

图 2-5　模拟滤波器的理想幅频响应

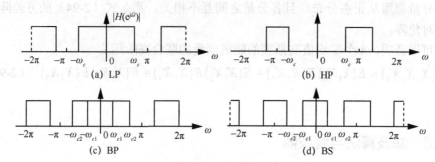

图 2-6　数字滤波器的理想幅频响应

对数字滤波器，从实现方法上，有无限脉冲响应（Infinite Impulse Response，IIR）滤波器和有限脉冲响应（Finite Impulse Response，FIR）滤波器之分，IIR 滤波器的转移函数是

$$H(z)=\frac{\sum_{r=0}^{M}b_{r}z^{-r}}{1+\sum_{k=1}^{N}a_{k}z^{-k}} \tag{2-99}$$

FIR 滤波器的转移函数是

$$H(z)=\sum_{n=0}^{N-1}h(n)z^{-n} \tag{2-100}$$

这两类滤波器无论是在性能上还是在设计方法上都有很大的区别。FIR 滤波器可以给特定的频率特性直接进行设计，而 IIR 滤波器目前最通用的方法是利用已经很成熟的模拟滤波器的设计方法来进行设计。而模拟滤波器的设计方法又有巴特沃斯（Butterworth）滤波器、切比雪夫型（Chebyshev）滤波器、椭圆滤波器等不同的设计方法。

2.6.2　滤波器的技术要求

图 2-5 和图 2-6 所示的滤波器理想幅频响应在物理上是不可实现的，其根本原因是频响应从一个频带到另一个频带之间有突变。为了在物理上可实现，我们从一个频带到另一个频带之间应设置一个过渡频带，且频率响应在通带和阻带内也不应该严格为 1 或 0，应该给以较小的容限允许在一定范围内波动。

通带及阻带的衰减 α_p、α_s 分别定义为

$$\alpha_p = 20\lg\left|\frac{H(e^{j0})}{H(e^{j\omega_p})}\right| = -20\lg\left|H(e^{j\omega_p})\right| \tag{2-101}$$

$$\alpha_s = 20\lg\left|\frac{H(e^{j0})}{H(e^{j\omega_s})}\right| = -20\lg\left|H(e^{j\omega_s})\right| \tag{2-102}$$

其中，均假定 $\left|H(e^{j0})\right|$ 已被归一化为 1。例如，当 $\left|H(e^{j\omega})\right|$ 在 ω_p 下降为 0.707 时，$\alpha_p = 3\,\mathrm{dB}$，在 ω_s 处降到 0.01 时，$\alpha_s = 40\,\mathrm{dB}$。

由于在 DF 中 ω 是用弧度表示的，而实际上给出的频率要求往往是实际频率 f（单位为 Hz），因此在数字滤波器的设计中还应给出抽样频率 f_s。

不论是 IIR 滤波器还是 FIR 滤波器的设计都包括以下 3 个步骤。
① 给出所需要的滤波器的技术指标。
② 设计一个模拟滤波器的传输函数 $H(z)$ 使其逼近所需的技术指标。
③ 实现所设计的 $H(z)$。

上文已指出，目前 IIR 滤波器设计的最通用的方法是借助模拟滤波器的设计方法。模拟滤波器设计已经有了一套相当成熟的方法，它不但有完整的设计公式，而且还有较为完整的图表供查询。IIR 滤波器的设计步骤如下。
① 按一定规则将给出的数字滤波器的技术指标转换为模拟低通滤波器的技术指标。
② 根据转换后的技术指标设计模拟低通滤波器 $G(s)$。
③ 按一定的规则将 $G(s)$ 转换成 $H(z)$。

若所设计的数字滤波器是低通的，那么上述设计工作可以结束，若所设计的是高通、带通或带阻滤波器，那么还有步骤④。
④ 将高通、带通或带阻数字滤波器的技术指标先转化为低通模拟滤波器的技术指标，然后按上述步骤②设计出低通滤波器 $G(s)$，再将低通滤波器 $G(s)$ 转换为所需的 $H(z)$。

2.6.3 滤波器算法

数字滤波方法有很多种，每种方法有其不同的特点和使用范围。从大的范围可分为 3 类，分别为克服大脉冲干扰的数字滤波法、抑制小幅度高频噪声的平均滤波法和复合滤波法。

（1）克服大脉冲干扰的数字滤波法

克服由仪器外部环境偶然因素引起的突变性扰动或仪器内部不稳定引起误码等造成的尖脉冲干扰，是仪器数据处理的第一步。通常采用简单的非线性滤波法。
① 限幅滤波法（又称为程序判断滤波法）。

限幅滤波是通过程序判断被测信号的变化幅度，从而消除缓变信号中的尖脉冲干扰。

- 方法：根据经验判断，确定两次采样允许的最大偏差值（设为 A）。每次检测到新值时判断：如果本次值与上次值之差大于 A，则本次值无效，放弃本次值，用上次值代替本次值。
- 优点：能有效克服因偶然因素引起的脉冲干扰。
- 缺点：无法抑制那种周期性的干扰平滑度差。
- 适用范围：变化比较缓慢的被测量值。

② 中位值滤波法。

中位值滤波是一种典型的非线性滤波器，它运算简单，在滤除脉冲噪声的同时可以很好地保护信号的细节信息。

- 方法：连续采样 N 次（N 取奇数），把 N 次采样值按大小排列（多采用冒泡法）取中间值为本次有效值。
- 优点：能有效克服因偶然因素引起的波动（脉冲）干扰。
- 缺点：对流量、速度等快速变化的参数不宜。
- 适用范围：对温度、液位变化缓慢的被测参数有良好的滤波效果。

（2）抑制小幅度高频噪声的平均滤波法

小幅度高频电子噪声，如电子器件热噪声、A/D 量化噪声等，通常采用具有低通特性的线性滤波器，如算术平均滤波法、递推平均滤波法、加权递推平均滤波法和一阶滞后滤波法等进行抑制。

① 算术平均滤波法。

算术平均滤波法是对 N 个连续采样值相加，然后取其算术平均值作为本次测量的滤波值。

- 方法：连续取 N 个采样值进行算术平均运算。N 值较大时，信号平滑度较高，但灵敏度较低；N 值较小时，信号平滑度较低，但灵敏度较高。N 值的选取一般为：流量，$N=12$；压力，$N=4$（注：流量、压力表示被测参数是流量、压力的情况）。
- 优点：对滤除混杂在被测信号上的随机干扰信号非常有效。被测信号的特点是有一个平均值，信号在某一数值范围附近上下波动。
- 缺点：不易消除脉冲干扰引起的误差。对于采样速度较慢或要求数据更新率较高的实时系统，算术平均滤波法无法使用。比较浪费随机存储器（Random Access Memory，RAM）。

② 递推平均滤波法（又称滑动平均滤波法）。

递推平均滤波法适用于采样速度较慢或要求数据更新率较高的、算术平均滤波法无法使用的实时系统。

- 方法：把连续取 N 个采样值看成一个队列，队列的长度固定为 N，每进行一次新的采样，把采集的新数据放入队尾，并去掉原来队首的一次数据（先进先出原则）。把队列中的 N 个数据进行算术平均运算，就可获得新的滤波结果。N 值的选取：流量，$N=12$；压力，$N=4$；液面，$N=4\sim12$；温度，$N=1\sim4$。
- 优点：对周期性干扰有良好的抑制作用，平滑度高，适用于高频振荡的系统。
- 缺点：灵敏度低，对偶然出现的脉冲性干扰的抑制作用较差，不易消除由于脉冲干扰所引起的采样值偏差，不适用于脉冲干扰比较严重的场合，比较浪费 RAM。

③ 加权递推平均滤波法。
- 方法：是对递推平均滤波法的改进，即不同时刻的数据加以不同的权。通常是，越接近当前时刻的数据，权取得越大。给予新采样值的权系数越大，则该加权滤波方法的灵敏度越高，但信号平滑度越低。
- 优点：适用于有较大纯滞后时间常数的对象和采样周期较短的系统。
- 缺点：纯滞后时间常数较小，采样周期较长，变化缓慢的信号不能迅速反应系统当前所受干扰的严重程度，滤波效果差。

④ 一阶滞后滤波法。

一阶低通数字滤波器是用软件的方法实现硬件的电阻-电容（Resistor-Capacitance，RC）滤波，以抑制干扰信号。在模拟量输入通道中，常用一阶滞后 RC 模拟滤波器来抑制干扰。

用此种方法来实现对低频的干扰时，首先遇到的问题是要求滤波器有大的时间常数（时间常数=RC）和高精度的 RC 网络。时间常数越大，要求 RC 值越大，因此漏电流也必然增大，从而使 RC 网络精度下降。采用一阶滞后数字滤波法，能很好地克服这种模拟量滤波器的缺点，在滤波常数要求较大的场合，此法更适合。

- 方法：$a=Tf/(Tf+T)$。Tf 为滤波时间常数。T 为采样周期本次滤波结果，$T=(1-a)\times$ 本次采样值 $+a\times$ 上次滤波结果。
- 优点：对周期性干扰具有良好的抑制作用，适用于波动频率较高的场合。
- 缺点：相位滞后，灵敏度低，滞后程度取决于 a 值大小，不能消除滤波频率高于采样频率的 1/2 的干扰信号。

（3）复合滤波法

在实际应用中，有时既要消除大幅度的脉冲干扰，又要做到数据平滑。因此常把前面介绍的两种或者两种以上的方法结合起来使用，形成复合滤波。去极值平均滤波法，即先用中位值滤波法滤除采样值中的脉冲性干扰，然后把剩余的各采样值进行平均滤波。连续采样 N 次，剔除其最大值和最小值，再求余下 $N-2$ 个采样的平均值。显然，这种方法既能抑制随机干扰，又能滤除明显的脉冲干扰。

① 中位值平均滤波法（又称防脉冲干扰平均滤波法）

中位值平均滤波法相当于"中位值滤波法"+"算术平均滤波法"。

- 方法：连续采样 N 个数据，去掉一个最大值和一个最小值然后计算 $N-2$ 个数据的算术平均值。N 值的选取为：3～14。
- 优点：融合了两种滤波法的优点。这种方法既能抑制随机干扰，又能滤除明显的脉冲干扰。
- 缺点：测量速度较慢，和算术平均滤波法一样比较浪费 RAM。

② 限幅平均滤波法

在脉冲干扰较严重的场合，如采用一般的平均值法，则干扰会平均到结果中去。限幅平均滤波法相当于"限幅滤波法"+"递推平均滤波法"。

- 方法：每次采样到的新数据先进行限幅处理，再送入队列进行递推平均滤波处理。
- 优点：融合了两种滤波法的优点，对于偶然出现的脉冲性干扰，可消除由于脉冲干扰所引起的采样值偏差。
- 缺点：比较浪费 RAM。
- 适用范围：缓变信号。

本章说明：本章主要介绍信号处理过程中遇到的基本概念和基本知识，为后面的信号处理算法做理论基础。

参考文献

[1] 奥本海姆. 信号与系统[M]. 北京: 电子工业出版社, 2013.
[2] 郑大钟. 线性系统理论[M]. 北京: 清华大学出版社, 2002.
[3] 同济大学数学系. 高等数学（第七版）（上册）[M]. 北京: 高等教育出版社, 2014.
[4] 同济大学数学系. 高等数学（第七版）（下册）[M]. 北京: 高等教育出版社, 2014.
[5] 胡寿松. 自动控制原理[M]. 北京: 科学出版社, 2013.
[6] 潘丰, 徐颖秦. 自动控制原理[M]. 北京: 机械工业出版社, 2015.
[7] 钟玉泉. 复变函数论[M]. 北京: 高等教育出版社, 2004.
[8] 同济大学数学系. 线性代数[M]. 北京: 高等教育出版社, 2007.
[9] 同济大学数学系. 工程数学线性代数[M]. 北京: 高等教育出版社, 2014.
[10] 张贤达. 矩阵分析与应用[M]. 北京: 清华大学出版社, 2014.
[11] 李贤平, 沈崇圣, 陈子毅. 概率论与数理统计[M]. 上海: 复旦大学出版社, 2003.
[12] 王明慈, 沈恒范. 概率论与数理统计第二版[M]. 北京: 高等教育出版社, 2007.

第 3 章
毫米波雷达信号处理技术

3.1 毫米波雷达原理

毫米波雷达，是工作在毫米波波段探测的雷达[1]。毫米波是介于微波与光波之间的电磁波，其频段为 30~300 GHz，波长为 1~10 mm。一般地，雷达系统主动发射电磁波信号，电磁波信号遇到物体后形成反射回波。利用反射回波的信息，雷达可以实现对目标的检测以及坐标测量。

3.1.1 雷达方程

当雷达发射的电磁波接触到目标时会被反射，发射回来的功率与目标的大小、指向、物理形状和材料有关[2]，这些因素集中用一个专门的参数表示，称为雷达截面积，用字母 σ 表示，表示为目标发射功率与目标接收功率之比。

$$\sigma = \frac{P_\mathrm{r}}{P_\mathrm{D}}(m^2) \tag{3-1}$$

目标反射功率为 P_t，也向四周辐射，若天线的有效接收孔径为 A_e，则天线收到目标反射功率的大小可以表示为

$$P_\mathrm{Dr} = \frac{P_\mathrm{t} G \sigma A_\mathrm{e}}{(4\pi R^2)^2} \tag{3-2}$$

又因天线的有效接收孔径 A_e 与天线增益有如下关系。

$$G = \frac{4\pi A_\mathrm{e}}{\lambda^2} \tag{3-3}$$

则天线收到目标反射功率可以重写为

$$P_\mathrm{Dr} = \frac{P_\mathrm{t} G^2 \sigma \lambda^2}{(4\pi)^3 R^4} \tag{3-4}$$

式（3-4）表明了目标距离 R 和天线收到目标反射回来的功率 P_Dr 的关系，假

设雷达有一个最小的可检测信号功率 $S_{\min}$，则雷达可以达到的最远探测距离为

$$R_{\max}=\left[\frac{P_t G^2 \sigma \lambda^2}{(4\pi)^3 S_{\min}}\right]^{1/4} \quad (3\text{-}5)$$

可以看出，在正常情况下，其余参数都不变，如果要使最远探测距离加倍，则雷达的发射功率需要增大为原来的 16 倍。可见雷达的探测距离和雷达的发射功率是紧密相关的[3]。

3.1.2 雷达工作体制

根据雷达工作体制的不同，可以将雷达分为脉冲体制雷达和连续波体制雷达。脉冲体制雷达间断地发射电磁波，利用发射波形的间歇期雷达接收目标回波；而连续波体制雷达则是持续不断地发射电磁波，在电磁波发射的同时雷达接收目标的回波。

1. 脉冲体制

脉冲体制雷达周期性地发射波形，波形发射周期称为脉冲重复间隔（Pulse Reception Interval，PRI）。在一个脉冲重复间隔内，电磁波信号发射时间占脉冲重复间隔的比值称为占空比[4]。对于脉冲体制雷达，受到实际器件水平的限制，占空比通常小于 20%[5]。PRI 的大小决定了脉冲体制雷达的无模糊测距范围，PRI 越大无模糊测距距离也越大[6]。

（1）目标距离探测

脉冲毫米波雷达的测距原理是雷达系统向目标发射一个或一列很窄的电磁波脉冲，测量自发射电磁波脉冲起始，到达目标，并由目标返回到接收机的时间 Δt，然后据此时间计算出目标的距离 R[7]。雷达测距原理如图 3-1 所示。

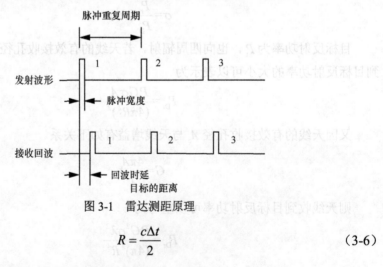

图 3-1 雷达测距原理

$$R=\frac{c\Delta t}{2} \quad (3\text{-}6)$$

在上述的雷达测距原理中，接收回波和发射波形之间存在时延，由于周期性

的存在，因此对于回波 2，无法判断是由脉冲 1 还是脉冲 2 产生的，从而会产生距离模糊。

（2）目标速度的测量

毫米波雷达测速是基于多普勒效应原理[8]。多普勒效应就是，当声音、光和无线电波等振动源与观测者以相对速度 v 运动时，观测者所收到的振动频率与振动源所发出的频率不同[9]。根据多普勒效应，毫米波雷达的频率变化、本车及跟踪目标的相对速度是紧密相关的[10]，根据反射回来的毫米波频率的变化，可以得知前方实时跟踪的障碍物目标和本车相比的相对运动速度[11]。当发射的电磁波和被探测目标有相对移动时，回波的频率会和发射波的频率不同。当目标向雷达天线靠近时，反射信号频率将高于发射信号频率；反之，当目标远离天线而去时，反射信号频率将低于发射信号频率，通过检测这个频率差，可以测得目标相对于雷达的移动速度，也就是目标与雷达的相对速度[12]。雷达测速原理如图 3-2 所示。

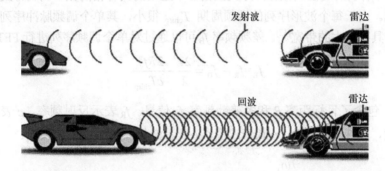

图 3-2　雷达测速原理

（3）目标角位置的测量

目标的角位置是指方位角和仰角，这两个角的测量是利用天线的方向性来实现的[13]。雷达天线将电磁能量汇集在窄波束内，当天线波束轴对准目标时，回波信号最强，当目标偏离天线波束轴时回波信号减弱[14]。根据接收回波最强时的天线波束指向就可确定目标的方向，这就是角坐标测量的基本原理。目前雷达测角的方法可分为相位法和振幅法两大类，雷达中常采用的是相位法测角[15]。相位法测角利用多个天线所接收回波信号之间的相位差进行测角。相位法测角示意如图 3-3 所示，设在 θ 方向有一个远区目标，则到达接收点的目标所放射的电波近似为平面波。由于两天线间距为 d，故它们所收到的信号由于存在波程差 ΔR 而产生一相位差 φ，由图 3-3 可知，

$$\varphi = \frac{2\pi}{\lambda}\Delta R = \frac{2\pi}{\lambda}d\sin\theta \qquad (3\text{-}7)$$

其中，λ 为雷达波长。如用相位计进行比相，测出其相位差 φ 中，就可以知道目标方向 θ。

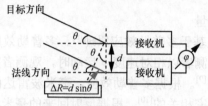

图 3-3 相位法测角示意

2. 连续波体制

连续波体制可分为单频连续波、频移键控、多进制频移键控、调频连续波和啁啾序列[16]。

（1）线性调频脉冲序列

图 3-4 所示的线性调频脉冲序列波由 L 个连续的具有相同频率调制方式的波形序列组成。由于每个波形序列的调频周期 T_{chirp} 很小，其单个调频脉冲序列的接收基带信号具有很大的带宽[17]。差频频率 f_B 可以通过对单个调频序列进行 FFT 得到，

$$f_B = f_R - f_D = \frac{2v}{\lambda} - \frac{2Rf_{\text{sw}}}{cT_{\text{chirp}}} \tag{3-8}$$

式（3-8）包含了目标距离 R 和多普勒频率 f_D 信息。f_R 表示反射频率，c 表示光的传播速度，为 3×10^8 m/s，v 代表速度，λ 表示波长。

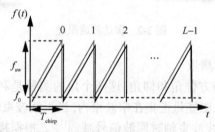

图 3-4 线性调频脉冲序列波

回波信号的下降频段中也包含了时间 t、频域抽样的点数 l、差频频率 f_B、多普勒频率 f_D 以及相位 ϕ[18]。这个连续的基带信号可以用式（3-9）来表示。

$$S(t,l) = \exp\left(j2\pi(f_B t - f_D l T_{\text{chirp}} + \phi)\right) \tag{3-9}$$

基带信号经过采样以及单独调频序列的 FFT 后，被分成了 K 个相邻的距离门。

$$S(m,l) = \sum_{i=0}^{K-1} s(k,l) \exp\left(-j2\pi \frac{km}{K}\right) \tag{3-10}$$

其中，K 是离散基带信号的采样序号，m 是差频频率序号，k 是离散基带信号的采样数量。每个单独调频脉冲序列的回波信号中都含有差频频率 f_B，对 L 个调频脉冲系列作相同的 FFT，处理后的数据放在一个二维的矩阵中，如图 3-5 所示。

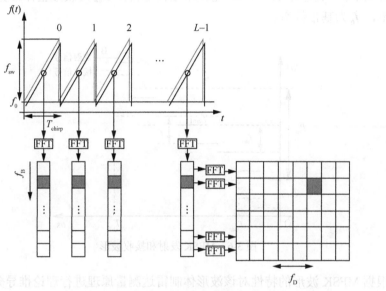

图 3-5　L 个调频系列作相同的 FFT

多普勒频率 f_D 可以通过在每个单独的距离门中进行第二次 FFT 得到，即对上述二维矩阵中的每一行做 FFT，此时 FFT 的长度为 L。

$$Q(m,l) = \sum_{i=0}^{K-1} s(m,l) \exp\left(-j2\pi\frac{ln}{L}\right) \tag{3-11}$$

其中，n 代表了离散多普勒频率的序号。

已知不同目标物的差频频率 f_B 和多普勒频率 f_D，可以通过式（3-12）得到目标物的距离和速度信息。

$$\begin{cases} R = -(f_B + f_D)\dfrac{T_{chirp}}{f_{sw}}\dfrac{c}{2} \\ v = -f_D\dfrac{\lambda}{2} \end{cases} \tag{3-12}$$

（2）多进制频移键控

多进制频移键控（M-ary Frequency Shift Keying，MFSK），是频移键控（Frequency Shift Keying，FSK）方式的推广，它用不同的载波频率代表不同种的数字信息。MFSK 发射和接收波形如图 3-6 所示，一个周期的发射信号包括 A、B

两个互为交替、步进上升的线性调制信号，图 3-6 中实线为发射信号，虚线为回波信号，其中，T_{CPI} 为多进制频移键控信号的发射信号周期，T_{step} 为 A、B 两个频移键控波形的周期，则 $T_{\text{CPI}}=N\times T_{\text{step}}$，其中，$N$ 为步进次数，f_{step} 为每个频移键控的步进频率值，f_{shift} 为 A、B 两个波形的频率差值，B_{sw} 为波形整体带宽，f_B 为差频频率，f_0 为基带频率。

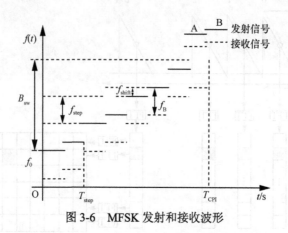

图 3-6 MFSK 发射和接收波形

根据 MFSK 波形的特性对该波形体制雷达测量原理进行理论推导分析。

设 N 个频率发射信号为

$$x_T(i) = A_T \exp\{-j2\pi(f_0 + if_{\text{step}})t\}, i=1,2,3,\cdots,N-1 \quad (3-13)$$

回波信号为

$$x_R(i) = A_R \exp\{-j2\pi(f_0 + if_{\text{step}})t(t-\tau(i))\}, \ i=1,2,3,\cdots,N-1 \quad (3-14)$$

根据混频器的原理对发射信号和回波信号进行混频，简化得到中频信号如下

$$x_S(i) = A_S \exp\{-j2\pi(f_0 + if_{\text{step}})t\tau(i)\}, i=1,2,3,\cdots,N-1 \quad (3-15)$$

其中，A_S 代表 S 次谐波分量的幅值，$\tau(i)=\dfrac{2(R+viT_{\text{step}}/2)}{C}$，对 N 个中频信号进行 FFT，可得

$$X(k) = A_S \exp\left(-j\dfrac{4\pi}{C}f_0 R\right)\exp\left\{-j2\pi\dfrac{N-1}{2}\left[\dfrac{vf_0 T_{\text{step}}+2Rf_{\text{step}}}{C}+\dfrac{k}{N}\right]\right\}$$

$$\sum_{i=0}^{N-1}\exp\left(\dfrac{-j4\pi vi^2 f_{\text{step}}T_{\text{step}}}{2C}\right)\dfrac{\sin\left\{\pi N\left[\dfrac{vf_0 T_{\text{step}}+2Rf_{\text{step}}}{C}+\dfrac{k}{N}\right]\right\}}{\sin\left\{\pi\left[\dfrac{vf_0 T_{\text{step}}+2Rf_{\text{step}}}{C}+\dfrac{k}{N}\right]\right\}} \quad (3-16)$$

由式（3-16）可知，当 $k=-\dfrac{N(vf_0T_{\text{step}}+2Rf_{\text{step}})}{C}$，$X(k)$ 取谱峰，此时差频频率

$$f_B = \dfrac{k}{T_{\text{CPI}}} = -\dfrac{2v}{\lambda} - \dfrac{2RT_{\text{step}}}{CT_{\text{CPI}}} \quad (3\text{-}17)$$

$$\Delta\varphi = -\dfrac{\pi v}{(N-1)\Delta v} - 4\pi R\dfrac{f_{\text{step}}}{C} \quad (3\text{-}18)$$

只需求得 f_B 和 $\Delta\varphi$，联立两个方程就可以求出目标距离和速度信息了。

由上述 MFSK 的雷达测量原理可知，用于求解目标距离与速度的 f_B 和 $\Delta\varphi$ 是一一对应的关系，不存在交叉混叠。因此，MFSK 可以有效地避免虚假目标的出现。

3.2 车载雷达信号处理流程

车载毫米波雷达主要分为两个模块：射频前端模块和信号处理模块[19]。射频前端模块的主要功能是将发射信号的频率按照调制波幅度的大小调制之后发射出去，同时将接收到的信号经过处理之后送给混频器，与本振信号混频并滤波，得到一个含有目标信息的模拟中频信号，功放后送给信号处理模块进行处理[20]。信号处理模块主要功能是：一方面，配合射频前端模块产生一定的调制波形[21]；另一方面，将射频前端模块送过来的模拟中频信号经过模拟/数字（A/D）采样得到数字差频信号[22]，然后通过一定的数字信号处理算法得出目标距离、速度和角度等信息[23]。信号处理算法如图 3-7 所示。

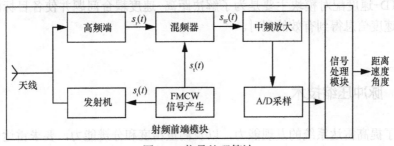

图 3-7 信号处理算法

注：FMCW 为调频连续波（Frequency Modulated Continuous Wave）。

根据图 3-8 所示信号处理算法中的信号处理模块，在整个的信号处理过程中，主要有以下几个算法模块[24]。

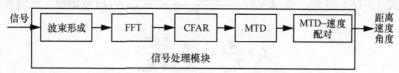

图 3-8　信号处理算法中的信号处理模块

（1）波束形成模块

波束形成有接收波束形成和发射波束形成，主要功能是抑制干扰、杂波及噪声，增强目标信号，从而增强目标检测率。波束形成后并不改变差频信号包含目标距离、速度及角度信息的频谱特征[25]。

（2）FFT 模块

快速傅里叶变换（Fast Fourier Transform，FFT）模块，即对数字信号序列进行快速傅里叶变换，是离散傅里叶变换的一种快速运算方法。通过 FFT 模块，将时域差频信号变换到频域进行分析，不同距离的目标会分布在不同的频点，称为"距离维变换"[26]。同时，傅里叶变换也是为后续的频域恒虚警率（Constant False Alarm Rate，CFAR）检测做准备。

（3）CFAR 检测模块

CFAR 检测模块主要是根据频域 CFAR 检测原理[27]，即对时域差频信号作 FFT（即"距离维变换"）后的频域信号[28]计算检测统计量和门限，然后进行判决。

（4）MTD 模块

动目标检测（Moving Targets Detection，MTD）模块主要是利用不同周期的信号存在的固定相位差，求得运动目标的多普勒频率，进而估计目标速度，称为"速度维变换"，同时也为后续的 MTD-速度配对模块做准备。

（5）MTD-速度配对模块

MTD-速度配对模块主要是为了解决距离-速度耦合问题并使各目标的距离信息和速度信息得到有效的配对。

3.3　脉冲压缩技术

为了提高雷达系统的发现能力，以及测量精度和分辨能力，要求雷达信号具有大的时宽带宽积。但是，在系统的发射和馈电设备峰值功率受限制的情况下，大的信号能量只能通过加大信号的时宽来得到[29]。然而单载频脉冲信号的时宽带宽积接近 1，故大的时宽和带宽不可兼得。因此，对这种信号来说，测距精度和距离分辨力同测速精度和速度分辨力以及作用距离之间存在着不可调和的矛盾。

在匹配滤波器理论的指导下,线性调频脉冲压缩的概念被提出,即在宽脉冲内附加线性调频,以扩展信号的频带,线性调频脉冲压缩提供了一类信号,其时宽带宽积大于 1,我们称之为脉冲压缩信号或大时宽带宽积信号。线性调频信号是应用最广泛的脉冲压缩信号,因此线性调频信号的特性、脉冲压缩的原理及其实现技术都是比较受人关注的。

3.3.1 脉冲压缩原理

脉冲压缩是指雷达通过发射宽编码脉冲并对回波进行处理以获得窄脉冲,因此脉冲压缩雷达既保持了窄脉冲的高距离分辨力,又获得了宽脉冲的强检测能力。此外,脉冲压缩系统结构复杂,会产生距离旁瓣。脉冲压缩的实现要求包括:① 发射脉冲必须有非线性的相位谱,或必须使其脉冲宽度与有效频谱宽度的乘积远大于 1;② 接收机必须有一个压缩网络,其相频特性应与发射信号实现相位共轭匹配。

脉冲压缩的过程其实就是匹配滤波,脉冲压缩的基本原理如图 3-9 所示。

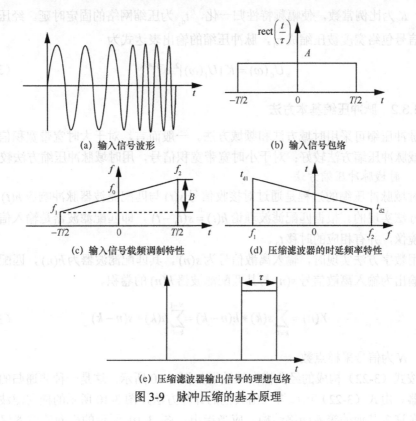

图 3-9 脉冲压缩的基本原理

图 3-9(a)~图 3-9(c)所示为脉冲宽度为 T 的线性调频信号,也即回波信号。如图 3-9(a)所示,假定其载频在脉冲内按恒速(线性)增加,它通过脉冲

压缩滤波器，该滤波器具有图 3-9（d）所示的时延频率特性，即时延 t_d 随频率线性减小，且减小速率与回波脉内速率的增加速度一致。于是就使得回波中的低频先到部分比高频后到部分通过滤波器的时间滞后要长，所以脉冲内的各频率分量在时域被积叠（或者说压缩）在一起，形成了幅度增大、宽度变窄的滤波器输出信号，其理想包络如图 3-9（e）所示。

在理想脉冲压缩系统模型中，我们假定在电波传播和目标发射过程中，以及在微波通道、收发天线和压缩网络前的接收通道传输过程中，信号没有失真，而且增益为 1。因此，接收机压缩网络输入端的目标回波脉冲信号就是发射脉冲信号，其包络宽度为 τ，频谱为

$$U_i(\omega) = |U_i(\omega)| e^{j\phi_i(\omega)} \tag{3-19}$$

压缩网络的频率特性为 $H(\omega)$，根据匹配条件应满足式（3-20）。

$$H(\omega) = K |U_i(\omega)| e^{-j\phi_i(\omega)} e^{-j2\pi f t_{d_0}} \tag{3-20}$$

其中，K 为比例常数，使幅频特性归一化，t_{d_0} 为压缩网络的固定时延。经压缩后输出信号包络宽度被压缩成 τ_0，脉冲压缩的输出表达式为

$$U_0(\omega) = K |U_i(\omega)|^2 e^{-j2\pi f t_{d_0}} \tag{3-21}$$

3.3.2 脉冲压缩基本方法

脉冲压缩可采用时域方法和频域方法。一般而言，对于大时宽带宽积信号，用频域脉冲压缩方法较好；对于小时宽带宽积信号，用时域脉冲压缩方法较好。

1. 时域脉冲压缩方法

时域脉冲压缩的过程是通过对接收信号 $s(t)$ 与匹配滤波器脉冲响应 $h(t)$ 求卷积的方法实现的。根据匹配滤波理论 $h(t) = s(t_0 - t)$，即匹配滤波器是输入信号的共轭镜像，并有相应的时移 t_0。

用数字方法实现时，输入离散信号为 $s(n)$，其匹配滤波器为 $h(n)$，匹配滤波器的输出为输入离散信号 $s(n)$ 与其匹配滤波器 $h(n)$ 的卷积。

$$Y(n) = \sum_{k=0}^{N-1} s(k) * h(n-k) = \sum_{k=0}^{N-1} h(k) * s(n-k) \tag{3-22}$$

其中，N 为信号采样点数。

按式（3-22）构成的经典横向滤波器如图 3-10 所示。这是一种非递归的横向滤波器。由式（3-22）可以排列出其他的计算方法，图 3-10 所示的横向滤波器结构还有许多其他的等效网络结构。应当指出，图 3-10 所示的横向滤波器仅是原理性的，在实际应用中往往在复数域进行滤波处理，因此实际应用中应采用正

交双通道滤波器，按式（3-22）完成复卷积运算。

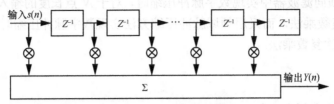

图 3-10　经典横向滤波器

2. 频域脉冲压缩方法

脉冲压缩过程是对输入信号 $s(n)$ 与匹配滤波器的脉冲响应 $h(n)$ 求卷积的过程。由傅里叶变化的性质可知，时域卷积相当于频域相乘。这个过程可以表示如下。

设输入离散信号为 $s(n)$，其傅里叶变换为 $S(\omega)$，$S^*(\omega)$ 为 $S(\omega)$ 的共轭复数；匹配滤波器脉冲响应 $h(n)$，其傅里叶变换为 $H(\omega)$；匹配滤波器输出为 $y(n)$，其傅里叶变换为 $Y(\omega)$。

对公式 $y(n) = s(n) * h(n)$ 两边同时进行傅里叶变换可得

$$Y(\omega) = S(\omega)H(\omega) \tag{3-23}$$

又因为，

$$H(\omega) = S^*(\omega) \tag{3-24}$$

代入式（3-23）可得

$$Y(\omega) = S(\omega)S^*(\omega) \tag{3-25}$$

则输出 $y(n)$ 为

$$y(n) = \text{IFFT}(Y(\omega)) = \text{IFFT}(|S(\omega)|^2) \tag{3-26}$$

根据式（3-26）我们可以画出频域脉冲压缩方法实现脉冲压缩的原理示意，如图 3-11 所示。

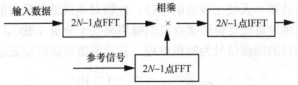

图 3-11　频域脉冲压缩方法实现脉冲压缩的原理示意

频域脉冲压缩方法的脉冲压缩原理在具体工程实现时常常将匹配滤波器权系数存于只读存储器中，当需要加权以降低距离旁瓣时，存于只读存储器中的权系数应当是匹配滤波器频率响应与加权函数的乘积。

在时域横向滤波器中实现数字脉冲压缩时,对于 N 点长度的输入信号,需要进行 N^2 次复数乘法,而采用频域脉冲压缩方法实现数字脉冲压缩时,需要进行 $N+N\mathrm{lb}N$ 次复数乘法。

3.4 雷达杂波抑制

在无人系统中,雷达除了受到内部噪声的影响,还会受到外部各种杂波的影响。例如在地面上各种静止的非目标反射体所引起的地物杂波,由于其多数为静止反射体,因而其多普勒频率在零频附近。而对于运动目标,其运动速度会引起一定的多普勒偏移,并且对于多个脉冲回波,运动目标的回波相位在多个脉冲间是相参的,因此,若能对运动目标的回波相位进行补偿,则可以对多个脉冲进行相参相加,得到最大的能量积累。而对于地物回波,并不具有上述特性,无法进行有效的积累。

常用的相参积累处理方法包括动目标显示(Moving Target Indicator, MTI)和动目标检测(MTD)[30]。MTI 处理又称为多脉冲对消处理,主要是利用若干个脉冲重复间隔内的数据进行杂波抑制处理。MTD 处理是利用多普勒滤波器组使运动目标进行同相位累加处理,同时利用运动目标的多普勒速度和地物杂波的多普勒速度的区别来抑制地物杂波。MTD 处理可以得到更高的信噪比改善因子和信杂比改善因子,因此这里主要讨论 MTD 处理。

滤波器组是 MTD 处理的核心,决定了 MTD 处理的性能。按照实现方法的不同,MTD 滤波器组可以分为 FFT 方法和 FIR 方法。FFT 方法实现简单、具有更高的执行效率,但是设计灵活性相对较差,为了抑制较高的副瓣电平,通常需要采用加窗处理。FIR 方法设计灵活性高,可根据设计的需要选择具有特殊频率特性的滤波器组。

雷达的主波束照射地面区域后,从地面反射的回波信号称为地杂波。地杂波的强度与发射机功率、天线主波束的增益、地物对电磁波的反射能力和天线高度等因素有关,其强度可能比雷达接收机的噪声高几十分贝(dB)。

通常,地杂波的回波信号为随机过程。其功率谱可以近似表示为

$$C(f) = G_0 \exp\left(-\frac{f^2}{2\sigma_f^2}\right) \tag{3-27}$$

其中,G_0 为常数,决定了杂波谱的强度;f 为杂波功率谱的标准偏差,决定了杂波谱的宽度;σ_f^2 表示单边功率谱密度,σ 代表方差。

杂波谱近似为高斯谱形，且分布在零频附近。式（3-27）中的频率表示的是模拟频率，即信号的实际频率。通常，雷达信号处理针对的是数字信号，且考虑到 MTD 处理是在脉冲间进行的，为了讨论的方便，常利用雷达的脉冲重复频率（Pulse Repetition Frequency，PRF）对上述频率进行归一化处理。

地杂波的频谱位于零频附近，而运动目标的频域分布于其对应的多普勒频率附近。因此，利用两者在频率分布上的差别可以有效地区分运动目标与地杂波。为此，工程上常采用一组频率上相邻且重叠的窄带滤波器组来实现对运动目标的分辨，即 MTD 处理。

MTD 滤波器组的实现分为 FFT 方法和 FIR 方法。对于 FFT 方法，其利用的是进行 FFT 时所形成的多个频率通道；FIR 方法则是设计多个具有指定中心频率的带通滤波器。事实上，FFT 时所形成的多个频率通道也可以视为是一组 FIR 滤波器组。MTD 的实现原理如图 3-12 所示（假设 MTD 处理中有 M 个滤波器）。

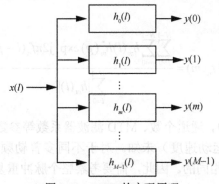

图 3-12　MTD 的实现原理

对于给定的 MTD 滤波器组，考察其性能常采用的指标有：信杂比增益（改善因子）、信噪比增益等。事实上，当给定杂波谱模型、MTD 参数时可以计算出 MTD 的性能指标。

假设输入 MTD 滤波器组的数据可以表示为

$$x(l) = x_s(l) + x_c(l) + x_n(l) \qquad (3\text{-}28)$$

其中，$x_s(l)$ 为信号，$x_c(l)$ 为杂波，$x_n(l)$ 为噪声。

为了考察 MTD 的处理性能，通常假设信号为连续波正弦信号，即表示为

$$x_s(l) = A_S \exp(\mathrm{j}2\pi f_d l) \qquad (3\text{-}29)$$

其中，信号的中心频率为 f_d（归一化频率），A_S 代表 S 次谐波分量的幅值。

对于噪声，通常将其假设为复高斯白噪声。

假设第 m 个 MTD 滤波器（也称为通道）的系数为 $h_m(l)$（$l=0,1,\cdots,N\text{-}1$，N 为

滤波器的阶数），则第 m 个通道的输出可以表示为

$$y(k) = y_s(l) + y_c(l) + y_n = \sum_{l=0}^{N-1} h_m(l)x_s(l) + \sum_{l=0}^{N-1} h_m(l)x_c(l) + \sum_{l=0}^{N-1} h_m(l)x_n(l) \quad (3\text{-}30)$$

根据上述假设，利用式（3-30）可以计算得到第 m 个 MTD 通道的改善因子为

$$G_{sc}(f_d, m) = \frac{\sum_{l=0}^{N-1}\sum_{p=0}^{N-1} h_m(l)h_m^*(p)\exp[\mathrm{j}2\pi f_d(l-p)]}{\sum_{l=0}^{N-1}\sum_{p=0}^{N-1} h_m(l)h_m^*(p)\exp\{-2\sigma_f^2[\pi(l-p)]^2\}\exp[\mathrm{j}2\pi f_0(l-p)]} \quad (3\text{-}31)$$

其中，$h_m^*(p)$ 为第 m 个 MTD 滤波器系数的共轭复数；$p=0,1,\cdots,N\text{-}1$，N 为滤波器的阶数。

信噪比增益为

$$G_{sn}(f_d, m) = \frac{\sum_{l=0}^{N-1}\sum_{p=0}^{N-1} h_m(l)h_m^*(p)\exp[\mathrm{j}2\pi f_d(l-p)]}{\sum_{l=0}^{N-1}|h_m(l)|^2} \quad (3\text{-}32)$$

在实际雷达系统中，通道个数、MTD 滤波器系数等参数都是预先给定的，但目标的多普勒频率（运动速度）未知。对于不同多普勒频率的目标，其对应的 MTD 处理性能也是不相同的。因此，需要考察整个脉冲重复频率内 MTD 处理的性能。

本书采用如下的方法定义 MTD 滤波器组的频率响应曲线。

① 依次产生具有不同归一化多普勒频率的目标。
② 求出该目标在 N 个 MTD 通道中输出能量最大的通道。
③ 统计该通道输出的信号、杂波和噪声的功率以计算增益，即某个多普勒频率所对应的性能参数。
④ 将所有的多普勒频率处的性能参数画出，即得到 MTD 的多普勒频率响应曲线。
⑤ 对所有频率处的性能参数进行平均，得到参数（信杂比增益、信噪比增益）的平均值。

之所以选择信号输出能量最大的通道号是因为：通常 MTD 处理后会采用频率通道恒虚警检测处理，并且 MTD 滤波器之间相互交叠，目标的多普勒频率总是落在多个频率通道内。此外，地杂波总是位于零频附近。因此，选择输出信号能量最大的通道进行恒虚警处理具有最高的信杂比。

3.5 雷达目标检测技术

雷达信号检测技术是雷达系统的关键技术之一，可以实现雷达对目标的检测以及位置估计等功能。汽车上的雷达传感器所面临的处理环境、目标特性不同于传统的军用雷达，主要表现为雷达探测环境较为复杂，存在树木、建筑物等干扰的影响，雷达接收的回波信号中不但包含目标信号，也包含各种噪声、杂波和干扰信号。因此，雷达的信号检测是在有噪声和干扰的条件下进行的[31]。

3.5.1 雷达检测的门限值

在噪声中检测雷达信号是一个选择—判决的问题，采用包络检波器加门限判决的雷达接收机的简化框图如图 3-13 所示，接收机的输入信号由雷达回波信号 $s(t)$ 和加性的均值为零、方差为 Ψ^2 的高斯白噪声 $n(t)$ 组成。输入噪声假定是空间不相干的，并且与信号不相关。

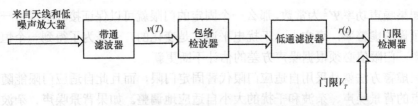

图 3-13 采用包络检波器加门限判决的雷达接收机的简化框图

当信号 $r(t)$ 超过门限值 V_T 时，目标被检测，判决假设为

$$\begin{cases} s(t)+n(t) > V_T, & 检测 \\ n(t) > V_T, & 虚警 \end{cases} \quad (3-33)$$

根据以上的假定，虚警率 P_{fa} 定义为当雷达中只有噪声出现时，信号 $r(t)$ 的样本 R 超过门限值 V_T 的概率。

$$P_{fa} = \int_{V_T}^{\infty} \frac{r}{\Psi^2} \exp\left(-\frac{r^2}{2\Psi^2}\right) dr = \exp\left(-\frac{V_T^2}{2\Psi^2}\right) \quad (3-34)$$

其中，Ψ 为协方差，r 为拟合优度指数。检测率 P_d 是信号 $r(t)$ 的样本 R 在噪声加信号的情况下超过门限值 V_T 的概率。

$$P_d = \int_{V_T}^{\infty} \frac{r}{\Psi^2} I_0\left(\frac{rA}{\Psi^2}\right) \exp\left(-\frac{r^2+A^2}{2\Psi^2}\right) dr \quad (3-35)$$

其中，A 表示幅值，I_0 表示修正的零阶贝塞尔函数。

3.5.2 恒虚警检测器原理

在雷达回波信号的检测过程中，采用固定的门限进行检测时，如果门限设高了，则虚警率低，可能会发生大量漏警；而门限设低了，发现虚警率虽增大了，但噪声、杂波和干扰等会引起大量虚警。

在现代雷达信号处理中，为了提高雷达的性能，首先需要提高检测器输入端的信噪比及信干比，其措施是降低接收机的噪声系数，采用各种抑制杂波和抗干扰的措施等。但是即使采用了上述方法，检测器输入端还是会有噪声、杂波和干扰的剩余分量。接收机内部噪声电平因模拟器件的影响而缓慢时变，杂波和干扰剩余也会时变，且在空间非均匀分布，因此仍需要采用各种恒虚警方法来保证雷达信号检测具有恒虚警特性[32]。

门限值 V_T 和虚警率 P_{fa} 之间的关系为

$$V_T = \sqrt{2\Psi^2 \ln\left(\frac{1}{P_{fa}}\right)} \tag{3-36}$$

如果噪声功率 Ψ^2 为常数，那么一个固定的门限就可以保证接收机保持一个恒定的预设的虚警率，事实上，干扰电平通常是变化的，于是为了得到一个恒定的虚警率，门限值必须根据噪声方差的估计不断更新。

恒虚警方法就是采用自适应门限代替固定门限，而且此自适应门限能随着被检测点的背景噪声、杂波和干扰的大小自适应地调整。如果背景噪声、杂波和干扰大，自适应门限就调高；如果背景噪声、杂波和干扰小，自适应门限就调低，以保证虚警率恒定。

3.5.3 白噪声背景下的恒虚警检测器

接收机内部噪声属于高斯白噪声，通过包络检波器以后，噪声电压服从瑞利分布，其概率密度函数为

$$P(x) = \frac{x}{b^2} \exp\left(-\frac{x^2}{2b^2}\right) \tag{3-37}$$

其中，b 为瑞利系数。b 的大小正比于噪声 x 的均值 μ，即

$$b = \sqrt{\frac{2}{\pi}}\mu \tag{3-38}$$

由式（3-37）可见，$P(x)$ 是 b 的函数，而由式（3-38）可知，b 又与代表噪声强弱的 μ 有关。因此，如果用固定门限在白噪声背景下进行信号检测，虚警率

将随着噪声的强弱而变化，如图 3-14 所示。

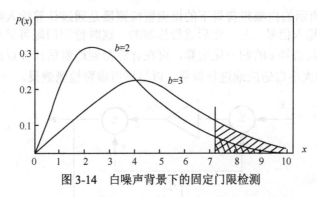

图 3-14　白噪声背景下的固定门限检测

如果用 $y = x/b$ 代替式中的 x，即对噪声电压 x 作归一化处理，则 y 的概率密度函数为

$$P(y) = y\exp\left(-\frac{y^2}{2}\right) \tag{3-39}$$

因为 $P(y)$ 与噪声强度无关，所以，即使采用固定门限在噪声 y 的背景下进行信号检测，虚警率也不会随着输入噪声的强弱而变化，因而可以得到恒虚警的效果。根据这样的原理可得到图 3-15 所示的在白噪声背景下的恒虚警检测器。

在图 3-14 中，取样脉冲应该使计算均值估计 $\hat{\mu}$ 的数据样本来自于雷达休止期中的数据，因为这些数据代表噪声，且一般不包含目标信号和杂波。此外，对均值估计 $\hat{\mu}$ 的计算需要大量的噪声数据样本，而单次雷达休止期中的噪声数据样本数是有限的，所以常采用多个雷达重复周期的休止期数据样本来计算 $\hat{\mu}$。为了简化计算，相邻重复周期之间的均值估计结果可以再通过一阶递归滤波器来平滑，如图 3-15 所示。

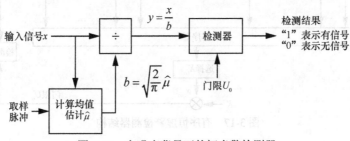

图 3-15　白噪声背景下的恒虚警检测器

图 3-16 中 Z^{-1} 表示跨发射周期的延迟，$\bar{x}_n$ 代表由第 n 个雷达重复周期的休止期得到的所有样本数据的均值，$\bar{y}_n$ 代表递归滤波后的输出，即

$$\overline{y}_n = K(\overline{x}_n - \overline{y}_{n-1}) + \overline{y}_{n-1} = (1-K)\overline{y}_{n-1} + K\overline{x}_{n-1} \tag{3-40}$$

图 3-16 所示的白噪声背景下的恒虚警检测器是通过计算输入噪声的均值估计 $\hat{\mu}$，然后对输入信号 x 归一化后进行检测的，这时检测门限可采用固定门限。为了避免对输入信号 x 的归一化运算，可在计算得到均值估计 $\hat{\mu}$ 以后，使检测门限 U_0 随着 $\hat{\mu}$ 的大小自适应地进行调整，以得到恒虚警检测效果。

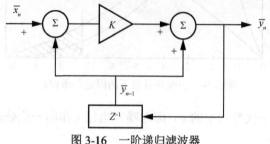

图 3-16 一阶递归滤波器

递归滤波器输出的是对输入信号 x 中的噪声均值估计 $\hat{\mu}$，乘以门限乘子 K 以后得到自适应门限 $U_0 = K\hat{\mu}$。门限乘子 K 是一个标量，K 的大小应根据所要求的虚警率的大小来确定。

3.5.4 有序统计恒虚警检测器

如果参考单元中出现其他目标信号（干扰目标）时，将引起恒虚警检测器检测性能的下降。为了提高恒虚警检测器抗其他干扰目标的能力，提出了一种有序恒虚警检测器，其结构如图 3-17 所示，其中 $X_{(m)}$ 表示排序后的第 m 个样本。

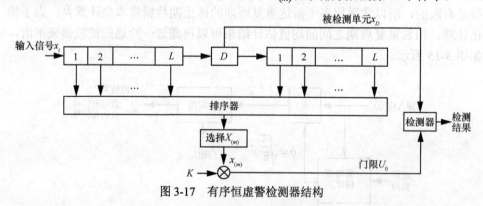

图 3-17 有序恒虚警检测器结构

图 3-17 中的排序器对参考单元内的 $2L$ 个 x 值进行了大小排序，假设排序后的数据为

$$x_{(1)} \leqslant x_{(2)} \leqslant \cdots \leqslant x_{(2L)} \tag{3-41}$$

再选择排序后的第 m 个样本 $x_{(m)}$ 作为第 $2L$ 个参考单元内杂波电平的一种估计，$x_{(m)}$ 乘以门限乘子 K 以后作为门限 U_0，$U_0=Kx_{(m)}$。一般情况下 m 可取为参考单元数值 $2L$ 的 $3/4$，即

$$m=\frac{3}{4}\times 2L=1.5L \tag{3-42}$$

当有较强的一个或多个干扰目标进入 $2L$ 个参考单元时，只会引起有序统计恒虚警（Ordered Statistic Constant False Alarm Rate，OS-CFAR）检测器中排序结果的变化，对门限的影响较小。

在瑞利杂波条件下，经过平方律检波器以后，x_i 服从指数分布，并得到有序统计恒虚警检测器的虚警率 P_f 与参考单元数 $2L$ 与 m 之间的关系。

$$P_f = mC_{2L}^m \frac{\Gamma[2L-K+1+K]\Gamma[m]}{\Gamma[2L+K+1]} \tag{3-43}$$

式（3-43）中，C_{2L}^m 表示从 $2L$ 个数中任取 m 个数的组合数，$\Gamma[\cdot]$ 为伽马函数。式（3-43）中说明虚警率 P_f 与杂波功率无关，所以能获得恒虚警的效果。

3.6 雷达阵列信号处理

多输入多输出（Multiple Input Multiple Output，MIMO）雷达是把无线通信系统中的多个输入和多个输出技术引入到雷达领域，并和数字阵列技术相结合而产生的一种新体制雷达。由于采用了波形分集技术，MIMO 雷达拥有许多传统相控阵雷达所无法比拟的优越性。

3.6.1 MIMO 雷达工作原理

MIMO 雷达通常包含多个发射天线和多个接收天线（天线也可以收发共用），各发射天线发射不同的信号波形，各发射信号经过目标反射后被多个接收天线接收，并经过多路接收机后进行后续信号处理[33]。

在 MIMO 雷达系统中的阵元的发射信号是一组相互正交或部分相关信号，各信号在空间叠加后会形成低增益的宽波束，对较大的空域范围同时实现能量覆盖，从而实现对大空域范围内的目标同时进行跟踪和搜索。当 MIMO 雷达各发射信号相互正交时，则其发射能量覆盖没有方向性（假设单个天线单元没有方向性），在所有方向，增益相同；当各发射信号部分相关时，则其发射能量覆盖为低增益的宽波束，波束指向和波束宽度由发射信号波形及其相位决定；当各发射信号完全相关（即相

干）时，则其发射能量覆盖为高增益的窄波束，波束指向由发射信号相位决定，此时等效于各发射信号完全相同，只是相位不同，这时就变成了常规的相控阵雷达。

假设 MIMO 雷达具有 N 个发射机和 M 个接收机，利用目标截面统计特性，在多接收阵元时可视为不变，以此提高系统目标的参数估计性能。由于 MIMO 雷达可以同时产生/发送 N 个正交发送波形和接收/处理 M 个回波信号，利用波形分集技术产生成倍的虚拟阵元，等效于增大接收机的阵列孔径，相比于传统的雷达，能够获得更高的角分辨率和更高的空间分辨率。但是，这种 MIMO 雷达系统也需要大量的发射机和接收机，实际应用成本高。MIMO 雷达天线阵列如图 3-18 所示[34]。

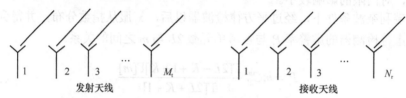

图 3-18　MIMO 雷达天线阵列

MIMO 雷达天线阵列由 4 个等距分布的发射天线组成，由发射和接收天线位置的一一匹配得到的虚拟阵列是一个均匀的 4×4 线性阵列，虚拟阵列示意如图 3-19 所示。

$$x_k = kd, k = 0, 1, \cdots, NM - 1 \quad (3\text{-}44)$$

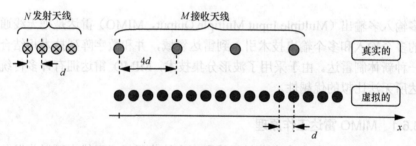

图 3-19　虚拟阵列示意

3.6.2　MIMO 雷达信号处理流程

MIMO 雷达信号处理的最大特点是其采用了波形分集技术，在接收端首先对目标反射的各发射信号进行分离，再经过相位补偿后合成，完成发射波束形成，接收天线之间再进行接收波束形成，从而同时获得了发射和接收天线增益。可以看出，MIMO 雷达的发射波束形成和接收波束形成都是在接收端的信号处理中实现的，所以 MIMO 雷达的基本原理主要体现在信号处理中。下面给出 MIMO 雷达的信号处理流程[35]。

第3章　毫米波雷达信号处理技术

假设共有 N 个发射天线和 M 个接收天线，$s_i(n)$ 为第 i 个发射天线发射信号包络（脉冲）的离散时间采样，设发射信号包络共有 L 个离散时间采样，则

$$s_i(n) = \begin{cases} \neq 0, n=1,\cdots,L \\ = 0, \text{其他} \end{cases} \quad (3\text{-}45)$$

令 $s(n) = [s_1(n), s_2(n), \cdots, s_N(n)]^T$，为了方便起见，假设发射信号相互正交，则

$$\boldsymbol{R}_s = \frac{1}{L}\sum_{n=1}^{L} s(n)s^H(n) = \boldsymbol{I}_N \quad (3\text{-}46)$$

其中，$\boldsymbol{I}_N$ 为 $N\times N$ 的单位阵，$\boldsymbol{R}_s$ 代表整个接收天线阵列接收到的信号。设 $\boldsymbol{a}_r(\theta)$ 和 $\boldsymbol{a}_t(\theta)$ 分别为对应于方向 θ 的接收阵列导向矢量和发射阵列导向矢量，整个接收天线阵列接收到的信号表示为

$$\boldsymbol{y}(n) = [y_1(n), y_2(n), \cdots, y_N(n)]^T \quad (3\text{-}47)$$

其中，$y_i(n)$ 为第 i 个接收天线接收到的信号。设在方向 θ_0 处有一个目标，则有

$$\boldsymbol{y}(n) = \beta \boldsymbol{a}_r(\theta_0)\boldsymbol{a}_t^T(\theta_0)s(n) + \boldsymbol{w}(n) \quad (3\text{-}48)$$

其中，β 为目标回波幅度，$\boldsymbol{w}(n)$ 为噪声，式（3-48）中忽略了由目标距离引起的信号时延。在 MIMO 雷达信号处理中，可以根据发射波束形成放置的不同位置采用不同的处理流程。目前主要有两种处理流程：① 把发射波束形成与接收波束形成联合实现；② 把发射波束形成与脉冲压缩联合实现。

（1）发射波束形成与接收波束形成联合

该处理流程主要包括时域一维匹配滤波和综合波束形成，如图 3-20 所示。其中时域一维匹配滤波实现脉冲压缩和各发射信号分离作用，综合波束形成是指对所有路接收信号的全部时域一维匹配滤波器的输出进行调相求和处理，使其能进行有效合成，等效于同时实现接收波束形成和发射波束形成功能，波束形成的输出再进行和常规雷达相同的脉冲积累、检测等处理。所有路接收信号的全部时域一维匹配滤波器的输出排列成一个向量时就等效于发射和接收阵列联合形成的一个虚拟天线阵列，综合波束形成即是对虚拟天线阵列信号进行的波束形成操作。N 个时域滤波器分别与 N 个发射信号相匹配，所以第 i 个时域滤波器的权系数为

$$h_i(n) = \overline{s}_i(N-n), i=1,\cdots,N \quad (3\text{-}49)$$

其中，上划线表示复数共轭，该滤波器只与时间有关，而与方向无关。由于 N 个发射信号相互正交，上述滤波器在实现匹配滤波的同时，也起到了对目标反射的各发射信号进行分离的作用，例如第 i 个时域滤波器在正好和第 i 个发射信号匹配的时刻，对其他发射信号的滤波输出等于 0。

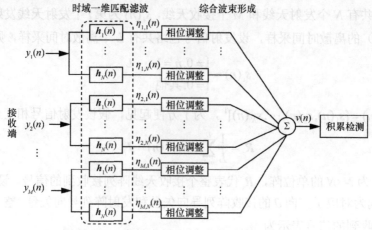

图 3-20 发射波束形成与接收波束形成联合

（2）发射波束形成与脉冲压缩联合

该处理流程主要包括接收波束形成和脉冲综合，如图 3-21 所示。其中脉冲综合同时实现脉冲压缩和发射波束形成功能。为了对 θ_0 方向的目标进行脉冲综合，则脉冲综合要与 θ_0 方向的目标回波匹配，其权系数为对 θ_0 方向的目标回波进行倒序并取共轭，有

$$h(n) = \boldsymbol{a}_i^H(\theta_0)\overline{s}(N-n) \tag{3-50}$$

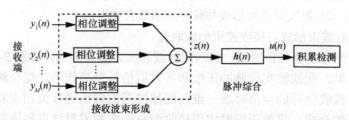

图 3-21 发射波束形成与脉冲压缩联合

可以看出，脉冲综合不仅与时间有关，还与方向有关，因此其匹配滤波又称为时空两维匹配滤波（其中时间一维，方向一维），脉冲综合等效于实现了对某方向目标反射的发射信号的匹配滤波，而与接收阵列没有关系，如果对不同方向的目标进行匹配滤波，则其脉冲综合权系数不同。

3.6.3 时分多路

MIMO 雷达系统可采用时分多路（Time Division Multiplexing，TDM）的工作机制，通过高速电子开关在收发机和收发阵列天线单元之间进行切换，减少 MIMO 雷达天线的数量和复杂性，降低成本，并获得比常规 MIMO 雷达系统更好的波达方向和角分辨率（或横向分辨率）。

第 3 章 毫米波雷达信号处理技术

考虑一个以 TDM 方式工作的具有 N 个发射和 M 个接收天线的 MIMO 雷达,每个接收天线处的信号被分成 x 个虚拟信号。当接收天线的数量是 M 个时,虚拟信号的总数是 Mx,每个虚拟信号对应于一个特定的发射机 n 和接收机 m 的匹配对,并且就单个天线系统而言是独立处理的[36]。如图 3-22 所示,每个发射天线都可以在非常短的时间范围内独占雷达信道,不同灰度表示不同发射天线的各个时隙的持续时间 T_{slot}。在每个接收天线处,以 $1/T_{\text{slot}}$ 的速率对回波信号进行采样。这些信号具有与发送信号相同的 TDM 结构,可以直接识别相应的发射天线[37]。

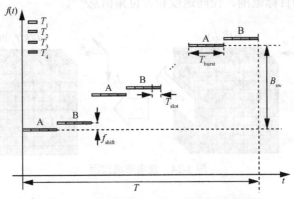

图 3-22 时分多路模式下的一种雷达信号波形

信号处理结构最终得到一个复数域上二维的距离-多普勒矩阵 $G_k(R, f_D)$,其中 $k = 0, 1, \cdots, MN - 1$。图 3-23 说明了这个处理步骤。

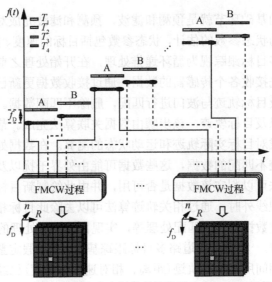

图 3-23 当 $M=4$、$N=4$ 时,每个虚拟信号的信号处理结果为距离-多普勒矩阵

得到的 $M×N$ 个矩阵的大小相同但相位不同，这是由天线的空间分布造成的。

$$\arg(G_k(R, f_D))|_{R, f_D-\text{const}} = 2\pi \frac{x_k}{\lambda} \sin\theta + \phi_0 \qquad (3-51)$$

其中，x_k 是第 k 个虚拟元素的坐标，ϕ_0 是某个参考相位，对所有矩阵均相等。该结果是具有高方位角分辨率的波束形成过程的基础。它可以通过在矩阵 $G_k(R, f_D)$ 上应用频谱分析来实现，如图 3-24 所示，结果是三维矩阵 $G_k(R, f_D, \theta)$，其也包括针对多个目标的目标范围、径向速度和方位角信息[38]。

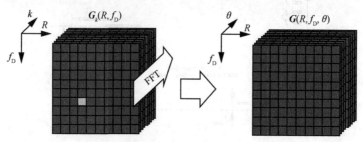

图 3-24 波束形成过程

3.7 多目标跟踪与识别技术

3.7.1 多目标跟踪技术

多目标跟踪的基础环节就是预测和滤波，预测和滤波完成对目标未来任意时刻以及现在时刻的状态参数的估计，状态参数包括目标的速度、加速度以及坐标。

我们可以将多目标跟踪视为循环递推处理，在开始处理之前已经完成对目标轨迹的描述。首先接收各个传感器的数据，通过接收数据更新已有目标的轨迹，将接收的数据以及目标轨迹与波门进行匹配，删除不匹配数据。其次确定最有可能的接收的数据以及目标轨迹，该步骤由数据关联算法完成。最后，对数据进行预测和滤波，完成对目标实际轨迹和运动状态的测算。在数据处理过程中，还存在与已知目标轨迹不匹配的数据，这些数据可能由外界干扰以及新的目标产生。通过相关轨迹算法可以判定该数据是否可用，并由此绘制新目标的轨迹。当被跟踪目标处于雷达视线外时，通过相关轨迹算法可以去除此目标相关的轨迹数据，再进行下一轮接收数据的波门匹配处理等，实现目标轨迹处理的循环。

图 3-25 所示为一种简单的道路多目标跟踪基本原理。假定整个流程为递推过程，雷达在探测期间所测量的轨迹(距离、相对速度和角度)已经形成。在下一时刻由雷达接收到的量测数据与已存在的轨迹进行数据关联，关联上的量测数据用

来更新轨迹信息(跟踪滤波)，并形成对目标下一位置的预测波门，没有关联上的量测数据可能来自新的目标或虚警，由跟踪起始方法可以辨别其真伪，并进行新轨迹起始。跟踪波门被用来确定量测和轨迹配对是否合理或者正确。因此道路目标跟踪的关键技术是数据关联和跟踪滤波。

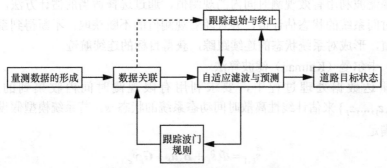

图 3-25　道路多目标跟踪基本原理

1. 航迹数据关联

完成多目标跟踪最大的难点即为对回波数据进行判断，由于获取数据可能来源于噪声、其余目标或被跟踪目标，因此需要数据关联来判定数据的来源，即解决获取数据的不确定性。数据关联即是将接收数据与已知目标的轨迹进行匹配的过程。

（1）最近邻域标准滤波器

最近邻域标准滤波（Nearest Neighbor Standard Filtering，NNSF）是一种操作简单、行之有效的算法。该算法利用先验统计特性估计相关性能，先设置跟踪波门（相关波门），由跟踪波门筛选量测，选择落入跟踪波门且与航迹预测点位置最近的量测作为新的航迹点进行实时更新。假设 $z_k = \{z_{k,i} : i = 1, 2, \cdots, m_k\}$，而对于该条航迹 k 时刻的预测值为 $\hat{z}_k$，跟踪波门设置如式（3-52）所示。

$$[z_k - \hat{z}_k]' S_k^{-1} [z_k - \hat{z}_k] \leqslant \gamma^2 \tag{3-52}$$

其中，S_k^{-1} 表示 k 时刻误差矩阵的逆矩阵，γ 为设定的一个常数。使用最近邻域标准滤波器存在的问题是：只有落入跟踪波门中，与预测值最近的量测值才被更新到航迹中。当存在较多的杂波或噪声时，存在杂波或噪声形成的点迹数据被更新，进而造成航迹跟踪错误或丢失的情况。故雷达工作处于高信噪比、目标较少的情况下适合应用最近邻域标准滤波器。

（2）概率最近邻域法

概率最近邻域滤波（Probabilistic Nearest Neighbor Filtering，PNNF）将概率论的思想运用在最近邻关联算法中，也是将最近邻量测认为是目标的真实量测。

但概率最近邻域法考虑最近邻量测有可能源于杂波并且考虑了波门内没有量测点的可能,并据此对状态误差协方差进行了调整。3种情况表示如下:没有量测落入波门(M0);相关波门中的最近邻量测源于目标(MT);最近邻量测源于虚警(MF)。

2. 跟踪滤波

跟踪滤波利用有效观测时间内的观测值,通过选择适当的估计方法,得到线性离散时间系统的状态估计值,并且随着观测值的不断获取,不断得到系统的状态估计值,形成对系统状态的连续跟踪,获得目标的连续航迹。

(1)卡尔曼(Kalman)滤波算法

在雷达数据处理过程中,要求利用有限观测时间内收集到的观测值 $z^k = \{z_0, z_1, ..., z_k\}$ 来估计线性离散时间动态系统的状态 s。若系统模型假设为状态方程,满足

$$s_{k+1} = \boldsymbol{\Phi}_k \hat{s}_k + \boldsymbol{B}_k \boldsymbol{u}_k + \boldsymbol{G}_k \boldsymbol{v}_k \tag{3-53}$$

其中,s_k 表示 k 时刻系统状态的 n 维矢量;$\hat{s}_k$ 为 s_k 的估计量;$\boldsymbol{\Phi}_k$ 是 k 时刻 $n \times n$ 阶状态转移矩阵;$\boldsymbol{u}_k$ 为 p 维输入向量;$\boldsymbol{B}_k$ 是 $n \times p$ 阶输入矩阵;$\boldsymbol{v}_k$ 为 q 维随机矢量,满足高斯(Gauss)白噪声分布;$\boldsymbol{G}_k$ 是 $n \times q$ 维实值矩阵,且

$$E\{\boldsymbol{v}_k\} = 0 \tag{3-54}$$

$$E\{\boldsymbol{G}_k \boldsymbol{v}_k \boldsymbol{v}_j^T \boldsymbol{G}_j^T\} = \boldsymbol{Q}_k \delta_{kj} \tag{3-55}$$

其中,$\boldsymbol{v}_j^T$ 是 q 维随机矢量的转置,$\boldsymbol{G}_j^T$ 是 $n \times q$ 维矩阵的转置,$\boldsymbol{Q}_k$ 表示 k 时刻的观测噪声,δ_{kj} 表示冲击信号。

观测方程也是线性函数,即

$$z_k = \boldsymbol{H}_k s_k + \boldsymbol{L}_k \boldsymbol{\omega}_k \tag{3-56}$$

式(3-56)中,z_k 是 k 时刻 m 维观测向量;$\boldsymbol{H}_k$ 是 $m \times n$ 阶观测矩阵;$\boldsymbol{\omega}_k$ 是 m 维测量噪声,满足 Gauss 白噪声分布;$\boldsymbol{L}_k$ 表示 k 时刻的相位观测值。

$$E\{\boldsymbol{\omega}_k\} = 0 \tag{3-57}$$

$$E\{\boldsymbol{L}_k \boldsymbol{\omega}_k \boldsymbol{\omega}_j^T \boldsymbol{L}_j^T\} = \boldsymbol{R}_k \delta_{kj} \tag{3-58}$$

其中,$\boldsymbol{\omega}_j^T$ 表示测量噪声的转置;$\boldsymbol{L}_j^T$ 表示相位观测值的转置;$\boldsymbol{R}_k$ 表示 k 时刻的测量噪声。

另外假设 $\boldsymbol{v}_k$ 与 $\boldsymbol{\omega}_k$ 是相互独立的,即满足

$$E\{\boldsymbol{v}_k \boldsymbol{\omega}_k^T\} = 0 \tag{3-59}$$

根据最小均方差的结果,分别导出系统状态预测方程、状态滤波方程、滤波

增益方程、残差协方差矩阵等，通常称为 Kalman 滤波方程。Kalman 滤波方程的导出可以根据线性模型和高斯分布的假设，应用最佳估计准则求得最佳滤波器；也可以对过程的分布函数不作任何假设而采用线性均方估计。

（2）基于似然比检验优化的粒子滤波检测前跟踪算法

在实际应用中，针对车辆运行中目标对象雷达散射截面（Radar Cross Section，RCS）起伏和非均匀杂波环境导致的检测性能下降，基于似然比检验优化的粒子滤波检测前跟踪算法用于处理机动弱目标。针对粒子退化问题和信号起伏的影响，通过将之前时刻目标的检测与估计结果反馈影响下一时刻粒子集分布，实现基于似然比检验优化的粒子滤波检测前跟踪算法对机动弱目标的处理。在滤波的每次循环前，通过似然比检验优化判断，确定粒子集是否受之前时刻目标估计结果的影响，当判断值超过设定阈值时，则根据上一时刻的目标估计结果添加新粒子集，再用扩展后的粒子集对目标进行检测与跟踪。该算法将有效提高系统的探测和跟踪稳定性。基于似然比检验优化的粒子滤波检测前跟踪算法流程如图 3-26 所示。

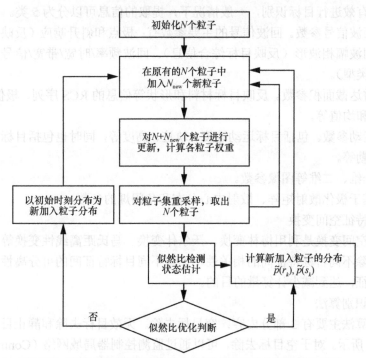

图 3-26 基于似然比检验优化的粒子滤波检测前跟踪算法流程

3.7.2 毫米波雷达目标识别系统

毫米波雷达的目标识别是通过分析回波特征信息，采用数学手段通过各种特征空间变换来抽取目标的特性参数，如大小、材质、形状等，并将抽取的特性参数与已建立的数据库中的目标特征参数进行比较、辨别和分类,目标识别流程如图 3-27 所示。

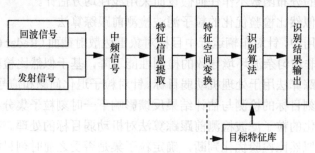

图 3-27　目标识别流程

（1）特征信息提取

利用发射源与目标处于相对静止状态时的中频信号可以进行目标特征信息的提取,以有效进行目标识别,一般情况下,提取的信息可以分为 5 类。

① 回波信号参数。回波信号的主要参数有：极点和斜升响应（反映目标结构信息）、回波幅相波形（反映目标综合信息）、回波频率/时宽/带宽/信号形式（反映辐射源类型）。

② 雷达截面积参数。反映目标材料和形状等信息的 RCS 序列、极值、方差、统计分布和均值等。

③ 运动参数。包括目标运动速度、轨迹、高度等,同时也包括目标微动产生的微多普勒等。

④ 一维、二维等图像参数。

⑤ 基于极化散射矩阵、散射中心分布和角闪烁的参数。

（2）特征空间变换

特征空间变换是利用梅林变换、沃尔什变换、马氏距离线性变换等正交变换方法,解除不同目标特征间的相关性,加强不同目标特征间的可分离性,最终剔除冗余特征,达到减少计算量的目的。

（3）识别算法

识别算法主要有 3 部分内容：空目标去除、无效目标去除和静止目标去除,如图 3-28 所示。对于空目标去除,可以通过监测控制器局域网络（Controller Area Network,CAN）相应数据存储位,如果该存储位为特定数值,即表示该信道没有检测到目标信号,此时可以通过简单的代码实现空目标去除。对于无效目标,其与有效目标的主要区别是目标数据出现时间极短且参数跳跃性比较大,不符合车辆的行驶特征,因此可以通过分析相邻采样点之间的车辆数据变化情况实现无效干扰目标的识别,对无效目标进行去除。对于静止目标,若本车采集到的自车行驶速度与目标车辆和本车之间的相对速度的绝对值相等，且本车运动方向与检测到的相对速度的方向相反，则可以判定该目标为静止目标。

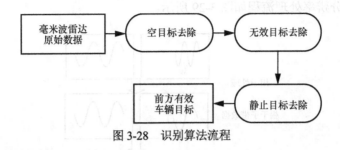

图 3-28　识别算法流程

（4）目标特征库建立

目标特征库建立有 3 种方法。

① 通过实际试验数据建立。实际试验数据目标特征库是由在实际电磁环境中对雷达目标测量得出的数据构成，可信度较高，但同时数据库建立成本较高。

② 通过半实物仿真数据建立。半实物仿真数据目标特征库是由一组半实物仿真数据构成，通过模拟雷达的工作特性，对在微波暗室中的缩比目标模型进行微波测量，得到半实物仿真数据，这种采取紧缩场等近似手段得出的数据具有一定可信度，但也存在成本较高的问题。

③ 通过虚拟仿真数据建立。虚拟仿真技术是利用计算机对目标进行建模，并对模型的回波进行仿真分析，按照需要修改相应参数，即可获得相关的数据，继而建立目标特征库，这种方式所用的时间短并且成本低，但获取的数据可信度不高。在实际应用中，可以结合实际情况选择合适的方法建立数据库。

3.8　超宽带的毫米波雷达三维成像算法

雷达的距离分辨率取决于发射信号的带宽，采用超宽带雷达信号处理方式，可以实现高分辨率高精度厘米级测距，但是建立一个真正的超宽带雷达扫描模型的代价比较昂贵，对硬件的要求也比较高，一个更加实际的方法是用常规的宽带雷达组成空间子带分别对目标的回波进行采样，再将这些子带进行处理，这样在理论上就能够达到一个超宽带雷达信号的检测效果[39]。高距离分辨率处理流程可以分为以下 3 步。

① 由于雷达之间的时延和相位差会使得信号之间互不相干，根据每个子带的频谱样本数据建立一个全极点的信号模型，然后调整模型使得它们达到最佳匹配，再对数据样本进行相应的修正，实现雷达子带之间互相关。

② 将具有相干性的子带信号进行插值,得到一个全局的超宽带全极点信号模型。
③ 应用标准的脉冲压缩方法就能够得到高分辨的雷达距离像。
高距离分辨率处理流程如图 3-29 所示。

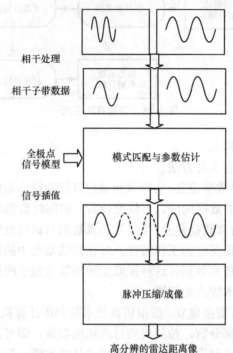

图 3-29　高距离分辨率处理流程

带宽外推法是通过预测在所测频带之外的目标回波来拓宽雷达信号的有效带宽。在实际的雷达应用中,带宽外推法可以显著地提高被压缩的雷达脉冲的距离分辨率,所成像的质量也有了很大的提高。但是这个方法有固有的局限性,因为带宽外推法是基于一个信号模型,将一个复杂目标用点散射体的模型来描述,散射点的散射幅度会随着频率而明显的变化,所以会对超宽带信号模型的处理带来困难。因此需要新的算法突破超宽带毫米波雷达带宽外推的关键技术。

在 MIMO 雷达体制中,波束形成技术是通过对各个阵元的输出进行加权处理,使得天线方向图的极大值位于期望方向,而在干扰方向形成较深的凹陷,这相当于在空间进行了"滤波",因此波束形成也被称为"空域滤波",可以实现特定方向下有效地发现和探测目标。

传统的窄带波束形成算法无法直接应用于宽带雷达系统中,本项目采用频域聚焦算法,通过聚焦处理,可以将不同频率点上的观测数据对齐到同一个信号子空间,使得所有频率的数据变换到参考频率上,然后再利用窄带波束形成算法进行处理，该算法具有良好的波束形成效果，其波束图具有频率不变性。具体处理过程为：将接收信号从时域变换到频域，并选定参考频点；根据信号的到达角构造各个频点的阵列流形 $A(f_j)$，再利用式（3-60）计算各个频率的聚焦矩阵 $T(f_j)$。

$$\begin{cases} \min_{T(f_j)} \| A(f_0) - T(f_j)A(f_j) \|_F^2 \\ T^H(f_j)T(f_j) = I \end{cases} \quad (3\text{-}60)$$

其中，f_j 是第 j 个频点的频率，f_0 是参考频率，I 表示聚焦协方差矩阵，F 为参考频点。利用聚焦矩阵对各个频率的数据进行聚焦变换，计算聚焦后的协方差矩阵；最后在各个频点利用窄带波束形成算法进行波束合成，如图 3-30 所示。

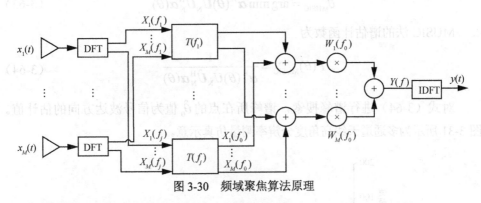

图 3-30　频域聚焦算法原理

目标角度的测量是通过波达方向（Direction of Arrival，DOA）实现的，当两个信号的 DOA 夹角小于阵列天线的波束宽度时，通过波束扫描无法将它们分开，因此为了实现高角度分辨率，需要研究基于阵列信号处理的超分辨率到达角估计算法，实现远、中、近距离高分辨率高精度测角，DOA 估计以谱估计技术为基础，通过求解空间谱函数得到目标准确方位，对空间目标精确定位。多重信号分类（Multiple Signal Classification，MUSIC）法是一种经典的空间谱估计方法，MUSIC 法利用信号子空间和噪声子空间的正交性，构造空间谱函数，通过谱峰搜索检测信号的 DOA。其具有分辨率高、性能稳定及精度高等特点。

设阵元数目为 N，阵列接收数据的协方差矩阵为 R_{xx}，对 R_{xx} 作特征分解，将其特征值按大小进行排序，得到 $\lambda_1 > \lambda_2 > \cdots > \lambda_N > 0$。假设空间中存在 D 个目标，则前 D 个较大的特征值对应于目标信号，$N-D$ 个较小的特征值对应于噪声。设 U_S 为信号子空间，U_N 是噪声子空间，则 R_{xx} 可以表示为

$$\begin{cases} R_{xx} = \sum_{i=1}^{D} U_S \lambda_i U_S^H + \sum_{i=D+1}^{N} U_N \lambda_i U_N^H \\ U_N = [v_{D+1}, \cdots v_N] \end{cases} \quad (3\text{-}61)$$

其中，v_i 是特征值 λ_i 对应的特征向量。

在实际情况中，接收数据的长度是有限的，那么数据协方差矩阵就是其最大似然估计，表达式为

$$\hat{R}_{XX} = \frac{1}{L}\sum_{i=1}^{L} xx^H \quad (3\text{-}62)$$

其中，L 代表快拍数，x 为接收信号，x^H 为 x 的转置共轭。对 $\hat{R}_{XX}$ 进行特征分解可以得到噪声子空间特征矩阵 $\hat{U}_N$。设 $\alpha(\theta)$ 为 θ 方向信号的导向矢量，由于实际情况中噪声不可避免，$\alpha(\theta)$ 与 $\hat{U}_N$ 不能完全正交，所以使用最小优化搜索方法，即，

$$\theta_{\text{MUSIC}} = \arg\min \alpha^H(\theta)\hat{U}_N \hat{U}_N^H \alpha(\theta) \quad (3\text{-}63)$$

MUSIC 法的谱估计函数为

$$P(\theta)_{\text{MUSIC}} = \frac{1}{\alpha^H(\theta)\hat{U}_N \hat{U}_N^H \alpha(\theta)} \quad (3\text{-}64)$$

对式（3-64）进行谱峰搜索，谱峰所在点的 $\hat{\theta}_0$ 值为信号波达方向的估计值。图 3-31 所示为多通道天线高角度分辨率测量仿真示意。

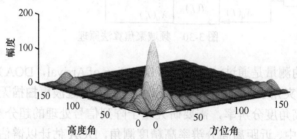

图 3-31 多通道天线高角度分辨率测量仿真示意

3.9 应用实例

3.9.1 4D 毫米波雷达

2020 年 3 月，Waymo 发布了其自研的第五代传感器，在介绍毫米波雷达时，Waymo 称这款传感器"能检测静态障碍物"。2020 年 4 月，Cruise 收购了德国毫米波雷达公司 Astyx，而据 2020 年 6 月的报道显示，有 Astyx 的客户反映，该公司的毫米波雷达"能够对位于道路中间的静止物体进行检测，并将这些物体与其他的静止物体区分开来"。2020 年 9 月，在北京车展上，华为也展示了一款毫米

波雷达，据展台的工作人员介绍，这款毫米波雷达也"能检测静态障碍物"。2020年10月，黑客通过对特斯拉的软件更新进行侦查发现，后者在最近的软件更新中增加了一个名为"phoenix"的新雷达选项。Phoenix 是 Arbe 公司的 4D 毫米波雷达系统的名字，而早在 2018 年年底，Arbe 公司便宣布，其开发的 4D 毫米波雷达"实现了行业独家的实时分离静态和动态目标功能"。其实，目前，所有以"能检测静态障碍物"为亮点的毫米波雷达，都属于 4D 毫米波雷达。

利用三维成像技术实现的 4D（3D 空间+速度）毫米波雷达，被认为是未来毫米波雷达的趋势之一，它可以将分辨率提升至接近激光雷达的水平，既解决对小物体的识别，以及移动、静止物体的跟踪，同时，毫米波雷达的穿透力（超视距能力）是对激光雷达的缺陷弥补。此外，4D 毫米波雷达相比激光雷达可以做到垂直方向的探测，并直接实时给出物体的移动速度，而激光雷达则需要间接计算得出。传统的毫米波雷达也可以检测静态障碍物，能够准确知道目标与雷达之间的距离、方位、速度信息，但因为不具备测高能力，因而难以判断前方静止物体是在地面还是在空中，进而容易将井盖、减速带、路边金属等低小的"障碍物"（不需刹车）及交通标识牌、龙门架、立交桥等很高的"空中障碍物"（不需刹车）与车辆等路面上的静态障碍物（需要刹车）混淆。

与传统的 3D 毫米波雷达相比，4D 毫米波雷达"多出来的一维"便是"高度维"，这意味着，它不可能将立交桥跟路面上的车辆混为一谈（避免误刹）；并且，除具备测高能力外，4D 毫米波雷达更大的亮点是，分辨率要比传统毫米波雷达高得多，因而可以更有效地解析目标的轮廓、类别、行为，进而能知道在什么情况下必须刹车（避免漏刹）。由于每点带有高度和速度信息，行人车辆及路沿隔离带一目了然，特别适用于最有挑战的城市人车混杂的场景。4D 毫米波雷达在道路场景下的点云如图 3-32 所示。

图 3-32 4D 毫米波雷达在道路场景下的点云

4D 毫米波雷达在分辨率上接近 8 线、16 线、甚至 32 线激光雷达，而且，随着天线阵列越来越大，4D 毫米波雷达的分辨率还会继续提高。不仅如此，与激光雷达相比，4D 毫米波雷达还有如下优势。

① 在原理上与传统毫米波雷达共性很多，因此，与摄像头进行数据融合的难度要比激光雷达低，且性价比高。

② 全天候工作特性，在雾、暴雨、漆黑及空气污染等各种恶劣天气和环境条件下也能提供最高可靠性的探测，这是激光雷达所不具备的能力。

3.9.2 车辆周围障碍物的检测

毫米波雷达可以用于车辆周围障碍物的检测，监控盲区和路面，保证车辆的安全，主要包括以下几个部分。

① 车门开启：检测车门周围的障碍物，并锁定车辆防止移动，避免车辆损坏。

② 后备箱打开：检测后备箱周围的障碍物，避免打开时损坏。

③ 停车辅助：停车时检测塑料、金属锥、路缘、树、网、其他车辆、行人等。

④ 检测坑洼/减速带：根据前方道路调整悬架，使驾驶更平稳。

车辆周围的障碍物如图 3-33 所示。

图 3-33 车辆周围的障碍物

3.9.3 ADAS 中的应用

先进驾驶辅助系统（Advanced Driver Assistant System，ADAS）主要是通过车载探测系统获取周围环境及目标的相关信息，并按照评判准则和调整要求进行报警或车距调整与控制，避免由于驾驶员疲劳、疏忽、误判所造成的交通事故。目前 ADAS 功能及防护区域，主要包括主动防撞系统、自适应巡航控制（Adaptive Cruise Control，ACC）系统，以及城市走停控制系统、停车辅助系统、盲点探测和并道辅助系统,以及先进的自动驾驶技术等。

目前运用在汽车上的 ADAS 传感器主要有激光雷达传感器、超声波传感器、红外和视频电荷耦合元件(Charge-Coupled Device,CCD)传感器、微波毫米波雷达传感器等几种。其中毫米波雷达在远距离探测上性能优越,下面简要介绍毫米波雷达在自适应巡航控制上的作用。

ACC 是汽车驾驶辅助系统的重要组成部分,其作用是根据车距传感器探测到本车(ACC 车辆)与主目标车辆(前车)之间的相对位置和相对速度信息,自动调节 ACC 车辆的节气门开度或部分制动力矩(即 ACC 车辆的加速度),实时控制本车与前车之间的相对车距和相对速度,从而有效减轻驾驶员在驾驶过程中的操作负担,增大道路的交通流量,提高车辆行驶的主动安全性。

自适应巡航控制系统采用毫米波雷达,一般安装在车辆的正前方,作用距离比较长,属于长距离毫米波雷达,探测距离达 300 m,甚至更远,但雷达视域窄,主要根据车辆正前方物体(一般为本车道前方车辆)与汽车本身相对距离与速度调整自身车身,从而保证车辆的行驶安全性。必要的时候,该系统可以做出紧急制动,防止碰撞,从而达到安全自动巡航。

3.9.4 基于微多普勒特征的行人、车辆的目标识别

当雷达波与运动表面相互作用激励出电磁场时,一部分散射信号被雷达接收机接收到,运动对电磁波的作用转化为信号调制。当目标以恒定速度运动时,回波信号的载频会发生偏移,这个效应称为多普勒效应。当目标或目标上的某些部分存在相对于目标主运动方向的机械振动或旋转,则回波信号的频率将被调制,体现在频谱图上则是频移旁瓣的出现。这种现象就称为微多普勒效应。微多普勒效应是从频率上描述了目标微动的雷达特征,反映的是多普勒频移的瞬时特性,表征了目标微动的瞬时径向速度。

对人体与车的构造及运动特征的分析可以得出:在不考虑地面因素影响的情况下,机械运动本身速度的变化是基本平稳的,同时随机性很大,因此车体的运动速度不具备周期性变化;而在人体的行进过程中,由于人体的自身结构的特点,步幅的调整与摆臂的行为造成人体的行进速度并不是匀速的,而是出现周期性的变化,这个周期正好是人体行进的步进周期,频率处在 1~2.5 Hz 之间。从雷达回波的角度来看,人类目标的回波信号存在瞬时多普勒频率变化的周期性。图 3-34 所示为人体运动多普勒特征谱,而车辆目标的多普勒谱没有这个特征,提取出这个特征后便可实现两类目标的识别。

微多普勒频率是目标或者目标上微运动部件运动形式在雷达目标回波中的体现。图 3-35 所示为高信噪比下的时频谱,其中图 3-35(a)、(b)为行人,图 3-35(c)、(d)为运动车辆。

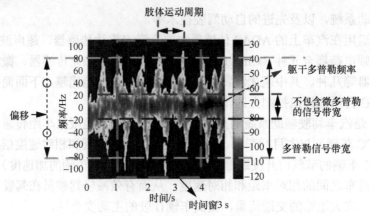

图 3-34 人体运动多普勒特征谱

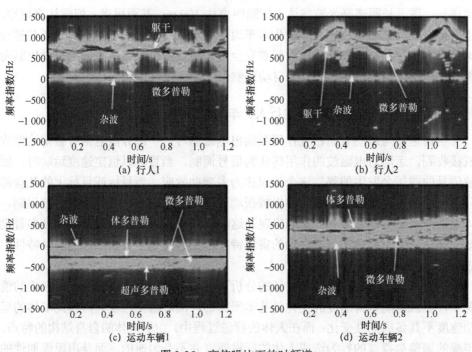

图 3-35 高信噪比下的时频谱

通过对雷达目标回波中的微多普勒信息进行分析处理,能够得到目标或者目标上微运动部件运动形式的相关信息。由于不同类型的目标决定了其微运动形式的差异,对微多普勒信号的分析便有助于提取关于目标类别的信息,从而实现目标类别的判断。通过对雷达目标回波中的微多普勒信息进行分析处理,能够得到目标运动形式的深层信息。基于主成分分析的噪声修正方法减弱噪声影响的同时保留目标本身的信息,获取特征频率有效地进行目标识别。

第 3 章 毫米波雷达信号处理技术

参考文献

[1] YAGHJIAN A D. References[J]. Lecture Notes in Physics, 2005: 145.
[2] 焦培南, 杨龙泉, 凡俊梅. 短波天波反射/地波绕射组合新传播模式及其可能应用[J]. 电波科学学报, 2007, 22(5): 746-750.
[3] IEEE BE. IEEE Standard letter designations for radar-frequency bands[M]. Piscataway: IEEE Press, 1984.
[4] 信息产业部第 14 所. 毫米波雷达与毫米波相控阵雷达文集[M]. 北京: 军事科学出版社, 2001.
[5] 周文瑜. 超视距雷达技术[M]. 北京: 电子工业出版社, 2008.
[6] 焦培南, 张忠治. 雷达环境与电波传播特性[M]. 北京: 电子工业出版社, 2007.
[7] MERRILL I S. Introduction to radar system[M]. New York: MCGRAW-HILL, 1962.
[8] 中国大百科全书军事卷编审室. 中国大百科全书·军事.13, 军事通信、军用雷达和电子对抗装备分册[M]. 北京: 军事科学出版社, 1987.
[9] 周沫. 舰载雷达电路测试诊断系统的设计与应用[J]. 电子测量技术, 2007, 30(9): 157-159.
[10] 付丽琴, 桂志国. 数字信号处理原理与实现[M]. 北京: 国防工业出版社, 2004.
[11] 向敬成. 雷达系统[M]. 北京: 电子工业出版社, 2001.
[12] MORCHINW C. Radar engineer's sourcebook[M]. Boston: Artech House Inc., 1993.
[13] 周丹. 车用测距雷达研究进展[J]. 黑龙江科技信息, 2011(22): 43, 218.
[14] 张建辉. 毫米波汽车防撞雷达的研究[D]. 南京: 南京理工大学, 2001.
[15] 王红, 毕红葵, 张尉. 脉冲雷达 Rmin 范围内目标距离的确定[J]. 现代雷达, 2002, 24(1): 74-76.
[16] 高敬轩, 庄秋慧, 张进, 等. 车用毫米波防撞雷达测距系统的研究[J]. 河南科技, 2015(4): 1-3.
[17] 王辉, 赵凤军, 邓云凯. 毫米波合成孔径雷达的发展及其应用[J]. 红外与毫米波学报, 2015, 34(4): 452-459.
[18] 俞列宸. 基于 MIMO 阵列的毫米波近场成像技术[D]. 北京: 北京理工大学, 2016.
[19] 王世峰, 戴祥, 徐宁, 等. 无人驾驶汽车环境感知技术综述[J]. 长春理工大学学报（自然科学版）, 2017, 40(1): 1-6.
[20] 赵树杰. 雷达信号处理技术[M]. 北京: 清华大学出版社, 2010.
[21] 付自刚. 毫米波 MIMO 系统中波束成形研究[D]. 成都: 电子科技大学, 2016.
[22] 李福伟. 贝叶斯压缩感知理论与技术[D]. 成都: 电子科技大学, 2015.
[23] 李峰, 郭毅. 压缩感知浅析[M]. 北京: 科学出版社, 2015.
[24] HEUEL S, ROHLING H. Pedestrian classification in automotive radar systems[C]//2011 12th International Radar Symposium (IRS). Piscataway: IEEE Press, 2012.
[25] 景国秀. 浅谈压缩感知的理论及运用[J]. 黑龙江科技信息, 2017, 12(12): 45.
[26] HEUER M, AL-HAMADI A, RAIN A, et al. Pedestrian tracking with occlusion using a 24 GHz automotive radar[C]//2014 15th International Radar Symposium (IRS). Piscataway: IEEE Press, 2014.

[27] 吴顺军, 梅晓春. 雷达信号处理和数据处理技术[M]. 北京: 电子工业出版社, 2008.
[28] 胡可欣, 胡爱明. 数字波束形成技术(DBF)在雷达中的应用[J]. 现代防御技术, 2006, 34(6): 103-106.
[29] 陈文鹤, 毕欣, 曹云侠. 毫米波汽车防撞雷达波形设计[J]. 计算机测量与控制, 2011, 19(11): 2714-2716.
[30] 刘俍, 王万国, 魏传虎, 等. 毫米波无人直升机避障雷达系统研究[J]. 海军航空工程学院学报, 2016, 31(2): 143-146.
[31] 毕欣. 交通安全领域雷达探测技术若干关键问题研究[D]. 北京: 中国科学院大学, 2012.
[32] 吴鱼榕. 汽车防撞雷达预警系统中关键技术的研究[D]. 成都: 电子科技大学, 2009.
[33] 肖汉, 杨建宇, 熊金涛. LFMCW 雷达多目标 MTD-速度配对法[J]. 电波科学学报, 2005, 20(6): 712-715.
[34] 王永良, 陈辉. 空间谱估计理论与算法[M]. 北京: 清华大学出版社, 2004: 406-407.
[35] 陈金立, 顾红, 苏卫明. 一种双基地 MIMO 雷达快速多目标定位方法[J]. 电子与信息学报, 2009, 31(7): 1664-1668.
[36] SKOLNICK M. Radar Handbook[M]. New York: MCGRAW-HILL, 2008.
[37] ZWANETSKI A, KRONAUGE M, ROHLING H. Waveform design for FMCW MIMO radar based on frequency division[C]// Radar Symposium Conference. Piscataway: IEEE Press, 2013.
[38] ROHLING H, KRONAUGE M. New radar waveform based on a chirp sequence[C]//Radar Conference. Piscataway: IEEE Press, 2015.
[39] KRONAUGE M, ROHLING H. New chirp sequence radar waveform[J]. IEEE Transactions on Aerospace and Electronic Systems, 2014, 50(4): 2870-2877.

第 4 章
激光雷达信号处理技术

4.1 激光雷达原理

智能汽车所用的扫描式激光雷达的一般工作原理为通过高频测距和扫描测角实现对目标轮廓的三维测量。激光测距的方法有多种，目前较为常用的方法有：脉冲测距法、多波长相位测距法和频率调制测距法。智能汽车所使用的扫描式激光要求每个点能够快速测距，因此大多采用脉冲测距法。本节也只对该方法的原理进行介绍。

4.1.1 激光产生的原理

激光是指通过刺激原子导致电子跃迁释放辐射能量而产生的具有同调性的增强光子束。激光本不存在于自然界中，而是人类通过理论推理、实验验证而制造出来的光。相较于普通光，激光具有方向性好、亮度高、单色性好、相干性好的特点。

激光产生的理论依据由爱因斯坦在 1917 年所提出[1]。当频率为 $v=\dfrac{E_2-E_1}{h}$ 的光子入射时，会引发粒子以一定的概率迅速地从高能级 E_2 跃迁到低能级 E_1，同时辐射出一个与外来光子同频率、同相位、同偏振态、同方向的光子，如图 4-1 所示。

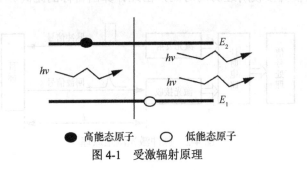

图 4-1 受激辐射原理

如果有大量的原子都处于高能级 E_2 状态下，根据受激辐射原理，当有频率为 $\nu = \dfrac{E_2 - E_1}{h}$ 的光子入射时，原子发生受激辐射，产生 2 个同特征的光子，进而诱发更多的处于高能态的原子发生受激辐射，得到 4 个同特征的光子。以此下去，原先的光得到了放大，以此产生的光即为激光。

通常情况下，粒子在各个能态的分布满足玻尔兹曼分布定律。

$$N_2 = N_1 e^{\frac{E_2 - E_1}{KT}} \tag{4-1}$$

其中，K 为玻尔兹曼常数，N_2 和 N_1 为分别处于高能级 E_2 和低能级 E_1 的粒子数，T 为绝对温度，显然，$N_2 > N_1$。要产生激光，首先要打破粒子在热平衡状态下的玻尔兹曼分布，使处于高能级的粒子数大于处于低能级的粒子数，形成粒子数反转分布。

激光的产生需要 3 个要素：激光物质、激励系统和光学谐振腔。当某一个原子系统在获得能量后处于粒子数反转的分布状态时，称为激光物质。为使物质实现粒子数反转分布状态并使其维持这一状态提供能量的转置称为激励系统。光学谐振腔由两个与激光物质的轴线垂直且相互平行的反射镜组成，一个为全反镜，一个为部分反射镜。光学谐振腔有两个主要作用：使受激辐射产生的光子在腔内多次往返以及限制腔内的光束的方向和频率。激光的产生过程为，激励系统为物质提供能量，使其达到并维持在粒子数反转状态。受激辐射所产生的沿激光物质轴向传播的光子在两个反射镜间不停地被反射从而反复经过激光物质，不断引起受激辐射的放大，并从部分反射透镜输出，从而产生了激光。

4.1.2 激光测距原理

在目前较为常用的激光测距方法中，脉冲激光测距原理最为简单，也称为飞行时间（Time of Fly, ToF）测距[2]。如图 4-2 所示，脉冲从被发射，经过目标反射，再到被接收机接收所经历的时间，由此计算出目标的距离。

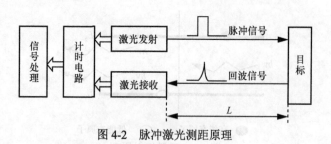

图 4-2　脉冲激光测距原理

激光测距原理可以表示为

$$R = \frac{ct}{2} \tag{4-2}$$

其中，R 表示目标与雷达之间距离，c 为光在介质中的传播速度，t 为光脉冲在介质中传播的时间。一般由计数器计数该时间内进入计数器的钟频脉冲个数来测量距离。假设钟频脉冲的周期为 T，频率即为 $f = 1/T$，则目标的距离为

$$R = \frac{cnT}{2} = \frac{c}{2f}n \tag{4-3}$$

由计数得到钟频脉冲个数 n，就可以得出目标与雷达之间的距离 R。此方法的误差主要由计数器的量化误差、逻辑电路误差、上升沿上升时间误差和钟频的频率误差组成。

4.1.3 激光雷达作用距离方程

激光雷达（Light Detection and Rangin，LiDAR）要实现目标距离的测量，必须保证能够接收一定功率的回波信号。计算回波功率依据的是激光雷达作用距离方程[3]。

$$P_R = \frac{P_T G_T}{4\pi R^2} \frac{\sigma}{4\pi R^2} \frac{\pi D^2}{4} \eta_{\text{Atm}} \eta_{\text{Sys}} \tag{4-4}$$

其中：P_R 为接收激光功率，单位为 W；P_T 为发射激光功率，单位为 W；G_T 是发射天线增益；σ 是目标散射截面；D 是接受孔径，单位为 m；R 是激光雷达到目标的距离，单位为 m；η_{Atm} 是单程大气传输系数；η_{Sys} 是激光雷达的光学系统的传输系数。定义 $A_R = \pi D^2$ 为有效接收面积，单位为 m^2。发射天线增益可以表示为

$$G_T = \frac{4\pi}{\theta_T^2} \tag{4-5}$$

其中，

$$\theta_T^2 = \frac{K_a \lambda}{D} \tag{4-6}$$

其中，θ_T 是发射激光的束宽，λ 是发射激光的波长，K_a 是孔径透光常数。

整理后，式（4-4）变为

$$P_R = \frac{P_T \sigma D^4}{16 \lambda^2 K_a^2 R^4} \eta_{\text{Atm}} \eta_{\text{Sys}} \tag{4-7}$$

目标散射面积为

$$\sigma = \frac{4\pi}{\Omega}\rho_T dA \tag{4-8}$$

其中，Ω 为目标的散射立体角，dA 为目标的面积，ρ_T 为目标的平均发射系数。

对于不同的目标，激光雷达的作用距离方程有不同的形式。当目标距离激光雷达较近时，可以认为是扩展目标（目标反射全部照射光束），当目标距离激光雷达较远时，可认为是点目标（目标反射回部分照射光束）。

对于点目标，接收信号的功率为

$$P_R = \frac{P_T \rho_T D^4 dA}{4\lambda^2 K_a^2 R^4} \eta_{Atm} \eta_{Sys} \tag{4-9}$$

对于扩展目标，接收信号的功率为

$$P_R = \frac{\pi P_T \rho_{Ext} D^2}{16 R^2} \eta_{Atm} \eta_{Sys} \tag{4-10}$$

其中，ρ_{Ext} 为扩展目标的平均反射系数。

4.1.4 激光雷达扫描方式

1. 机械式激光雷达

机械式激光雷达是通过电机带动单点或多点测距模块旋转，实现360°或其他大角度的扫描。机械式激光雷达光学扫描器部分结构如图4-3所示。这种方式最为直接，技术难度也最小，因此机械式激光雷达能够最先获得应用。

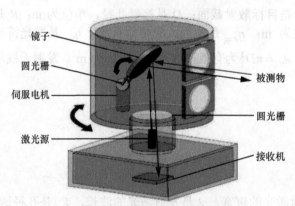

图4-3 机械式激光雷达光学扫描器部分结构

考虑到镜片、机械结构、电路板等因素，多点测距模块通常无法在尺寸和重量上进行优化，因此伺服电机带动模块进行长时间旋转时，轴承极易损耗，使得传统机械扫描在可靠性和损耗增加的成本方面存在较大的问题。

2. 固态混合式激光雷达

机械式激光雷达在工作时发射系统和接收系统会一直 360°地旋转。而固态混合式激光雷达工作时，单从外观上是看不到旋转的，其巧妙之处是将机械旋转部件做得更加小巧并深深地隐藏在外壳之中。

固态混合式激光雷达是在 360°水平视场以及高达 40°的垂直视场中对距离和反射率的逐点测量，每秒可更新 20 次。固态混合式激光雷达采用 ToF 测量，即利用发射光脉冲来测量物体的返回行程，并且通过使用光速可以确定精确的距离。在固态混合式激光雷达的情况下，来自多个激光器的多个光脉冲同时发出脉冲并以纳秒（ns）为单位测量距离。用于计算光子自被发射经过物体反射到被接收走过的路程的公式为

$$d = c \times t_{tof} \tag{4-11}$$

其中，d 为距离，c 为光速，t_{tof} 为飞行时间。

传统的扫描成像 LiDAR 系统一般采用双摆镜、双振镜和旋转多面体反射棱镜的扫描方式，由这些具有宏观尺寸的光学元件所构成的扫描系统体积庞大而笨重。而利用微机电系统（Micro-Electro-Mechanical System，MEMS）可以直接在硅基芯片上集成体积十分精巧的微型扫描镜。MEMS 扫描镜示意如图 4-4 所示。通过 MEMS 扫描镜来反射激光器的光线，从而实现微米级的运动扫描，那么宏观上便看不到 LiDAR 中的任何机械旋转部件。MEMS LiDAR 可以把体积做到很小。机械式 LiDAR 与固态混合式 LiDAR 尺寸对比如图 4-5 所示。

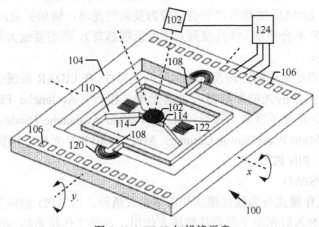

图 4-4 MEMS 扫描镜示意

固态混合式 LiDAR 采用 MEMS 扫描镜，仅需要一束激光光源，通过一面 MEMS 扫描镜来反射激光器的光线，两者采用微秒级的频率协同工作，通过探测器接收后达到对目标 3D 扫描的目的。与多组芯片组的机械式 LiDAR 结构相比，固态混合式 LiDAR 采用单组 MEMS 扫描镜加单束激光光源。

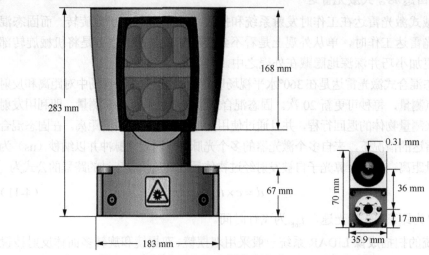

图 4-5　机械式 LiDAR 与固态混合式 LiDAR 尺寸对比

常见的 MEMS LiDAR 达发射端采用的是 MEMS 扫描镜做扫描，而接收端采用了线阵接收机，所以 MEMS 方案本身只是提供了一种发射端的扫描选项，接收端的问题留给了系统开发者。MEMS LiDAR 最大的优点就是落地快，MEMS 扫描镜技术相对成熟而且可以向不同供应商采购。由于 MEMS 扫描镜普遍很小（亚毫米到若干毫米），太大的 MEMS 扫描镜震动频率会降低很多，不适用快速扫描。此外，MEMS LiDAR 依然有可能会有较为复杂的光路，例如扩束，MEMS 扫描镜扫描角度通常不会特别大（几度到六十度范围都有），若需要做大角度的扫描则需要加扩束镜头。

光电探测器是将光脉冲转换成电信号的元器件，在 LiDAR 系统中充当"眼睛"的角色。目前主要的光电探测器有雪崩光电二极管（Avalanche Photon Electric Diode，APD）、单光子雪崩二极管（Single Photon Avalanche Diode，SPAD）、硅光电倍增管（Multi Pixel Photon Counter，MPPC）和 PIN 光电二极管（PIN Photo Electric Diode，PIN PD）。

（1）APD/SPAD

APD 的工作模式分为线性模式和盖革模式两种。当 APD 的偏置电压低于其雪崩电压时，对入射光电子起到线性放大作用，这种工作状态称为线性模式。在线性模式下，反向电压越高，增益就越大。APD 对输入的光电子进行等增益放大后形成连续电流，获得带有时间信息的激光连续回波信号。当偏置电压高于其雪崩电压时，APD 增益迅速增加，此时单个光子吸收即可使探测器输出电流达到饱和，这种工作状态称为盖革模式。工作在盖革模式下的 APD 又被称为 SPAD。图 4-6 中所示的就是一种常见的轴 MEMS 扫描镜+SPAD 固态混合式 LiDAR 结构。

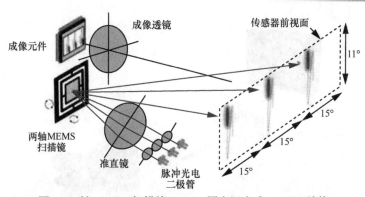

图 4-6 轴 MEMS 扫描镜+SPAD 固态混合式 LiDAR 结构

APD 工作在盖革模式下，单个光子即可使其工作状态实现开、关之间的转换，形成一个陡峭的回波脉冲信号，因而具备单光子成像的能力。该种光电探测器的灵敏度极高，探测距离理论上可以非常远，3 000 km 都不成问题，若干年前就已在军事领域（隐形飞机、导弹系统）大有所为。因此，APD 的盖革模式非常适合用在 LiDAR。

（2）MPPC

MPPC 是一种俗称硅光电倍增管（Silicon Photomultiplier，SiPM）的新型光半导体器件，根据其原理可称为多像素光子计数器（Multi-Pixel Photon Counter）。其由多个工作在盖革模式的 APD 阵列组成，具有高增益、高探测效率、快速响应、优良时间分辨率和宽光谱响应范围等特点。

当 MPPC 中的一个像素接收一个入射光子时，就会输出一个幅度一定的脉冲。多个像素如都收到入射光子，则每个像素都会输出一个脉冲，这几个脉冲最终会叠加在一起，由一个公共输出端输出，以此达到更大的增益。

相比 APD，MPPC 的增益可达到 10^5~10^6，这样在理论上，可以在更短的时间内得到更长的距离信息，探测带宽也与 APD 不相上下。另外，拥有小而有效面积、更多像素结构的 MPPC 不仅具备较快的时间特性（上升时间仅 1 ns 左右），还可利用它独特的光子分辨能力，将不同表面反射率的物体识别出来，从而达到测距的同时分辨物体表面特性的目的。

3. 固态激光雷达

近年来基于无人系统的新型激光雷达开始出现固态化、小型化和低成本的趋势。固态化技术无疑是新型激光雷达发展的重要方向。纯固态激光雷达大体分为光学相控阵（Optical Phased Array，OPA）激光雷达和面阵成像激光雷达（也称为无扫描三维成像激光雷达）。

（1）OPA 激光雷达

OPA 激光雷达采用相控阵设计，它搭载的一排发射机可以通过调整信号的相对相位来改变激光束的发射方向，从而达到激光扫描的目的，如图 4-7 所示。

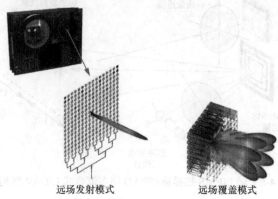

远场发射模式　　　　远场覆盖模式

图4-7　OPA激光雷达扫描原理

OPA激光雷达主要由发射机、接收机、可编程光学相控阵及其波束控制器、光学系统、综合信息处理机和综合显示单元组成，发射机和接收机光学通道彼此分开，但共用一个光学孔径以保证近距离不产生视差。

OPA激光雷达是一种主动成像式系统，采用近红外波长激光作为探测载波，通过发射调制后的激光光束照射被测目标，探测目标对激光的反射回波确定目标的距离、反射强度等数据。激光雷达采用直接探测方式，利用多元传感器和可编程光学相控阵扫描技术实现对区域的成像，通过对图像的解读得到目标的详细信息。

OPA激光雷达按光学相控的具体方式，又可进一步细分为电光扫描和声光扫描，目前多以电光扫描为主，且主要集中在相控阵扫描元件设计和改进上，大体上有以下几个主要方向：① 光波导阵列；② 光纤光栅；③ 液晶材料；④ 基于铁电畴工程的电光扫描器。不同光学相控阵的特点见表4-1。

表4-1　不同光学相控阵的特点

参数	光学相控阵方式			
	铌酸锂晶体	PLZT压电陶瓷	液晶材料	光波导阵列
响应时间	ps	ns	ms	ns
驱动电压/V	<10	1 000	<10	<10
扫描角度/(°)	<0.1	<0.1	<10	≈30

（2）无扫描三维成像激光雷达

无扫描三维成像激光雷达有着探测视场大、成像速度快、探测距离远、分辨率高等优点。现阶段的无扫描三维成像激光雷达技术有着两类不同的实现方案：一类是利用三维成像传感器件直接获取目标的三维图像，如图4-8所示；另一类是利用二维成像传感器件通过强度像与距离像合成的方法来获得目标的三维图像。具体实现上主要包括以下几种方法。

① 基于面阵焦平面探测器的无扫描直接飞行时间测距法的三维成像激光雷达。该探测器将高精度的时间差测量电路集成到每个探测像元的后面，探测器的每个像元作为一个独立的探测器，可单独输出信号，后续电路可测量从激光发射到接收到激光回波的时间差，反演出每个像素对应的距离信息，因此，只需发射一个激光脉冲，便可获得被激光照射物体的整幅三维图像，成像速度快。具有代表性的是固态激光雷达（Flash LiDAR），其关键技术是 Flash 传感器的研制。目前国外已经开发出较大面阵的具有时间测量能力的 APD 面阵探测器和盖革模式的雪崩光电二极管（Eiger-Mode Avalanche Photon Electric Diode，GM-APD）面阵探测器。

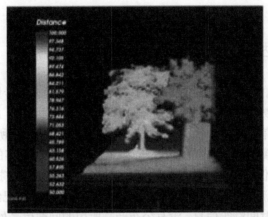

图 4-8　利用三维成像传感器件直接获取目标的三维图像

② 基于专用调制解调面阵探测器的无扫描间接飞行时间测距法的三维成像激光雷达。其器件与普通图像传感器的区别：一是具有高速快门，能达到 10 ns 级曝光速度；二是具有曝光累积功能，能将连续多次曝光产生的信号累积。测距方法上采用基于余弦波-方波鉴相法的间接飞行时间测距法，在光子混频探测器后续的计算电路中直接计算出各像素对应的入射光的相位、幅值和偏移值，从而计算出各点的距离和灰度值，得到深度图和灰度图。目前国外已经开发出相对成熟的调制解调面阵探测器，但是该探测器积分时间短、探测灵敏度低，因此成像距离只有十几米，无法实现长距离的三维成像。

③ 基于增强电荷耦合器件（Intensified Charge-Coupled Device，ICCD）的无扫描间接飞行时间测距法的三维成像激光雷达。最初的无扫描三维成像技术都基于 ICCD 传感器，对光源和像增强器增益进行余弦波、方波或三角波等波形调制，按照间接飞行时间测距理论，实现三维信息测量。由于 ICCD 帧频低、光源能量

利用率低，该成像技术同样具有成像速度低，作用距离近等缺点。如图 4-9 所示，目前市面上或者正在研究的无扫描三维成像激光雷达技术主要包括以下几类，每种技术方案的成像特点有所不同，适用于不同的应用场景。

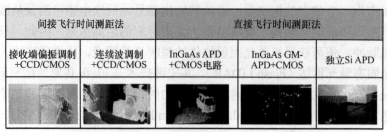

间接飞行时间测距法		直接飞行时间测距法		
接收端偏振调制+CCD/CMOS	连续波调制+CCD/CMOS	InGaAs APD+CMOS电路	InGaAs GM-APD+CMOS	独立Si APD

图 4-9　无扫描三维成像激光雷达技术以及效果图

4.2　激光雷达信号处理流程

目前比较常见的激光雷达回波信号的记录方法是将回波信号量化为有限次数，比如记录 4 次回波数据（首次回波、末次回波和中间两次回波）。此外，还可以采用将发射信号与回波信号都以很小的采样间隔进行采样并记录，即所谓的全波形数据。相较之下，全波形数据是更原始的激光雷达的数据，记录了更多的目标信息。合理利用全波形数据不仅可以提高位置的精度，也可以获得其他如被探测物体的种类等有用信息。目前主流的车载激光雷达厂商的产品一般只能输出已经处理过的点云、回波强度、角度及时间戳等信息，没有公布产品所用的回波信号处理的方法。但是，也有交通场景下的感知数据集已经开始提供激光雷达的回波的全波形数据[4]。本节将介绍几种可以用于激光雷达回波信号降噪，以及波形分解的方法。

4.2.1　激光雷达回波信号降噪

1. 小波分解滤波

小波理论产生于 20 世纪 80 年代，指用有限长或者快速衰减的小波基（满足特定要求的振荡波形）来表示信号，通过平移或者缩放小波基匹配不同的信号，小波降噪过程如图 4-10 所示。离散小波变换可以用于激光雷达回波信号的降噪[5]。

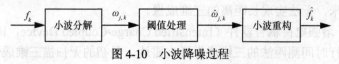

图 4-10　小波降噪过程

小波降噪的一般步骤为：将含噪声信号小波分解，得到小波系数；小波分解的阈值处理，确定小波系数的估计值；小波重构，得到估计信号。

小波变换（Wavelet Transfor，WT）可以表示为

$$WT_f(j,k) = \int_{-\infty}^{+\infty} f(t)\psi_{j,k}(t)dt = [f,\psi_{j,k}] \quad (4\text{-}12)$$

其中，$f(t)$为原函数，$\psi_{j,k}(t)$为小波函数。

离散的小波基可以表示为

$$\psi_{j,k}(t) = a_0^{-j/2}\psi(a_0^{-j}t - kb_0) \quad (4\text{-}13)$$

尺度参数$a = a_0^j$，平移参数$b = ka_0^jb_0$，其中，a_0、b_0为离散小波基参数。回波函数可以通过小波基重构。

$$f(t) = \sum_{j,k} C_{j,k}\psi_{j,k} \quad (4\text{-}14)$$

其中，各项权重$C_{j,k}$即为小波系数。

对于激光雷达小波降噪最重要的是小波基和阈值的选择。不同的小波基具有不同的性质，对降噪结果影响明显。常用的降噪阈值选择方法有长度对数阈值、最小极大方差阈值、无偏风险阈值、启发式阈值等[6-8]。研究表明，当阈值选择为二倍噪声均方根时可使降噪效果最佳[9]。

2. 维纳滤波

维纳滤波假定线性滤波器的输入为有用信号和噪声之和，两者均为广义平稳过程且知它们的二阶统计特性。根据最小均方误差准则（滤波器的输出信号与需要信号之差的均方值最小）求得最佳线性滤波器的参数，这种方法可以用于激光雷达回波降噪[10]。

维纳滤波可以表示为

$$f(t) = g(t)(s(t) + n(t)) \quad (4\text{-}15)$$

其中，$s(t)$为原始需要估计的信号，$n(t)$为噪声，$f(t)$为回波信号，$g(t)$为维纳滤波器。

用于降噪时，误差和其方差可以表示为

$$\begin{cases} e(t) = s(t) - x(t) \\ e(t)^2 = s(t)^2 - 2s(t)x(t) + x(t)^2 \end{cases} \quad (4\text{-}16)$$

其中，$x(t)$为估计出的信号。通过反卷积可以计算平方误差的均值。

$$E(e^2) = R_s(0) - 2\int_{-\infty}^{+\infty} g(t)R_{xs}(t)dt + \int_{-\infty}^{+\infty}\int_{-\infty}^{+\infty} g(t)g(\theta)R_x(\tau-\theta)dtd\theta \quad (4\text{-}17)$$

其中，R_{xs}是$x(t)$和$s(t)$的互相关函数，R_x、R_s分别为$x(t)$和$s(t)$的互相关函数。通过求解$g(t)$使$E(e^2)$，达到降噪的目的。

3. 经验模态分解滤波

经验模态分解算法将一组有限长时间序列信号分解为有限个数的本征模函数（Intrinsic Mode Function，IMF），这些函数是从待分析的信号中提取出来的，反映了信号自身的变化规律，具有自适应性。回波信号可以分为 n 个本征模函数与一个剩余分量的和。

$$f(t)=\sum_{i=1}^{n}c_i(t)+r(t) \tag{4-18}$$

其中，$f(t)$ 为回波信号，$c_i(t)$ 为本征模态函数，$r(t)$ 为剩余分量。

本征模函数需要满足两个条件：函数在整个时间范围内，局部极值点和零点的数目必须相等或者只相差一个；在任意时刻，局部极大值的包络线和局部极小值的包络平均必须为零。本征模函数的任意一点瞬时频率都是有意义的。

本征模函数的提取步骤为：寻找信号 $f(t)$ 的局部极值点；三次样条插值函数分别拟合出最大值包络线 $\max_i(f(t))$ 和局部最小值包络线 $\min_i(f(t))$；求包络平均值曲线 $m(t)=\left[\max_i(f(t))+\min_i(f(t))\right]/2$；信号减去包络平均值曲线；多次迭代直到剩余信号满足停止准则时结束。

经过经验模态分解之后，信号已经被分解为多个本征模函数，对本征模函数进行阈值滤波并重构，即可达到降噪的目的。

4.2.2 全波形信号处理

1. 脉冲探测法

脉冲探测法直接将回波信号的极大值当成目标的位置，又可细分为阈值探测法和均方差探测法。阈值探测法对时间、照射面积所占百分比或者上升沿设置阈值，并进行判断，进而得到一系列的点坐标。均方差探测法认为回波由与发射波存在延迟，部分参数发生改变的一系列单波混合而成。变化的参数包括振幅宽度等。发射波和回波的差异的计算公式为

$$R=\frac{1}{N}\sum_{k=1}^{N}\left(x_1(kT)-x_2(kT+\tau)\right) \tag{4-19}$$

其中，R 表示发射波与回波差异的均方差，N 代表波的采样点数，T 为采样周期，$x_1(kT)$ 表示回波波形，$x_2(kT+\tau)$ 表示发射波波形，τ 代表回波相对于发射波的延迟。使用某种标准，以求出局部最优解。脉冲探测都是形成一系列离散点信息，没有充分利用全波形数据。

2. 波形分解法

波形分解法基于高斯分解原理[11]，回波可以表示为一系列高斯脉冲的叠加，

高斯脉冲的参数由回波波形数据拟合而来。回波的每个采样点可表示为

$$R_{fi} = \sum_1^n \phi_k(x_i) + b_i \tag{4-20}$$

其中，$\{x_i\}_{i=1,\cdots,N}$ 为均匀分布的空间点，R_{fi} 为回波的采样点，b_i 为偏置，ϕ_k 为不同的高斯脉冲，其可表示为

$$\phi_k(x) = A_k \exp\left(-\frac{(x-\mu_k)^2}{2\sigma_k^2}\right) \tag{4-21}$$

其中，A_k 为脉冲幅值，σ_k 为高斯脉冲宽度，μ_k 为高斯脉冲极值位置。$\theta_k = \{A_k, \sigma_k, \mu_k\}$ 为待拟合的参数。

θ_k 可以通过多种方法拟合得到，如，非线性最小平方（Non-linear Least-Squares）法[12]、基于最大期望（Expectation-maximization，EM）算法[13]的极大似然估计（Maximum Likelihood）法[14]和基于逆跳蒙特卡罗（Reversible Jump Monte Carlo Markov Chain，RJMCMC）方法[15]的随机法[16]。

4.3 激光点云处理方法

3D 数据有多种表示形式，常见的有深度图、3D 曲面、3D 网格等。目前市面上的激光雷达主要输出 3D 点云形式的数据。3D 点云记录了原始的空间信息，同时具有稀疏、无序、分布严重不均匀等特点，同时点云中存在一定程度的噪声。为了更有效地利用 3D 点云，需要对点云进行数据处理。

4.3.1 点云滤波

受到激光雷达的精度、环境等因素的影响，以及电磁衍射特性、被测物体表面性质和点云拼接操作过程的影响，点云中难免存在一些噪声。同时，由于受到外界的干扰如视线遮挡、障碍物等因素的影响，点云中还会存在一些离群点（距被测物体较远的点）。这些噪声和离群点会影响点云的局部特征的计算，从而影响其他点云处理的结果，所以在点云处理流程中把点云滤波作为预处理的第一步。点云滤波的效果对后续的操作的结果影响很大。虽然已经有人提出基于深度学习的点云滤波方法，但是由于其过大的计算复杂度，不适用于车载激光雷达点云实时处理[17]，本书不再单独介绍。

需要对点云进行降噪的有如下几种情况。

① 点云数据密度不光滑需要平滑。

② 因遮挡等产生的离群点需要去除。
③ 噪声数据需要去除。

1. 统计异常值去除（Statistical Outlier Removal，SOR）滤波器

SOR 滤波器[18]主要用来去除离群点。其原理是通过统计输入点区域内点的分布密度以判断离群点。定义每个点与其 k 个近邻点的平均距离作为密度的度量指标。如果某处点云小于一定密度阈值，则视为离群点，并去除。

SOR 算法实现过程如下。

① 搜索兴趣点的 k 个近邻点，计算兴趣点到其 k 个近邻点的距离均值，作为该点的平均距离。

② 假设输入点云中所有点的密度满足高斯分布，计算目标点云中所有点的平均距离及标准差，设置距离阈值为平均距离加上一到三倍标准差，记为 d。

③ 根据设置的阈值 d 与步骤①中计算而得的平均距离进行比较，平均距离大于阈值 d 则被当成离群点去除。

2. 半径异常值去除（Radius Outlier Removal，ROR）滤波器

ROR 滤波器[19]是以查询点的指定半径的球形邻域内的点的数量作为判断依据，能够过滤掉其邻域点数量没有达到阈值的点，如图 4-11 所示。

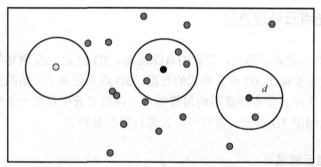

图 4-11　ROR 滤波器原理[20]

ROR 算法实现过程如下。

① 计算输入点云中每个查询点的 d 邻域内邻域点的数量，记为 k。
② 设置点数阈值 K。
③ 将 k 与 K 作比较，如果 $k < K$，则判定该查询点为离群点并加以剔除，反之保留。

4.3.2　点云特征描述与提取

3D 点云特征描述与提取是点云信息处理中重要的一环。点云的识别、配准、分割、重建等大部分算法都依赖特征描述与提取的结果。点云的特征描述

第 4 章 激光雷达信号处理技术

可以分为全局特征描述和局部特征描述。全局特征描述刻画目标的全局特征，忽略了形状细节，并且需要对目标进行预先分割。与此相反，局部特征描述刻画一定邻域内局部表面特征，对目标交错、遮挡有较强的鲁棒性。目前的特征描述子的构建还可以分为人工设计的特征描述子和基于深度学习的特征描述子两种。

1. 人工设计的特征描述子

（1）自旋影像

自旋影像（Spin Image，SI）[21]主要用于 3D 场景中的曲面匹配和模型识别等任务。如图 4-12 所示，该方法首先利用点的法向量 p 和切平面 P 建立局部坐标系；然后分别计算邻域点到法向量和切平面的垂直距离 α 和 β，即邻域点在局部坐标系下的坐标 (α, β)，其中 β 按照向上或者向下有正负之分；最后将局部坐标系空间网格化，并统计落入各个网格的点的数量，并将其作为自旋影像的强度。自旋影像描述子具有计算快、旋转和平移不变性等诸多优点，但是描述性不足，且对网格分辨率等参数十分敏感。

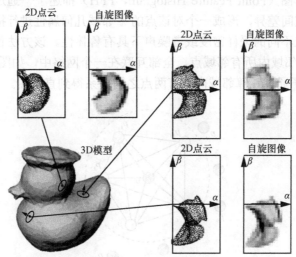

图 4-12 自旋影像特征描述子[21]

（2）3D 形状内容描述子

3D 形状内容（3D Shape Context，3DSC）描述子[22]具有结构简单，对噪声不敏感的特点。如图 4-13 所示，3D 形状内容描述子的构造方法为：在以指定点 p 为中心的球形支撑域内，沿径向、方向角和俯仰角 3 个坐标划分网格，并统计落入各个网格的点的数量，构造向量 v。向量 v 的每个元素分别对应支撑域中的一个网格。

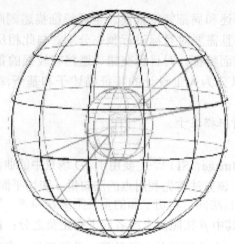

图 4-13　3D 形状内容描述子坐标系可视化[22]

（3）基于特征值的描述子

点特征直方图（Point Feature Histogram，PFH）描述子[23]通过参数化查询点与邻域之间的空间差异，形成一个对该点的 k 邻域几何属性进行描述的多维直方图。这种方法在不同的采样密度或者噪声下具有鲁棒性。该方法首先计算查询点 p 的半径为 r 的邻域内所有邻域点，全部互联在一个网络中，如图 4-14 所示。最终的 PFH 描述子通过计算邻域内所有两点之间关系得到直方图。

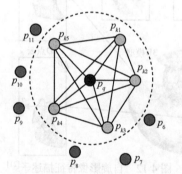

图 4-14　PFH 的邻域，p_q 为查询点，p_{ki} 为邻域点[23]

计算两点 p_s 和 p_t 和它们的法向量 $\boldsymbol{n}_s$ 和 $\boldsymbol{n}_t$ 的相对偏差，在其中一个点 p_i 上定义一个固定的局部坐标系，如图 4-15 所示。以 p_s 为原点，$\boldsymbol{n}_s$ 为 u 轴，垂直于 u 轴于两点连线的方向为 v 轴，垂直于 u 轴和 v 轴的方向为 w 轴，然后计算它们之间的夹角 (α,θ,φ)。其中，α 为 v 轴与 $\boldsymbol{n}_t$ 的夹角，θ 为 $\boldsymbol{n}_t$ 在 uv 平面的投影与 u 轴的夹角，φ 为是 u 轴与两点连线之间的夹角。最后把 (α,θ,φ) 空间离散化，计算每个区间点的百分比，即 PFH。

第 4 章 激光雷达信号处理技术

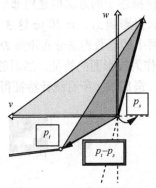

图 4-15　PFH 局部坐标系[23]

快速点特征直方图（Fast Point Feature Histogram，FPFH）[24]对 PFH 进行了简化，只计算邻域中的点与查询点的关系，提高了计算速度。后续又有在 FPFH 加入视角信息改进而来的视角特征直方图（Viewpoint Feature Histogram，VFH）[25]。

（4）方向直方图的签名（Signature of Histogram of Orientations，SHOT）特征描述子

SHOT[26]在直方图特征描述子的基础上融入了签名特征，在特征子的描述性和鲁棒性之间达到了很好的平衡。该算法首先对查询点 p_s 的邻域点建立协方差矩阵，然后将协方差矩阵分解，得到 3 个从大到小排列的特征值和对应的特征向量；然后调整特征向量的方向，使其与大多数邻域点与查询点之间的连线方向一致；之后以前两个特征向量分别为 u 轴和 v 轴，它们的向量积为 w 轴，建立局部坐标系；然后在半径方向以对数间距、经线和纬线方向以等间距方式对球形邻域进行网格划分，如图 4-16 所示；最后对每个网格计算其中的点与 w 轴夹角的余弦值，并把该值量化为直方图。

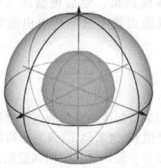

图 4-16　SHOT 特征描述子[26]

（5）旋转投影特征（Rotational Projection Statics，RoPS）描述子

旋转投影特征[27]描述子用于三维局部表面描述和对象识别。如图 4-17 所示，

该描述子首先利用 SHOT 特征描述子的方法构建局部坐标系,并把邻域点转到局部坐标系下;然后把转换的点云投影到 xy、xz 和 yz 这 3 个平面中,并对投影后的点云网格化;然后利用每个格网中的点数构造分布矩阵 **D**,并归一化该矩阵;再计算分布矩阵 **D** 的 5 个统计特征作为投影面的特征;然后邻域点分别绕 x、y、z 旋转 T 次,每次旋转重复上述过程;最后拼接所有统计特征得到最终的 RoPS 描述子。

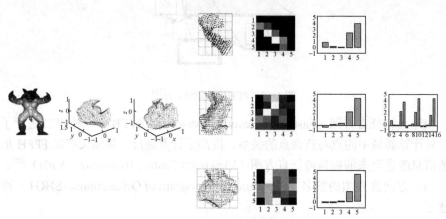

图 4-17 旋转投影特征描述子[27]

(6) 二进制形状上下文 (Binary Shape Context, BBC) 描述子

二进制形状上下文[28]描述子对局部点云特征刻画具有较高的描述性和鲁棒性,同时具有很高的时间和内存使用效率。BBC 描述子的提取过程包括:关键点检测、局部坐标系建立、坐标转换和网格化、加权投影特征值以及特征二值化。该方法首先计算点云中每个点与其半径 r 邻域点组成的协方差矩阵,进而计算协方差矩阵的特征值 $\{\lambda_1 \geq \lambda_2 \geq \lambda_3\}$,选取满足此特征值一定阈值条件的点组成候选点集。然后根据式(4-22)计算所有点所在位置的曲率 c,并依次从候选点集不放回地取出曲率最大的点(关键点)以及其邻域点。

$$c = \frac{\lambda_3}{\lambda_1 + \lambda_2 + \lambda_3} \quad (4-22)$$

之后,利用关键点、邻域点组成的合集的点密度权值和点距离权值构建加权协方差矩阵,并计算出特征值 $\{\lambda_1' \geq \lambda_2' \geq \lambda_3'\}$ 及对应特征变量 $\{e_1', e_2', e_3'\}$。以关键点为原点,e_1' 和 e_2' 分别为 x 轴和 y 轴,e_1' 和 e_2' 的向量积为 z 轴建立局部坐标系。随后将邻域点转换到局部坐标系中,投影到 xOy、xOz 和 yOz 这 3 个平面上,并网格化。然后,利用高斯距离加权的放射累积每个网格的投影特征。最后将投影特征做归一化和特征二值化操作,得到二进制形状上下文描述子。

2. 基于深度学习的特征描述子

(1) 基于体素的特征描述提取方法

体素（Voxel）是体积像素（Volume Pixel）的简称。类似于像素是图像上的最小单位，体素是三维空间的最小单位。体素可以表示空间位置上点的占有情况以及体素内点的特征。点云体素化可以让不规则的点云变得有序，为方便地使用卷积神经网络（Convolutional Neural Network，CNN）提供条件。

VoxlNet[29]使用一种如图4-18所示的体素特征编码的方法。首先，将3D空间均匀划分成体素。然后，依据落入的体素将点云中的点分组，因为点具有稀疏性和不均性的特点，每个体素中的点的数量不为定值。然后，设置体素中点个数的阈值T，对内部点超过T的体素进行随机下采样出T个点。最后对每个体素进行特征编码，如图4-18所示。使用$V=\left\{\boldsymbol{p}_i=[x_i,y_i,z_i,r_i]\in \boldsymbol{R}^4\right\}_{i=1,\cdots,T}$表示一个非空的体素，$\boldsymbol{p}_i$表示第$i$个点的坐标和反射强度组成的特征向量，体素特征编码的过程为：首先，计算V内所有点的中心，表示为(v_x,v_y,v_z)，然后在$\boldsymbol{p}_i$中加入每个点到中心的偏置，得到输入点集$V=\left\{\hat{\boldsymbol{p}}_i=[x_i,y_i,z_i,r_i,x_i-v_x,y_i-v_y,z_i-v_z]^T\in \boldsymbol{R}^7\right\}_{i=1,\cdots,T}$；随后用全连接网络（包含一个线性层、一个归一化层和一个ReLU层）将V投影到特征空间中得到向量$f_i,i=1,\cdots,T$；随后，对V中所有点的特征f_i使用最大池化，得到局部聚合特征$\tilde{f}$，最后将体素内每个点的特征f_i分别与$\tilde{f}$连接起来组成f_{out_i}，形成输出特征$V_{\text{out}}=\{f_{\text{out}_i}\}_{i=1,\cdots,T}$。

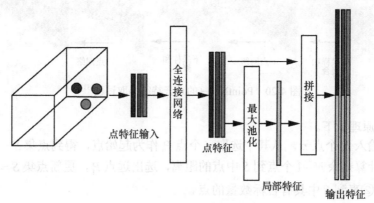

图4-18 体素特征编码[29]

(2) 基于多视图的特征描述提取方法

为了无序的点云有序化除了将其体素化之外，还可以将其投影到二维平面上。如鸟瞰图（Bird Eye View，BEV）等。如图4-19所示，Multi-view CNN[30]通过将一个三维物体投影到多个不同的平面上，再利用CNN对其进行特征提取。

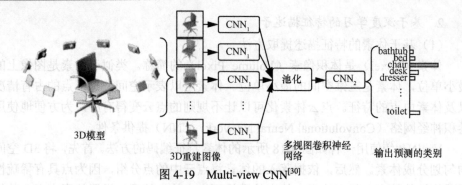

图 4-19　Multi-view CNN[30]

（3）不规则点的特征描述提取方法

除了将点云体素化或者投影到二维平面上之外，还可以不加转换直接将不规则点云作为神经网络的输入进行特征提取。如图 4-20 所示，PointNet++[31]就是一个例子。PointNet++的点云特征提取过程为：通过最远点采样（Farthest Point Sampling，FPS）[32]从原始点云中选出 N 个点作为中心点，用 $N×(d+C)$ 表示，其中，d 为坐标通道数，C 为特征通道数。

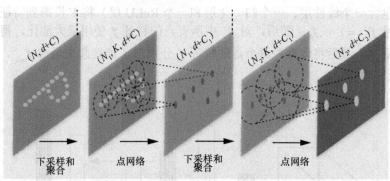

图 4-20　PointNet++的点云特征提取过程[31]

FPS 原理如下。

① 输入 N 个点云，从其中选取一个点 P_0 作为起始点，得到点集 $S=\{P_0\}$。

② 计算剩余 $N-1$ 个点到 S 中点的距离，选出远点 P_1，更新点集 $S=\{P_0,P_1\}$。重复步骤②直到 S 中具有目标数量的点。

③ 查找出每个中心点的指定半径球形邻域内的点，最后通过 PointNet++[33]对每个邻域内的点进行特征提取。

PointNet++的特征提取过程可以由式（4-23）表示。

$$f(x_1,x_2,\cdots,x_n)=\gamma(\text{MAX}_{i=1,2,\cdots,n}\{h(x_i)\}) \tag{4-23}$$

其中，γ 和 h 都为多层感知机（Multi-Layer Perceptron，MLP）网络。

4.3.3 点云分割

点云分割是点云数据的标记过程,经过标记后,属性相同或相近,且空间邻域的点被划分为一类。过去十几年学者们提出了许多点云分割算法,大致可以分为直接分割法和间接分割法。许多人造物都可以用规则几何形体(如平面、柱体和球体)描述,因此使用霍夫(Hough)变换能够直接从点云数据中提取几何参数[37],在实现分割的同时获得物体的几何描述信息。间接分割法通过计算空间近邻度和几何导出值(如局部表面法向量和曲率),利用渐进算法(如基于聚类的分割法和区域增长算法)进行分割。

多数基于局部表面估计的分割算法的中心思想是将无结构的点云数据划归为空间离散的具有几何共性的面片,然而很多物体(如草、树、叶)因为透射激光脉冲而无法在该框架下进行描述,所以需要研究更为通用的算法。机器视觉领域的研究人员通过谱分析方法统计离散扫描点的局部三维几何特征(点、线、面),在监督学习的框架下利用高斯混合模型等方法对点云识别进行建模,采用贝叶斯分类器和图切割等算法实现点云数据的自动分类识别。

由三维激光雷达的检测特性可知,在地面投影中点云密度由中心向四周逐渐降低,在障碍物处点云密度增加,因此可以根据点云密度变化特征将障碍物从环境中分离出来。激光点云分割效果如图 4-21 所示。

(a) 原始点云　　　　(b) 分割后点云

图 4-21　激光点云分割效果

1. Hough 变换

如果三维空间中某一特征(如平面、球、圆柱等)可以用函数 F 进行数学表示,则三维 Hough 变换就可以以某种适当的方式对此特征进行识别。

以平面特征为例,在三维笛卡尔坐标系中,F 一般表示为

$$ax + by + cz + d = 0 \tag{4-24}$$

三维 Hough 变换采用式(4-24)表示平面特征,可以将平面参数转换为角度信息。

$$\rho = x\cos\theta\sin\varphi + y\sin\theta\sin\varphi + z\cos\varphi, \theta \in [0°, 360°), \varphi \in [-90°, 90°] \tag{4-25}$$

其中,参数 θ 表示平面的法向量 $\boldsymbol{n}$ 在 xOy 平面中的投影和 x 轴正向之间的夹角;φ

表示 n 和 xOy 平面的夹角；ρ 表示原点 O 距离平面的距离，如图 4-22 所示。

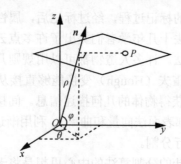

图 4-22 三维空间平面的 Hough 变换[34]

以 n_φ 表示在 φ 方向将三维 Hough 空间划分的段数，以 n_θ 表示在 θ 方向划分的段数，以 n_ρ 表示在 ρ 方向划分的段数，则三维 Hough 空间共被三维划分为 $n_\theta \times n_\varphi \times n_\rho$ 块，用作累加器的分区，以进行下一步投票。事实上三维空间中过点 P 的平面有无穷多个，而由于对三维 Hough 空间的离散化划分，平面个数被限制到 $n_\theta \times n_\varphi$ 个，θ 和 φ 确定后代入式（4-25），ρ 也可确定，故个数为 $n_\theta \times n_\varphi$，这也就意味着对于每一个点 P，需要找到这 $n_\theta \times n_\varphi$ 个满足式（4-25）的平面（按划分间隔逐个寻找），即每个点 P 在三维累加器中需要投票 $n_\theta \times n_\varphi$ 次。假设点云中共有 N 个点，则累加器整个过程就需要 $N \times n_\theta \times n_\varphi$ 次。最终在累加器累加结果中，局部峰值点表示可能存在的平面。

2. 基于聚类的分割法

空间点云聚类问题可以定义为：给出一个空间点集，寻找一个划分规则，将该空间点集划分为一些子集，使每个子集中的点在划分规则下是相似的。

对任意数据集聚类，常用的算法有基于划分的聚类、基于层次的聚类、基于密度的聚类等。基于划分的聚类有 K 均值（K-means）算法、K 中心点（K-medoid）算法等；基于层次的聚类有利用层次方法的平衡迭代归约和聚类（Balanced Iterative Reducing and Clustering Using Hierarchies，BIRCH）算法，使用代表聚类（Clustering Using Representative，CURE）算法等；基于密度的聚类有噪声的基于密度的空间聚类应用（Density-Based Spatial Clustering of Applications with Noise，DBSCAN）算法。下面分别介绍 K-means 算法、BIRCH 算法和 DBSCAN 算法。

（1）K-means 算法

K-means 算法第一步是在所有的 n 个待聚类对象中随机选取 k 个对象作为初始聚类的中心对，代表一个簇。第二步是使用某种相似性度量函数来计算数据集中剩余的对象与每个簇的相似性，将剩余对象划分到最接近的簇。第三步是当考察完所有数据对象后,重新计算每个簇的新的簇中心。迭代第二、三步直至新的簇中心与原簇中心的距离差小于指定阈值,表明算法收敛,结束算法。

K-means 算法作为一种经典的聚类算法,具有聚类速度快、易于实现的优点,但其缺陷也非常明显,首先必须预先给定聚类数 k,而实际聚类中的 k 通常未知;其次随机选取初始聚类中心,一旦选点不良必定导致聚类效果变差。为此研究者对 K-means 算法进行了一些改进。

首先是确定最佳聚类数。第一确定聚类数 k 的取值范围 $[k_{min}, k_{max}]$,第二在范围中搜索最佳聚类数 k_{opt}。在确定 k_{opt} 的过程中,引入聚类有效性指标来评价每个 k 值的聚类效果,选取有效性最好的 k 值作为 k_{opt}。

其次是选取初始聚类中心,其有两方面的优化。一方面优化待选点集,即在选取初始聚类中心时选取核心点避开孤立点,从源头处提高初始聚类中心的选取质量;另一方面优化选点顺序,有效的顺序选取原则不但能使初始聚类中心的分布尽可能均匀,还能保持选取的延续性和聚类结果的稳定性。

(2) BIRCH 算法

BIRCH 算法的实现需要基于聚类特征(Clustering Feature,CF)和聚类特征树(Clustering Feature Tree,CFTree)。

聚类特征:给定 N 个数据点 $\{x_i\}$,CF 被定义成一个三元组,表示成 $CF = (N, \mathbf{LS}, \mathbf{SS})$。其中,$N$ 表示数据点个数,$\mathbf{LS}$ 表示聚类特征内所有数据点的所有特征维度向量的线性和,$\mathbf{SS}$ 表示 CF 内所有数据点的所有特征维度向量的平方和。聚类特征还具有可加性,假设 $CF_1 = (N_1, \mathbf{LS}_1, \mathbf{SS}_1)$,$CF_2 = (N_2, \mathbf{LS}_2, \mathbf{SS}_2)$,则 $CF_1 + CF_2 = (N_1 + N_2, \mathbf{LS}_1 + \mathbf{LS}_2, \mathbf{SS}_1 + \mathbf{SS}_2)$。

聚类特征树由聚类特征构成,用于存储层次聚类的聚类特征,如图 4-23 所示。CFTree 有 3 个重要参数:内部节点平衡因子 B、叶节点平衡因子 L 和阈值 T。B 定义每个非叶节点的最大数目;L 定义每个叶节点子簇的最大数目;T 定义簇的最大半径,即在这个聚类特征中的所有样本点一定要在半径小于 T 的一个超球体内。

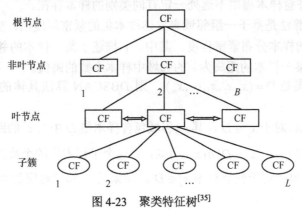

图 4-23 聚类特征树[35]

BIRCH算法的主要过程，就是建立CFTree的过程。CFTree中插入一个新数据点的过程可以概况如下。

① 从根节点由上到下寻找与新样本距离最近的叶节点和叶节点里最近的CF节点。

② 如果新样本和最近CF节点的距离小于阈值T，则把新样本并入此CF节点，插入结束。否则转入步骤③。

③ 如果当前叶节点的CF节点个数小于阈值T，则创建一个新的CF节点，放入新样本，将新的CF节点放入这个叶节点，更新路径上所有的CF三元组，插入结束。否则转入步骤④。

④ 将当前叶节点划分为两个新叶节点，选择旧叶节点中所有CF元组里距离最远的两个CF元组，分别作为两个新叶节点的第一个CF节点。将其他元组和新样本元组按照距离远近原则放入对应的叶节点中。依次向上检查父节点是否也要分裂，如果需要则和叶节点分裂方式相同。

最终输出的CFTree，CFTree中每个CF节点内的样本点就是一个聚类的簇，聚类完成。

BIRCH算法的主要优点有：节约内存，所有的样本都在磁盘上，CFTree仅存了CF节点和对应的指针；聚类速度快，只需要扫描一遍训练集就可以建立CFTree，CFTree的增删改都很快；可以识别噪音点，还可以对数据集进行初步分类的预处理。

BIRCH算法的主要缺点有：由于CFTree对每个节点的CF个数有限制，导致聚类的结果可能和真实的类别分布不同；对高维特征的数据聚类效果不好；如果数据集的分布簇不类似于超球体，或者说不是凸的，则聚类效果不好。

（3）DBSCAN算法

DBSCAN算法是一种基于密度的聚类算法，这类密度聚类算法一般假定类别由样本分布的紧密程度决定。同一类别的样本，它们之间是紧密相连的，也就是说，在该类别任意样本周围不远处一定有同类别的样本存在。

DBSCAN算法是基于一组邻域来描述样本集的紧密程度的，参数(ϵ, MinPts)用来描述邻域的样本分布紧密程度。其中，ϵ描述了某一样本的邻域距离阈值，MinPts描述了某一样本的距离为ϵ的邻域中样本个数的阈值。

假设样本集是$D=(x_1, x_2, x_3, \cdots, x_m)$，则DBSCAN算法具体的密度描述定义如下。

① ϵ-邻域：对于$x_j \in D$，其ϵ-邻域包含样本集D中与x_j的距离不大于ϵ的子样本集，即$N_\epsilon(x_j) = x_j \in D | d(x_i, x_j) \leq \epsilon$，这个子样本集的个数记为$|N_\epsilon(x_j)|$。

② 核心对象：对于任意样本$x_j \in D$，如果其ϵ-邻域对应的$N_\epsilon(x_j)$至少包含

MinPts 个样本，即如果 $|N_\epsilon(x_j)| \geqslant$ MinPts，则 x_j 是核心对象。

③ 密度直达：如果 x_i 位于 x_j 的 ϵ 邻域中，且 x_j 是核心对象，则称 x_i 由 x_j 密度直达。注意，反之不一定成立，即此时不能说 x_j 由 x_i 密度直达，除非 x_i 也是核心对象。

④ 密度可达：对于 x_i 和 x_j，如果存在样本序列 $p_1, p_2, \cdots, p_T$，满足 $p_1 = x_i$，$p_T = x_j$，且 p_{t+1} 由 p_t 密度直达，则称 x_j 由 x_i 密度可达。也就是说，密度可达满足传递性。此时序列中的传递样本 $p_1, p_2, \cdots, p_{T-1}$ 均为核心对象，因为只有核心对象才能使其他样本密度直达。注意密度可达也不满足对称性，这个可以由密度直达的不对称性得出。

⑤ 密度相连：对于 x_i 和 x_j，如果存在核心对象样本 x_k，使 x_i 和 x_j 均由 x_k 密度可达，则称 x_i 和 x_j 密度相连。注意密度相连关系是满足对称性的。

图 4-24 所示为 DBSCAN 算法示意，可以帮助理解上述定义，图 4-24 中 MinPts=5，当某个样本的 ϵ-邻域至少包含 5 个样本时，就成为了一个核心对象，反之则不是。在图 4-24 中，星星所代表的样本是核心对象，黑圆所代表的样本是非核心对象。图 4-24 中用箭头连起来的核心对象组成了密度可达的样本序列。在这些密度可达的样本序列的 ϵ-邻域内所有的样本之间都是密度相连的。

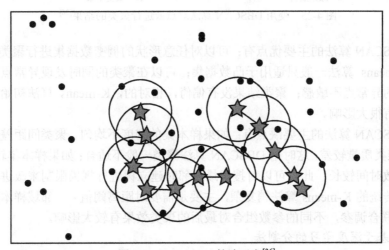

图 4-24 DBSCAN 算法示意[36]

DBSCAN 算法中将数据点分为以下 3 类：核心点，在半径 ϵ 内含有超过 MinPts 数目的点；边界点，在半径 ϵ 内点的数量小于 MinPts，但是落在核心点的邻域内；噪音点，既不是核心点也不是边界点的点。

DBSCAN 算法的流程如下。

① 从数据集中选取一个未处理的点 q（未被划分为某个簇或者标记为噪声）检查其邻域，若邻域包含的对象数不小于 MinPts，建立新簇 C，将其中的所有点加入候选集 N。

② 对候选集 N 中所有尚未被处理的对象 q，检查其邻域，若邻域包含多于 MinPts 个对象，则将这些包含的对象也加入 N；如果 q 未归入任何一个簇，则将 q 加入 C。

③ 重复步骤②，继续检查 N 中未处理的对象，直到当前候选集 N 为空。

④ 重复步骤①~③，直到所有对象都归入了某个簇或标记为噪声，聚类完成。

使用 DBSCAN 算法对点云进行聚类的结果如图 4-25 所示。

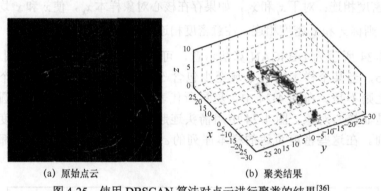

(a) 原始点云　　　　　　　　(b) 聚类结果

图 4-25　使用 DBSCAN 算法对点云进行聚类的结果[36]

DBSCAN 算法的主要优点有：可以对任意形状的稠密数据集进行聚类，相对的，K-means 算法一般只适用于凸数据集；可以在聚类的同时发现异常点，对数据集中的异常点不敏感；聚类结果没有偏倚，相对的，K-means 算法初始值对聚类结果有很大影响。

DBSCAN 算法的主要缺点有：如果样本集的密度不均匀、聚类间距差相差很大时，聚类质量较差，这时用 DBSCAN 算法聚类一般不适合；如果样本集较大时，聚类收敛时间较长，此时可以对搜索最近邻时建立树进行规模限制来改进；调参相对于传统的 K-means 算法稍复杂，主要是需要对距离阈值 ϵ、邻域样本数阈值 MinPts 联合调参，不同的参数组合对最后的聚类效果有较大影响。

3. 基于深度学习的分割法

基于深度学习的分割法根据点云数据的表示形式可以分成 3 种：基于投影图的方法、基于体素的方法和基于不规则点的方法。

基于投影图的方法首先需要将点云投影到一个或者几个视图上形成二维图像，再使用图像的语义分割网络进行分割。比如，文献[37-38]提出的方法就是首先将三维点云投影到多个二维平面上形成多张图像，然后使用一个多流的全卷积网络（Fully Convolutional Networks，FCN）对每个图像进行分割，最后将每张图像的分割结果进行融合得到点云的分割结果，如图 4-26 所示。也有研究者在将点云投影为二维图像的同时也投影为多视角的深度图[39]以保留点云的深度信息。这种基于投影图的点云分割网络具有可拓展性，而且可以处理百万个点的大规模点云数据。但是，这种将点云投影到多个投影图的方法对视角的选择极其敏感，而且投影过程也难免会造成信息的损失。

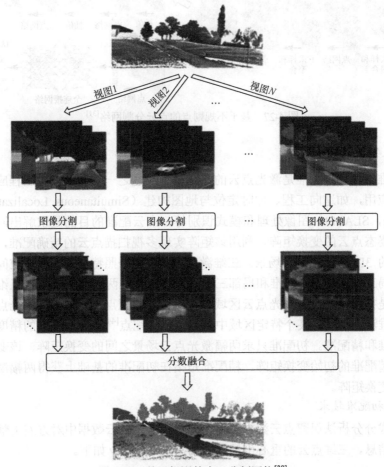

图 4-26 基于投影的点云分割网络[38]

基于体素的方法首先要将点云转换为体素的表示形式，然后使用 3D 卷积网络提取点云特征和分割[40]。由于 3D 卷积的可拓展性，基于体素的方法可以用在不同尺寸的点云上。但是，点云体素化时过高的分辨率会带来大量的计算成本和内存占用，过低的分辨率则会导致细节丢失。因此，实际应用中要选择合适的分辨率。

基于不规则点的方法直接使用图网络、图卷积、多层感知机或者循环神经网络（Recurrent Neural Network，RNN）直接处理原始的不规则的点云数据，完成特征提取和分割的任务[41-42, 47-48]。基于不规则点的点云分割网络如图 4-27 所示。

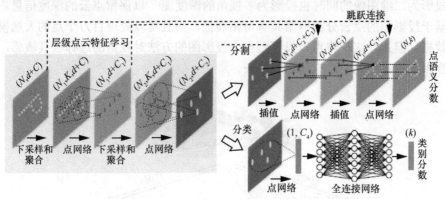

图 4-27　基于不规则点的点云分割网络[31]

4.3.4　点云配准

三维激光点云配准是激光点云的关键研究问题之一，在多领域工程应用中具有重要应用，如逆向工程、即时定位与地图构建（Simultaneous Localization and Mapping，SLAM）、图像处理和模式识别等。点云配准的目的是求解出同一坐标下不同姿态点云的变换矩阵，利用该矩阵实现多视扫描点云的精确配准，最终获取完整的 3D 数字模型、场景。三维激光点云配准按照特征匹配搜索空间的不同分为全局三维激光点云配准和局部三维激光点云配准两大类[43]。全局三维激光点云配准是指在整个三维激光点云区域中搜索特征匹配点，局部三维激光点云配准是在三维激光点云的某个特定区域中搜索特征匹配点[44]。按照配准的精度可以分为初配准和精配准。初配准只求两幅激光点云场景之间的变换矩阵，该变换矩阵为后续精配准的初始变换矩阵。精配准是指在初配准的基础上获得两幅激光点云的最佳变换矩阵。

1. 初配准技术

主成分分析法保留点云数据维度的同时，保留点云数据中对方差贡献最大的特征点信息。三维点云的重心坐标 $\bar{P}$ 及协方差矩阵 cov 如下。

$$\begin{cases} \bar{P} = \frac{1}{n}\sum P_i \\ \mathbf{cov} = \frac{1}{n}\sum (P_i - \bar{P})(P_i - \bar{P})^{\mathrm{T}} \end{cases} \quad (4\text{-}26)$$

其中，P_i 为点坐标向量。在三维激光点云数据的分析过程中，将坐标系的原点设置为三维激光点云的重心，采用主成分分析法计算三维激光点云的特征向量，在

坐标系 x、y、z 轴上进行一一对应，调整待配准三维激光点云的局部参考坐标系，达到三维激光点云初配准的目的。

重心法，将两幅三维激光点云的重心重合。通过平移点云重心坐标完成初配准的目的。但是不能减少旋转错位，只能减少平移错位，精度低，应用较少。

2. 精配准技术

三维激光点云精配准是将不同视角下的多幅三维激光点云数据经过初配准后采用迭代的方式获取更精确的配准方法。典型的精配准算法有迭代最近点（Iterative Closest Point，ICP）算法和正态分布转换（Normal Distributions Transformer，NDT）算法[43]。

ICP 算法最早由 Besl[45]提出。当变换矩阵已知时，求解对应点对时，优化函数为

$$\varepsilon(P,Q) = \min \sum_{i=1}^{N} d^2(p_{mi}, q_i), p_{mi} \in P, q_i \in Q \tag{4-27}$$

其中，P 和 Q 分别为待匹配点云，$d^2(p_{mi},q_i)$ 为距离的平方。使得式（4-27）值为最小值的 p_{mi} 和 q_i 就是所求的对应点对。当三维激光点云的对应点对已知，求解变换矩阵时，ICP 算法优化目标函数变为

$$\varepsilon(P,Q) = \min \sum_{i=1}^{N} d^2(p_{mi}, \boldsymbol{R}q_i + \boldsymbol{t}), p_{mi} \in P, q_i \in Q \tag{4-28}$$

其中，$\boldsymbol{R}$ 和 $\boldsymbol{t}$ 分别为旋转和平移矩阵。此时，采用最小二乘法可以求出相应的点对。

Hähnel 和 Burgard 等[46]最早提出了基于点概率的三维激光点云配准方法。该方法计算源三维激光点云和参考三维激光点云的概率密度，在三维激光点云的似然空间中以爬山搜索方式进行三维激光点云的精确配准。

设三维点云似然函数为

$$L = \sum_{p_i \in P} p\big(p_i \,|\, d(p_i, \gamma, q_i)\big) \tag{4-29}$$

其中，p_i 表示源三维激光点云上的点，q_i 表示参考三维激光点云，γ 表示三维激光点云的姿态。实验证明，该算法比 ICP 算法拥有更高的精度和效率。

4.4 激光三维成像研究

基于激光雷达数据进行三维现场的重建就是对现实事物的数字化之后进行某种形式的重现的过程。它既可以是对现实事物的客观的准确显示并对已有的数字化信息进行初级处理，也可以进行多种更深层次的扩充处理[47-48]。

4.4.1 激光扫描点云成像

1. 平面重建

点云文件中所有的实体都是点,由于激光扫描所造成的误差使得原本应位于同一平面的点呈现出以某一平面中心有微小偏差的随机分布现象。实际使用时需要对每一个原本属于同一平面上的点集进行拟合以确定中心平面,同时确定平面的轮廓。利用多个这样有明确的边缘轮廓信息及空间位置信息的平面的相互关系提取特殊的线与点的三维坐标信息。通常采用最小二乘法进行点到面的拟合。拟合平面的流程如图 4-28 所示。

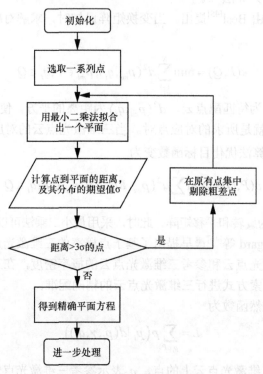

图 4-28 拟合平面的流程[49]

首先拟合出平面的数学方程,已知一组数据 (X_i, Y_i, Z_i) 求拟合平面,在拟合生成的平面上拟合出实际物体的轮廓。要得到实物在平面上的投影轮廓先要求出原实物的每个点到拟合平面的投影点,这可以通过求点与平面的垂线及垂足而得到。然后再通过所有的投影点拟合出其轮廓线。

较规则几何面的直线边界常用最小二乘法拟合,计算出几何体的每条边界,进而确定出整个几何体的轮廓。其数学描述为

$$\begin{cases} y = a + bx \\ z = a_0 + a_1 x + a_2 y \end{cases} \quad (4\text{-}30)$$

使用投影点集 N 内一部分在同一边界上的点的 x、y 坐标进行最小二乘拟合可以求出一簇直线 $y = a + bx$，再利用该边界直线在拟合平面上这一约束条件唯一的确定一条边界线。

但是，复杂的有多条边界的凸多边形拟合如果采用上述方法则非常的烦琐。一般使用自动搜索边界的算法。其算法描述如下。

① 在投影点集合 N 内找到其几何中心。

② 以该几何中心为圆心找到能包含这个点集的最小外接圆。找到 3 个距外接圆最近的点并依次相连，形成 3 条主搜索线段。

③ 在其中一条主搜索线段内，以该线段为直径的外半圆区域内以从上到下从左到右的顺序寻找是否存在这样的点使其与线段的端点的连线和大于线段的长度。

④ 若不存在这样的点则跳转到步骤③进行下一条主搜索线段操作；若存在这样的点则把这个点作为新的端点与上一次作为线段的端点的两个点分别相连形成两条新的线段。执行与步骤③相同的搜索并重复步骤④的判断，直到在某一线段内不存在可以作为新的端点的点为止。连接该点与作为搜索区域的两端点生成两条线段，其中一条可以确定已搜索完毕。

⑤ 在该主搜索线段内，把步骤④中剩余的另一条线段作为下一级搜索线段重复步骤③～步骤⑤操作，如此循环往复直到该主搜索线段搜索完毕。

⑥ 在下一个主搜索线段内重复步骤③~步骤⑤操作，直到搜索完所有的主搜索线段。

⑦ 连接所有的作为搜索端点的点而形成一个闭合的平面区域，区域轮廓搜索结束。

多项式拟合和曲线边界的多项式拟合是针对直线型边界的拟合方法。对于曲线型边界采用多项式拟合，其数学描述为

$$\begin{cases} y = s_0 + s_1 x + s_2 x^2 + \cdots + s_n x^n \\ z = a_0 + a_1 x + a_2 y \end{cases} \quad (4\text{-}31)$$

对一组曲线边界点的 x、y 坐标采用最小二乘法对其进行多项式拟合，即满足

$$\begin{cases} s_0 + s_1 x_1 + s_2 x_1^2 + \cdots + s_n x_1^n = y_1 \\ s_0 + s_1 x_2 + s_2 x_2^2 + \cdots + s_n x_2^n = y_2 \\ \vdots \\ s_0 + s_1 x_m + s_2 x_m^2 + \cdots + s_n x_m^n = y_m \end{cases} \quad (4\text{-}32)$$

最小的 $s_0, s_1, \cdots, s_n$ 所确定的多项式，经过数学处理得到其矩阵形式为

$$\begin{bmatrix} \sum_{i=1}^{m}1 & \sum_{i=1}^{m}x_i^1 & \sum_{i=1}^{m}x_i^2 \cdots & \sum_{i=1}^{m}x_i^n \\ \sum_{i=1}^{m}x_i^1 & \sum_{i=1}^{m}x_i^2 & \sum_{i=1}^{m}x_i^3 \cdots & \sum_{i=1}^{m}x_i^{n+1} \\ \vdots & \vdots & \vdots & \vdots \\ \sum_{i=1}^{m}x_i^n & \sum_{i=1}^{m}x_i^{n+1} & \sum_{i=1}^{m}x_i^{n+2} \cdots & \sum_{i=1}^{m}x_i^{2n} \end{bmatrix} \begin{bmatrix} s_0 \\ s_1 \\ \vdots \\ s_n \end{bmatrix} = \begin{bmatrix} \sum_{i=1}^{m}y_i \\ \sum_{i=1}^{m}x_iy_i \\ \vdots \\ \sum_{i=1}^{m}x_i^n y_i \end{bmatrix} \quad (4\text{-}33)$$

简写为 $XS = Y$，所以 $X = S^{-1}Y$，当 $m > n$ 时，该方程组有唯一解。事实上选取的多项式次数不会超过 4 次，而用作每条曲线边界的点的个数多于 4 个，因此能够确定一簇曲线。再利用该边界曲线属于平面：$z = a_0 + a_1x + a_2y$。这个约束关系可以唯一地确定此边界曲线。

激光扫描结果以及三维重建效果如图 4-29 所示。

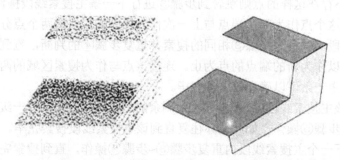

图 4-29　激光扫描结果以及三维重建效果[49]

2. 曲面重建

基于多边形网格的三维激光点云重建是曲面重建的基础。由于三角网能更好地反映物体表面的几何形状，因此也称为三角网格重建。目前常用的三角网格重建方法为区域增长法。区域增长法以种子三角形为基础，选择与该种子三角形相邻的三角形边，对于边上的每一个点，按照区域增长法步骤②中所述或其他准则进行点选取，与此边组成三角形，再以新的边为基础搜索新的点。

区域增长法步骤[43]如下。

① 构造一个包含所有散乱点的超级三角形，并将其放入三角形列表中。

② 将点集中的散点依次插入，查询三角形列表，找到外接圆包含插入点的三角形，将插入点与已有三角形中所有可以连接的点进行连接，完成一个点在列表三角形列表中的插入。

③ 根据优化准则优化局部生成三角形，将优化后的三角形放入三角形列表。

④ 循环步骤②~步骤③，直到所有的点都插入完毕。

4.4.2 其他主动激光成像技术

1. 距离选通成像

激光三维成像中,距离选通技术有着重要的应用。实时距离选通成像系统工作时由控制系统驱动激光器发出激光脉冲,同时产生一个延迟信号触发门选通装置,门选通原理如图 4-30 所示。整个系统中,在激光脉冲的往返时间内,门处于关闭状态,门只在返回激光脉冲到达以及之后的一段时间处于开放状态,在门打开的这段时间,回波光强将在电荷耦合元件(Charge-Coupled Device,CCD)上积累。在控制系统中完成的还有成像预处理、图像和数据的处理、目标距离像的获取以及目标三维模型的重建。

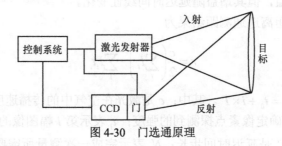

图 4-30 门选通原理

距离选通成像系统中,激光回波脉冲的功率方程可以写成式(4-34)所示的高斯形式。

$$P(t) = P_\text{r} \exp\left(-\left[\frac{(t-t_0)}{\sigma_\text{pulse}}\right]^2\right) \quad (4-34)$$

其中,t_0 为延迟时间,由目标的距离决定;σ_pluse 为激光光源的脉冲宽度;P_r 为回波信号最大功率。

距离选通成像系统一般包括激光器及其驱动装置、选通门、同步选通控制器、图像和数据处理器、实时图像显示器、收发天线装置以及连接线路等器件构成。距离选通成像系统如图 4-31 所示。

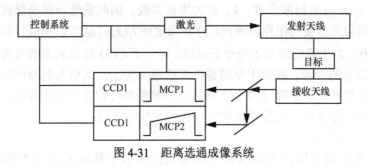

图 4-31 距离选通成像系统

图 4-31 所示的距离选通成像系统用 CCD 作成像装置,并在其前面加上选通型像增强器(Micro Channel Plate,MCP),像增强器既可以作为选通控制门,也可以放大激光回波信号,增加系统的探测距离以及提高信噪比。控制系统的功能是图像的采集、处理和显示的控制,以及激光脉冲发射触发信号和门选通触发信号的产生和控制。双通道比起单通道成像速度更快,更适于实时成像。

激光器产生的脉冲序列经发射天线的准直和放大后,照射视场覆盖整个目标或需要观察目标的关键部位,目标反射回波经接收天线系统后由分束镜平均分成两束照射到两个像增强器上。其中一个像增强器在门选通时间内保持恒定增益,门关闭时间内增益为 0;另一个像增强器在门关闭时间内增益也为 0,门选通时间内也保持恒定增益,但其增益随延迟时间线性变化。

质心法求解距离选通测距结果为

$$r = \frac{c}{2}\left(\sum_i^N I_i\right)^{-1}\sum_i^N I_i t_i \tag{4-35}$$

式(4-35)中,$t_i = t_0 + i \times T$。其中:c 是激光在空气中的传播速度;I_i 表示成第 i 幅图像时,CCD 确定像素点探测到的强度;t_i 表示第 i 幅图像的延迟时间;t_0 是初始延迟时间;T 是延迟时间步长;N 表示完成一次测量所需要的图像数量。T 和 N 的乘积决定了三维像的深度。

测距误差为

$$r \cong \frac{c}{4}\frac{\sqrt{\sigma_{\text{pulse}}^2 + \sigma_{\text{gate}}^2}}{\text{SNR}} \tag{4-36}$$

其中,σ_{pulse} 为激光光源的脉冲宽度,σ_{gate} 为门选通时间,SNR 为回波信噪比。

推导可得,

$$r(x,y) = \frac{c}{2}\frac{k}{a}\frac{I_2(x,y)}{I_1(x,y)} \tag{4-37}$$

其中,c 为激光在空气中的传播速度,(x,y) 为像素坐标,$r(x,y)$ 为像素的距离,$I_1(x,y)$、$I_2(x,y)$ 为回波强度,k、a 为增益常数。因此系统一次成像就可以得到目标的距离像。只要利用距离图 $r(x,y)$ 和强度图 $I_1(x,y)$ 就可以完成目标三维模型的重建工作。由于系统增加了一个分束镜,每一个 CCD 接收到的信号光功率只有反射回波功率的一半。相对于单通道距离选通的情况,其引入的噪声并没有下降一半,因此信噪比会下降 1~2 倍。该方法的测距精度肯定会有所降低,但其成像速度能够提高很多倍,这在要求实时成像的系统中是很有用的。

2. 稀疏采样技术

在距离选通成像技术的基础上逐渐发展出基于稀疏采样技术的激光雷达

三维成像技术，在 CCD 曝光时间段内，激光器发射的多次脉冲光经均匀扩束器调制后光束照射到目标场景上，目标场景反射光经成像透镜到达光调制器上，光调制器对不同的脉冲回波信号依次施加不同的稀疏采样调制。经过光调制器调制的目标场景回波信号经像增强器进行不同的延时选通和放大，最终被 CCD 采集。CCD 在单曝光时间内累加获取了多次不同调制、延时选通和放大的回波信号。

时间延时触发是本系统实施的关键技术，图 4-32 所示为三维雷达成像系统的工作时序，延时脉冲发生控制器通过脉冲信号来控制激光器、光调制器、像增强器和 CCD 的工作时序关系。

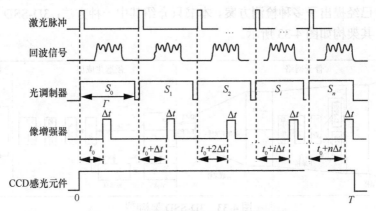

图 4-32　三维雷达成像系统的工作时序

系统成像过程中容易受到激光散斑噪声的干扰，数字微镜器件与 CCD 的像元无法进行精确匹配，解码时不能很好地突出相关区域，同时抑制背景区域。为解决这一问题采用最大相关法：将成像系统单次曝光获得的图像分别同稀疏采样矩阵进行相关运算，计算出不同区域的相关系数，根据相关系数确认该区域对应的稀疏采样矩阵（相关系数最大时对应的曝光图与系数采样矩阵为一组），最后根据稀疏采样矩阵得到相应区域对应的距离。通过最大相关法将曝光图和稀疏采样矩阵对应起来，运用压缩感知算法对稀疏欠采样图像进行还原，得到完整的图像信息。由选通延时时间计算出目标距离信息，然后同二值化后的强度信息进行加权处理，就可以获得目标场景的三维信息。所得的目标场景的强度信息与目标场景的三维信息图中，不同的灰度值代表着不同的距离，可以得到场景中各个目标的反射率信息，还可以获得目标场景中各个物体的距离信息，从而实现场景中目标的识别。

这种方法仅需一帧 CCD 探测器曝光图就能反演出目标场景的三维和强度信息，大大降低了系统的数据采集量，提高了系统的三维成像效率。

4.5 应用实例

4.5.1 基于激光雷达点云的车辆检测方法

智能汽车需要对周围环境中的目标精确的定位。2D 检测方法由于先天缺乏深度信息,且容易受到光照条件的影响,很难达到智能汽车的要求。相较之下,激光雷达不易受到光照影响,其生成的点云数据有三维空间信息,在智能交通场景具有先天优势。近年来基于激光雷达点云的障碍检测成为研究热门,许多学者与研究人员已经提出了多种检测方案。本书只介绍其中一种方法:3D-SSD[50],供读者了解,其架构如图 4-33 所示。

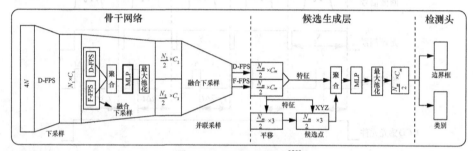

图 4-33 3D-SSD 架构[50]

3D-SSD 是一种单阶段不需锚框的检测方法。其首先对原始点云进行随机下采样,采样 16 384 个点。再输入骨干网络完成体征提取,其骨干网络与 PointNet++ 相似,使用 FPS 算法对点云进行下采样和 PointNet[33]进行特征提取。

3D-SSD 的采样层使用了两种最远点下采样方法:几何最远点采样(Distance-FPS,D-FPS)和特征最远点采样(Feature-FPS,F-FPS)。顾名思义,几何最远点采样就是利用几何距离作为 FPS 最远点选取的依据,特征最远点采样使用几何距离的同时也使用特征空间的距离,即点云中的两点 P_0 和 P_1 的距离由 $C = \lambda_1 D(P_0, P_1) + \lambda_2 F(P_0, P_1)$ 决定,其中,$D(P_0, P_1)$ 为几何距离,$F(P_0, P_1)$ 为特征空间距离,λ_1 和 λ_2 为权重。室外交通场景下,点云中大多数点为背景点。采用两种最远点下采样的方法可以避免经过下采样后留下过多背景点的情况。

候选生成层为特征下采样的点预测一个位置偏置,修正其位置使其向所在实例中心靠拢生成候选点。然后经过分组层(将 D-FPS 点和 F-FPS 点分配给候选点)和 MLP 以及最大池化层得到最终候选特征,并预测出目标分类和边界框。

4.5.2 基于激光雷达点云的车道线检测方法

车道线检测一般分为两个步骤，第一步是提取几何或物理特征，第二步是利用离散数据拟合成车道线。目前激光雷达检测车道线主要有 4 种方法[51]，一是根据激光雷达回波宽度；二是根据激光雷达反射强度信息形成的灰度图，或者根据强度信息与高程信息配合，过滤出无效信息；三是激光雷达同步定位与地图构建（Simultaneous Localization and Mapping，SLAM）和高精度地图配合，不仅检测车道线还进行自车定位；四是利用激光雷达能够获取路沿高度信息或物理反射信息不同的特性，先检测出路沿，因为道路宽度是已知的，根据距离再推算出车道线位置。对于某些路沿与路面高度相差低于 3 cm 的道路，这种方法无法使用。后 3 种方法需要多线激光雷达，最少也是 16 线激光雷达。

本书只对第一种根据激光雷达回波宽度进行车道线检测的方法[52]进行简单介绍。如图 4-34 所示，雷达每扫到一个目标就会返回一个脉冲，且回波脉冲对于不同颜色、材质的物体返回的脉冲宽度值具有一定的差异，可以利用其作为车道线特征提取工作的参数。再利用最小类内方差（使用一个阈值将整体数据分成两类，该阈值使类内方差和最小）对激光雷达回波数据进行建模寻找车道线脉冲宽度的动态阈值，利用该阈值判定雷达数据点是否属于车道线的特征点。并利用高斯核加权搜索算法扩展特征区域，在激光雷达数据中划分出车道线的数据子集。

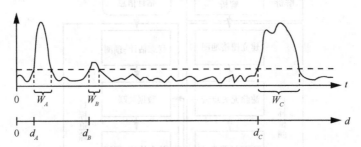

图 4-34 激光雷达回波宽度[52]

区域生长就是在已有特征种子点的基础上获取更多与种子点有相似属性的特征点来延伸区域。其基本思想是将种子点作为生长起点向周围延伸，寻找与种子点有相同或相似属性的特征点，并将这些特征点纳入种子点的范畴，并利用新的种子点按同样的方法继续生长区域，直到没有新的特征点可以纳入，生长完成。高斯核加权搜索算法是通过种子点搜索附近的扫描点，并对目标函数进行高斯核变换，计算扫描点相对于该种子点成为车道线特征点的可能性，然后对搜索到的每一个扫描点加权计算它与周边种子点的相似度，并综合评判该点是否为车道线特征点。

完成特征提取后,使用最小二乘法实现车道线的拟合。

4.5.3 基于激光雷达的目标追踪

基于激光雷达的目标追踪一般包含 4 个子模块,分别是航迹起始、数据关联(又称为目标关联)、状态估计和航迹终止模块[53]。航迹起始模块是当有新目标出现在激光雷达的探测范围内时,对其建立新的追踪器。数据关联模块的作用是对当前检测到的每个目标按照特定的逻辑进行判断,将其标记为新出现的目标、已存在目标、消失的目标或误检目标中的一种。状态估计模块可以推算出已追踪上的目标的运动状态,并预测其在下一时刻的运动轨迹。航迹终止模块就是当目标从激光雷达的视野中消失时,停止对其的追踪并且删除该目标的所有数据。基于点云目标检测跟踪算法框架如图 4-35 所示,一般方法是先完成目标检测任务,提取出目标的特征信息后与上一帧点云中的目标进行数据关联实现目标的追踪功能。也有不需进行目标检测,结合感兴趣对象的几何不变性和统计模拟算法实现对目标的追踪预测。目标检测已经于 4.5.1 节中介绍,此处就不再赘述,只介绍数据关联以及状态估计[54-55]。

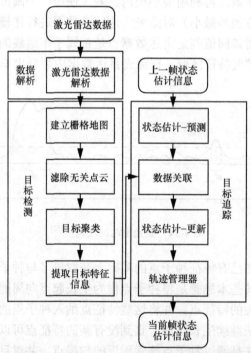

图 4-35　基于点云目标检测跟踪算法框架[55]

数据关联是多目标追踪问题中最复杂的一部分,其实现的功能是将激光雷达等传感器检测到的目标与追踪滤波器进行关联的过程[54]。当前时刻检测到的目标关联分为两种情况：与已知轨迹关联，对该轨迹进行更新；不与轨迹关联，定义为新目标。主要使用两种滤波器进行数据关联：确定性滤波器，如最近邻滤波器（Nearest Neighbor Filter，NNF）和概率性滤波器，以及联合概率数据关联滤波器（Joint Probability Data Association Filter，JPDAF）。最近邻滤波器[56]的主要思想是选取所有在已追踪轨迹的可关联区域内的检测目标，对每个检测到的目标进行状态量的计算，将计算结果最接近轨迹预测状态的目标与该轨迹进行关联。其中，状态量的计算一般是基于加权欧几里得距离或者是检测的目标与轨迹间的马哈拉诺比斯距离（马氏距离）。联合概率数据关联滤波器[57]的基本思想是，当存在检测到的目标落入已追踪轨迹关联范围的交叉区域时，表示该目标可能属于多条轨迹的延续。此时 JPDAF 要解算出检测的目标与每一条轨迹的关联概率，假定所有有效的检测都可能是每条轨迹当前时刻的状态，只是属于不同轨迹的概率不同。JPDAF 分成 4 个主要的过程：预测、测量验证、关联值计算和状态更新。

状态估计是对运动物体进行追踪时必不可少的一部分，其主要功能是对同一目标进行不同时刻的数据采集，根据检测的结果估计出目标接近真实的状态（包括位置信息、速度大小和方向等），并实现对该目标在未来一段时间内的运动状态预测，常用卡尔曼滤波算法实现。

4.5.4 三维场景重建

目前，交通、遥感等领域对三维场景重建的需求不断增加。重建后的三维场景需要在视觉感受上更加真实、直观，更加符合人们对客观物体的认知。已有的三维场景重建方法大致分为：交互式重建方法与自动重建方法[58]。交互式重建方法是指在一些特定环境下通过用户交互完成场景的重建，需要用户使用建模软件等完成场景模型重建，以克服激光扫描技术采集的数据经常被噪声、异常值和遮挡覆盖影响。交互式重建方法对重建物体的细节还原度较高，但需要花费大量的人力，且伴随着一些交互式设备的制作，大大增加了重建的成本。自动重建方法可以省去大量的人工操作，用户通过设置一些合适的参数，由程序自动处理重建数据，具体方法可参照 4.4 节。

参考文献

[1] EINSTEIN A. Zur quantentheorie der strahlung[J]. Mitteilungen der Physikalischen Gesellschaft, Zürich, 1916, 18: 47-62.

[2] 赖旭东. 机载激光雷达基础原理与应用[M]. 北京: 电子工业出版社, 2010.

[3] 戴永江. 激光雷达原理[M]. 北京: 国防工业出版社, 2002.

[4] DÉZIEL J L, MERRIAUX P, TREMBLAY F, et al. PixSet: an opportunity for 3D computer vision to go beyond point clouds with a full-waveform LiDAR dataset[J]. arXiv preprint arXiv, 2021.

[5] FANG H T, HUANG D S. Noise reduction in lidar signal based on discrete wavelet transform[J]. Optics Communications, 2004, 233(1-3): 67-76.

[6] 张斌, 王彤, 谷传纲, 等. 改进的小波阈值消噪法在湍流信号处理中的应用[J]. 工程热物理学报, 2009, 30(3): 401-407.

[7] DNOHO D L. Denoising by soft-thresholding[J]. IEEE Transactions on Inform Theory, 1995, 41(3): 613-627.

[8] DNOHO D L, JOHNSTONE J M. Ideal spatial adaptation by wavelet shrinkage[J]. Biometrika, 1994, 81(3): 425-455.

[9] 陈冬, 王江安, 康圣. 脉冲激光雷达信号降噪方法对比[J]. 舰船科学技术, 2011, 33(4): 93-97.

[10] JUTZI B, STILLA U. Range determination with waveform recording laser systems using a Wiener Filter[J]. ISPRS Journal of Photogrammetry and Remote sensing, 2006, 61(2): 95-107.

[11] WAGNER W, HOLLAUS M, BRIESE C, et al. 3D vegetation mapping using small-footprint full-waveform airborne laser scanners[J]. International Journal of Remote Sensing, 2008, 29(5): 1433-1452.

[12] HOFTON M A, MINSTER J B, BLAIR J B. Decomposition of laser altimeter waveforms[J]. IEEE Transactions on geoscience and remote sensing, 2000, 38(4): 1989-1996.

[13] DEMPSTER A P, LAIRD N M, RUBIN D B. Maximum likelihood from incomplete data via the EM algorithm[J]. Journal of the Royal Statistical Society: Series B (Methodological), 1977, 39(1): 1-22.

[14] PERSSON Å, SÖDERMAN U, TÖPEL J, et al. Visualization and analysis of full-waveform airborne laser scanner data[J]. International Archives of Photogrammetry, Remote Sensing and Spatial Information Sciences, 2005, 36(3/W19): 103-108.

[15] GREEN P J. Reversible jump Markov chain Monte Carlo computation and Bayesian model determination[J]. Biometrika, 1995, 82(4): 711-732.

[16] CHAUVE A, MALLET C, BRETAR F, et al. Processing full-waveform lidar data: modelling raw signals[C]//International archives of photogrammetry, remote sensing and spatial information sciences 2007. [S.l.: s.n.], 2008: 102-107.

[17] DUAN Y, YANG C, LI H. Low-complexity adaptive radius outlier removal filter based on PCA for lidar point cloud denoising[J]. Applied Optics, 2021, 60(20): E1-E7.

[18] RUSU R B. Semantic 3D Object Maps for Everyday Manipulation in Human Living Environments[D]. München: Technische Universität München, 2009.

[19] JIANG J J, WANG X Q, DUAN F J. An effective frequency-spatial filter method to restrain the interferences for active sensors gain and phase errors calibration[J]. IEEE Sensors Journal, 2016, 16(21): 7713-7719.

[20] RADU B R, STEVE C. Removing outliers using a conditional or radius outlier removal[EB]. 2021.

[21] JOHNSON A E, HEBERT M. Using spin images for efficient object recognition in cluttered 3D scenes[J]. IEEE Transactions on Pattern Analysis and Machine Intelligence, 1999, 21(5):

433-449.

[22] FROME A, HUBER D, KOLLURI R, et al. Recognizing objects in range data using regional point descriptors[C]//European Conference on Computer Vision. Heidelberg: Springer, 2004: 224-237.

[23] RUSU R B, MARTON Z C, BLODOW N, et al. Learning informative point classes for the acquisition of object model maps[C]//2008 10th International Conference on Control, Automation, Robotics and Vision. Piscataway: IEEE Press, 2008: 643-650.

[24] RUSU R B, BLODOW N, BEETZ M. Fast point feature histograms (FPFH) for 3D registration[C]//2009 IEEE International Conference on Robotics and Automation. Piscataway: IEEE Press, 2009: 3212-3217.

[25] RUSU R B, BRADSKI G, THIBAUX R, et al. Fast 3D recognition and pose using the viewpoint feature histogram[C]//2010 IEEE/RSJ International Conference on Intelligent Robots and Systems. Piscataway: IEEE Press, 2010: 2155-2162.

[26] TOMBARI F, SALTI S, DI STEFANO L. Unique signatures of histograms for local surface description[C]//European Conference on Computer Vision. Heidelberg: Springer, 2010: 356-369.

[27] GUO Y, SOHEL F, BENNAMOUN M, et al. Rotational projection statistics for 3D local surface description and object recognition[J]. International Journal of Computer Vision, 2013, 105(1): 63-86.

[28] 杨必胜, 董震. 点云智能处理[M]. 北京: 科学出版社, 2016.

[29] ZHOU Y, TUZEL O. Voxelnet: end-to-end learning for point cloud based 3D object detection[C]//Proceedings of the IEEE Conference on Computer Vision and Pattern Recognition. Piscataway: IEEE Press, 2018: 4490-4499.

[30] SU H, MAJI S, KALOGERAKIS E, et al. Multi-view convolutional neural networks for 3D shape recognition[C]//Proceedings of the IEEE International Conference on Computer Vision. Piscataway: IEEE Press, 2015: 945-953.

[31] QI C R, YI L, SU H, et al. PointNet++: deep hierarchical feature learning on point sets in a metric space[J]. arXiv preprint arXiv:1706.02413, 2017.

[32] ELDAR Y, LINDENBAUM M, PORAT M, et al. The farthest point strategy for progressive image sampling[J]. IEEE Transactions on Image Processing, 1997, 6(9): 1305-1315.

[33] QI C R, SU H, MO K, et al. Pointnet: deep learning on point sets for 3D classification and segmentation[C]//Proceedings of the IEEE Conference on Computer Vision and Pattern Recognition. Piscataway: IEEE Press, 2017: 652-660.

[34] 李明磊, 李广云, 王力, 等. 3D Hough Transform 在激光点云特征提取中的应用[J]. 测绘通报, 2015(2): 29-33.

[35] 张朝阳. 聚类算法之 BIRCH[EB].

[36] 刘建平. DBSCAN 密度聚类算法[EB].

[37] BORRMANN D, ELSEBERG J, LINGEMANN K, et al. The 3D hough transform for plane detection in point clouds: a review and a new accumulator design[J]. 3D Research, 2011, 2(2): 3.

[38] LAWIN F J, DANELLJAN M, TOSTEBERG P, et al. Deep projective 3D semantic

segmentation[C]//International Conference on Computer Analysis of Images and Patterns. Heidelberg: Springer, 2017: 95-107.

[39] BOULCH A, LE SAUX B, AUDEBERT N. Unstructured point cloud semantic labeling using deep segmentation networks[J]. The Eurographics Association, 2017, 2: 17-24.

[40] HUANG J, YOU S. Point cloud labeling using 3D convolutional neural network[C]// International Conference on Pattern Recognition (ICPR). Piscataway: IEEE Press, 2016: 2670-2675.

[41] MENG H Y, GAO L, LAI Y K, et al. VV-Net: Voxel vae net with group convolutions for point cloud segmentation[C]//Proceedings of the IEEE/CVF International Conference on Computer Vision. Piscataway: IEEE Press, 2019: 8500-8508.

[42] LANDRIEU L, SIMONOVSKY M. Large-scale point cloud semantic segmentation with superpoint graphs[C]//Proceedings of the IEEE Conference on Computer Vision and Pattern Recognition. Piscataway: IEEE Press, 2018: 4558-4567.

[43] 龚珍. 地面三维激光扫描点云场景重建方法研究[D]. 北京: 中国地质大学, 2017.

[44] LI B F. Accelerator of the global automated image registration algorithm[J]. Journal of Computer-Aided Design and Computer Graphics.2012, 24(10): 1363-1368.

[45] BESL P J, JAIN R C. Segmentation through variable-order surface fitting[J]. IEEE Transactions on Pattern Analysis and Machine Intelligence, 1988, 10(2): 167-192.

[46] HÄHNEL D, BURGARD W. Probabilistic matching for 3D scan registration[C]//Proceedings of the VDI-Conference Robotik. [S.l.: s.n.], 2002.

[47] YE X, LI J, HUANG H, et al. 3D recurrent neural networks with context fusion for point cloud semantic segmentation[C]//Proceedings of the European Conference on Computer Vision (ECCV). [S.l.: s.n.], 2018: 403-417.

[48] WANG S, SUO S, MA W C, et al. Deep parametric continuous convolutional neural networks[C]//Proceedings of the IEEE Conference on Computer Vision and Pattern Recognition. Piscataway: IEEE Press, 2018: 2589-2597.

[49] 高智, 仲思东, 宋丽华. 基于激光雷达数据的三维模型重建[J]. 仪器仪表学报, 2004(S2): 495-499.

[50] YANG Z, SUN Y, LIU S, et al. 3DSSD point-based 3D single stage object detector[C]// Proceedings of the IEEE/CVF conference on computer vision and pattern recognition. Piscataway: IEEE Press, 2020: 11040-11048.

[51] 周彦武. 如何利用激光雷达检测车道线？这里提供了4种方法[EB].

[52] 吴毅华. 基于激光雷达回波信号的车道线检测方法研究[D]. 合肥: 中国科学技术大学, 2015.

[53] 周俊静. 基于激光雷达的智能车辆目标识别与跟踪关键技术研究[D]. 北京: 北京工业大学, 2014.

[54] KIM S W, LIM Y T, SONG T L. A study of a new data association and track initiation method with normalized distance squared ordering[J]. International Journal of Control, Automation and Systems, 2011, 9(5): 815.

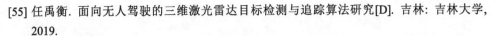

[55] 任禹衡. 面向无人驾驶的三维激光雷达目标检测与追踪算法研究[D]. 吉林: 吉林大学, 2019.

[56] REID D. An algorithm for tracking multiple targets[J]. IEEE transactions on Automatic Control, 1979, 24(6): 843-854.

[57] KAUFMAN E, LOVELL T A, LEE T. Minimum uncertainty JPDA filters and coalescence avoidance for multiple object tracking[J]. The Journal of the Astronautical Sciences, 2016, 63(4): 308-334.

[58] 楚良. 基于三维点云的室外场景分类与重建方法研究[D]. 西安: 西安理工大学, 2020.

第 5 章
视觉传感器信号处理技术

5.1 车载视觉传感器原理

视觉传感器是指利用光学元件和成像装置获取外部环境图像信息并进行图像处理，来计算对象物的特征量（面积、重心、长度、位置等），并输出数据和判断结果的传感器。它是整个机器视觉系统信息的直接来源，主要由一个或者两个图形传感器组成，有时还要配以光学投射器及其他辅助设备。

5.1.1 视觉传感器基本组成

通常来说，视觉传感器主要通过图像传感器抓取图像，然后将图像传送至处理单元，通过数字化处理，根据像素分布、亮度和颜色等信息，来进行尺寸、形状和颜色的判别，一般由图像采集单元、图像处理单元、图像处理软件、通信单元和显示设备等组成，其工作过程如图 5-1 所示。

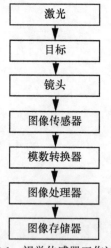

图 5-1 视觉传感器工作过程

图像采集单元相当于数码相机中感光元件,集成了图像采集卡等芯片化设备,采集光学图像后转换为模拟/数字图像,并输出到图像处理单元以便进一步处理。图像处理单元则相当于数码相机中的图像处理卡,将图像采集单元传输过来的图像信息进行存储和处理,这其中也要得到图像处理软件的支持。图像处理单元的硬件一般由数字信号处理器(Digital Signal Processor,DSP)或现场可编程逻辑门阵列(Field Programmable Gate Array,FPGA)等高速数字处理器所构成,用户可根据需求定制其中的软件,灵活性强,而图像处理软件则为图像处理单元提供软件和算法支持。不同类型的视觉传感器都搭载有相应的图像处理软件。通信单元是视觉传感器和外界联系的重要渠道,主要负责图像信息的通信工作,以传输控制协议/互联网协议(Transmission Control Protocol/Internet Protocol,TCP/IP)、文件传输协议(File Transfer Protocol,FTP)、远程上机协议(Telnet Protocol)、简单邮件传输协议(Simple Mail Transfer Protocol,SMTP)等为基础,内置以太网或无线通信装置,从而将视觉传感器捕捉的视觉信息传递到网络中,供用户随时调用。显示设备是可选设备,主要功能是实时为用户提供视觉传感器的监控对象的情况[1]。

5.1.2 典型的视觉传感器

(1)单目相机

单目相机采用针孔相机成像原理,利用光沿直线传播原理将三维世界中的物体投影到一个二维成像平面上,其模组通常只包含一个摄像机和一个镜头。单目相机成像模型如图5-2所示。

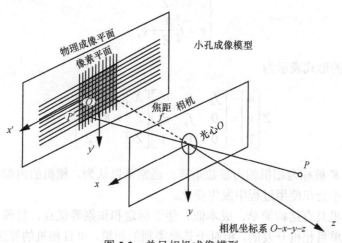

图5-2 单目相机成像模型

基元P在相机坐标系下的坐标为(X,Y,Z),入射相机镜头后在成像平面上成像点为P',其在成像平面坐标系的坐标为(X',Y'),在像素坐标系下的坐标为

(u,v)。根据相似原理有

$$\frac{Z}{f} = -\frac{X}{X'} = -\frac{Y}{Y'} \tag{5-1}$$

其中，f 为小孔到成像平面间的距离，即焦距。

通过对称映射，可将式（5-1）改写整理为

$$\begin{cases} X' = f\dfrac{X}{Z} \\ Y' = f\dfrac{Y}{Z} \end{cases} \tag{5-2}$$

像素坐标系和成像平面坐标系之间，相差一个缩放平移，(X',Y') 和 (u,v) 关系可表示为

$$\begin{cases} u = \alpha X' + c_x \\ v = \beta Y' + c_y \end{cases} \tag{5-3}$$

其中，α、β 分别为像素坐标系相比于成像平面坐标系在 u、v 方向上的缩放因子，c_x、c_y 分别为像素坐标系相比于成像平面坐标系在 u、v 方向上的平移量。令 $f_x = \alpha f, f_y = \beta f$，可得到式（5-4）。

$$\begin{cases} u = f_x\dfrac{X}{Z} + c_x \\ v = f_y\dfrac{Y}{Z} + c_y \end{cases} \tag{5-4}$$

将其用矩阵的形式表示为

$$Z\begin{bmatrix} u \\ v \\ 1 \end{bmatrix} = \begin{bmatrix} f_x & 0 & c_x \\ 0 & f_y & c_y \\ 0 & 0 & 1 \end{bmatrix}\begin{bmatrix} X \\ Y \\ Z \end{bmatrix} = \boldsymbol{K}\begin{bmatrix} X \\ Y \\ Z \end{bmatrix} \tag{5-5}$$

其中，矩阵 $\boldsymbol{K}$ 被称为相机的内参矩阵，通常可以认为，相机的内参在出厂之后即已固定，不会在使用过程中发生变化。

单目相机具有结构简单、成本低、便于标定和识别等优点，目前很多图像算法都是基于单目相机开发的，相对于其他类别的相机，单目相机的算法更为成熟。但是，单目相机的视野完全取决于镜头，测距精度较低，导致近处物体要用较多像素点表示，而远处物体只用很少的像素点表示。为此，对于远距离的被测对象，测距精度较低。

（2）双目相机

双目视觉的原理是使用两个相机，从不同的角度采集目标图像，通过计算和建模来恢复目标三维空间信息。两个完全相同的相机组成的双目视觉系统，可以把两个相机都看作水平放置的针孔相机，如图 5-3 所示。两个相机的光圈中心都位于 x 轴上。我们可以定义左右两个摄像机的透镜光心分别为 O_L、O_R，它们的距离称为双目相机的基线（Baseline，记作 b），是双目的重要参数。方框为成像平面，f 为焦距。u_L 和 u_R 为成像平面的坐标，其中 u_R 应该是负数，因此图 5-3 中标出的距离为 $-u_R$。

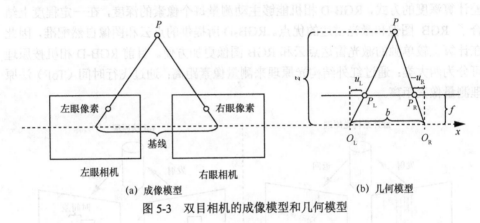

(a) 成像模型　　　　　　　　　　　(b) 几何模型

图 5-3　双目相机的成像模型和几何模型

假设现有一个待检测空间点 P，它在左眼和右眼各成一像，记作 P_L、P_R。由于相机基线的存在，这两个成像位置是不同的。理想情况下，由于左右相机只有在 x 轴上有位移，因此 P 的像也只在 x 轴（对应图像的 u 轴）上有差异。我们记它在左侧的坐标为 u_L，右侧坐标为 u_R。那么，它们的几何关系如图 5-3（b）所示。根据 $\triangle PP_LP_R$ 和 $\triangle PO_LO_R$ 的相似关系，有，

$$\frac{z-f}{z} = \frac{b-u_L+u_R}{b} \tag{5-6}$$

则有，

$$z = \frac{fb}{d},\ d = u_L - u_R \tag{5-7}$$

其中，d 为图 5-3（b）所示的横坐标之差，称为视差。视差与深度距离 z 成负相关关系。为此，根据标定的焦距、基线距离等参数，即可利用视察来估计一个像素离相机的距离。

与雷达等传感器相比，双目相机由于没有移动部件，仅由两张二维照片即可获得深度信息，分辨率和采样密度没有限制，如果想增加分辨率，则会使得算法计算量增加，校正过程也变得烦琐，但并不存在物理性限制。另外，双目相机可

以很灵活地选择视场角和基线，以匹配不同远近目标的检测。但是，双目相机的准确性受表面纹理影响，成像非常依赖物体表面的纹理，因此双目相机适用于纹理丰富的场景，或者采用主动成像的方法；此外，双目相机因为非常依赖纯图像特征匹配，所以在光照较暗或者过度曝光的情况下效果都非常差；两个相机视野中的障碍物有所不同，因此会产生重影。

（3）RGB-D 相机

RGB-D 相机通常是由一个 RGB 相机和一个深度相机封装在一起组成的，其中深度相机一般由发射机与接收机组成，如图 5-4 所示。相比于双目相机通过视差计算深度的方式，RGB-D 相机能够主动测量每个像素的深度，在一定程度上结合了 RGB 图像和激光雷达的优点。RGB-D 所提供的点云和图像自然配准，因此在计算上较单独的激光雷达点云和 RGB 图像更加方便。目前 RGB-D 相机按原理可分为两大类：通过红外结构光原理来测量像素距离；通过飞行时间（ToF）法原理测量像素距离。

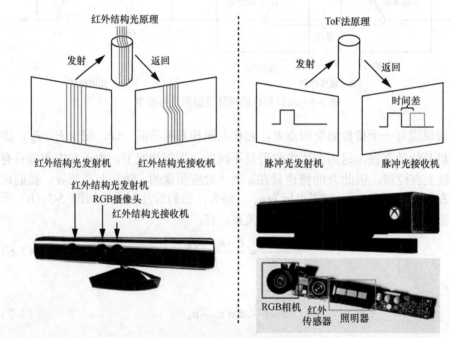

图 5-4 RGB-D 相机原理示意

无论是红外结构光还是 ToF 法，RGB-D 相机都需要向探测目标发射一束光线。基于红外结构光方法的相机一般利用光学三角测量原理，将一定模式的红外结构光（点结构、线结构、面结构）透射于物体表面，在表面上形成由被测物体表面形状所调制的光条三维图像，当光学投射器与摄像机之间的相对位置一定时，由畸变的二维光条图像坐标便可重现物体表面三维形状轮廓。而基于 ToF 法的相机则一般发射脉冲光,并根据从发送至返回间光束的飞行时间来计算物体与相机间的距离。深度相机区别于激光雷达的最大特点是可以获得整个图像的逐个像素的深度从而生成深度图像,而非通过逐点扫描获得距离。

在测量深度之后,RGB-D 相机通常按照生产时的各个相机摆放位置,自己完成深度与彩色图像素之间的配对,输出一一对应的彩色图和深度图。同时,可以在同一个图像位置,读取到色彩信息和距离信息,计算像素的 3D 相机坐标,生成点云。RGB-D 相机能够实时地测量每个像素点的距离。但是,这种发射−接收的测量方式,使得它的使用范围比较受限。用红外进行深度值测量的 RGB-D 相机容易受到日光或其他传感器发射的红外光干扰,因此不能在室外使用,同时使用多个 RGB-D 相机时也会相互干扰。透射材质的物体,因为接收不到反射光,所以 RGB-D 相机无法测量这些点的位置。

5.2 数字图像处理流程

为了能用计算机对图像进行加工,需要把连续的模拟图像在坐标空间和性质空间都离散化,变成计算机能够辨识的图像,这种离散化了的图像就是数字图像。图像被分解成若干个像素,每个像素的颜色以不同的量化值表示,可用二维函数 $f(x,y)$ 表示。数字图像处理是利用计算机对数字图像进行操作,从而达到预期目的的技术,其大致分为图像的采集和存储、图像预处理、图像分割、图像特征提取和选择等步骤,具体流程如图 5-5 所示。

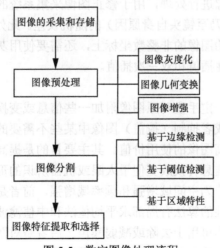

图 5-5 数字图像处理流程

5.2.1 图像的采集和存储

图像的采集是将自然界的图像通过光学系统成像并由电子器件或系统转化为模拟图像信号，再由模拟/数字转换器得到数字图像信息。图像信息数据量庞大，因而在图像处理和分析系统中，大容量和快速的图像处理器是必不可少的。用于图像处理分析的存储器可分为 3 类：快速存储器、在线或联机存储器和数据库（档案库）存储器（不常使用）。

5.2.2 图像预处理

在图像分析（特征提取、分割、匹配和识别等）前，需要进行图像预处理，其主要目的是消除图像中无关的信息，恢复有用的真实信息，增强有关信息的可检测性、最大限度地简化数据，从而改进特征提取、图像分割、匹配和识别的可靠性。图像预处理主要包括图像灰度化、图像几何变换、图像增强这 3 个步骤。

（1）图像灰度化

摄像头采集的图像为 RGB 模型的彩色图像，为减小所需处理的数据量，提高算法效率和实时性，通常要把彩色图像转换为灰度图像。进行灰度化处理时，让像素点矩阵中的每一个像素点都满足下面的关系：R=G=B（就是红色变量的值、绿色变量的值和蓝色变量的值相等），此时的这个值叫作灰度值。灰度图像每个像素只需一个字节存放灰度值（又称强度值、亮度值），灰度范围为 0~255。一般有分量法、最大值法、平均值法、加权平均法 4 种方法对彩色图像进行图像灰度化。

（2）图像几何变换

图像几何变换又称为图像空间变换，通过平移、转置、镜像、旋转、缩放等几何变换对采集的图像进行处理，用于修正图像采集系统的系统误差和仪器位置（成像角度、透视关系乃至镜头自身原因）的随机误差。此外，由于变换后图像的像素可能被映射到原始图像的非整数坐标上，还需要使用灰度插值算法，常用的有最近邻插值、双线性插值和双三次插值。

（3）图像增强

图像增强是通过一定手段对原图像附加一些信息或变换数据，有选择地突出图像中感兴趣的特征或者抑制（掩盖）图像中某些不需要的特征，使图像与视觉响应特性相匹配，提高图像的使用价值。其主要目的是提高图像清晰度，改善其视觉效果，并将图像信息转换成更便于人眼或机器辨识的形式，以便后续的图像分析。图像增强方法分为空间域增强和频率域增强，前者是直接对图像像素灰度进行操作，具有代表性的算法有局部求平均值法和中值滤波（取局部邻域中的中间像素值）法等，它们可用于去除或减弱噪声；后者是对图像傅里叶变换后的频谱进行操作，然后通过傅里叶逆变换得到所需结果。

5.2.3 图像分割

在对图像研究和分析过程中,人们往往只对某些部分感兴趣,这些感兴趣的特定的区域被称为目标。图像分割是图像分析的第一步,其目的是将目标分离出来,图像分割是指根据灰度、彩色、空间纹理、几何形状等特征把图像划分成若干个互不相交的区域,使得这些特征在同一区域内表现出一致性或相似性,而在不同区域间表现出明显的不同。图像分割是对图像中的每个像素加标签的一个过程,这一过程使得具有相同标签的像素具有某种共同视觉特性,这样目标就从背景中分离出来了。对于灰度图像来说,区域内部的像素一般具有灰度相似性,而在区域的边界上一般具有灰度不连续性。传统的图像分割算法主要包括基于边缘检测、基于阈值检测和基于区域特性的图像分割。

(1) 基于边缘检测

基于边缘检测的图像分割试图通过检测包含不同区域的边缘来解决分割问题。边缘存在于目标与背景、目标与目标之间,通常不同区域的边界上像素的灰度值变化比较剧烈。经典的边缘提取方法是局部微分算子法,通过考察图像中各像素在某个邻域内灰度的变化,利用相邻区域的像素值不连续的性质,采用一阶或者二阶导数变化规律来检测边缘点。边缘点对应于一阶微分的极值点或二阶微分的过零点。

传统的边缘检测通过梯度算子来实现,在求边缘的梯度时,需计算每个像素的位置。常用的一阶微分算子有罗伯茨(Roberts)算子、Prewitt 算子和贝尔(Sobel)算子,二阶微分算子有拉普拉斯(Laplace)算子和 Kirsch 算子等。近年来还提出了基于曲面拟合的方法、基于边界曲线拟合的方法、基于反应-扩散方程的方法、串行边界查找法、基于变形模型的方法。

(2) 基于阈值检测

基于阈值检测的图像分割的基本思想是基于图像中目标与背景在灰度特性上的差异,通过设置合适的灰度阈值,将图像的灰度划分为连续或多个灰度区间,并将图像中每个像素的灰度值与阈值作比较,判断像素点特征属性是否满足阈值要求,从而确定该像素点是否属于目标区域。因此,该方法最为关键的一步就是按照某个准则函数来求解最佳灰度阈值。阈值分割一般要求图像的直方图具有较明显的峰和谷,并在谷底选择阈值。因此这种方法对目标和背景反差较大的图像进行分割的效果十分明显,而且总能用封闭、连通的边界定义不交叠的区域。

阈值分割分为全局阈值分割和局部阈值分割。全局阈值分割是指利用整幅图像的信息来得到分割用的阈值,并根据该阈值对整幅图像进行分割。这种方法只考虑像素本身的灰度值,一般不考虑空间特征,因而对噪声很敏感。常用的全局阈值选取方法有利用图像灰度直方图的峰谷法、最小误差法、最大类间方差法、最大熵自动阈值法以及其他一些方法。在实际应用中，物体和背景的对比度在图像中的各处通常是不同的，很难用一个统一的阈值将物体与背景分开，这时可以根据图像的局部特征分别采用不同的阈值进行分割，即采用局部阈值分割，将图像划分区域，不同区域阈值不同，利用这些阈值对各个区域依次分割。局部阈值分割复杂耗时长，但抗噪能力强。

阈值分割的优点是计算简单、运算效率较高、速度快，在算法上容易实现，在重视运算效率的应用场合，如用于硬件实现，它得到了广泛应用。它对目标和背景对比度反差较大图像分割很有效，而且总能用封闭、连通的边界定义不交叠的区域。但它不适用于多通道图像和特征值相关不大的图像，对图像中不存在明显灰度差异或各物体的灰度值范围有较大重叠的图像分割问题难以得到准确结果。

（3）基于区域特性

基于区域特性的图像分割是根据图像灰度、纹理、颜色和图像像素统计的均匀性等空间局部特征，把像素划归到各个目标或区域中，进而将图像分割成若干个不同区域的分割方法。基于区域特性提取方法有两种基本形式：一种是区域生长法，从单个像素出发，逐步合并以形成所需要的分割区域；另一种是分裂合并法，从全局出发，逐步分裂切割至所需的分割区域。实际应用中通常将两种形式结合起来。

区域生长法是根据一定的相似性原则，将图像中满足相似性原则的像素或子区域合成更大的区域，从一组代表不同生长区域的种子像素开始，将种子像素邻域里符合条件的像素合并到种子像素所代表的生长区域中，并将新添加的像素作为新的种子像素继续合并过程，直至找不到符合条件的新像素为止，该方法的关键是选择合适的初始种子像素以及合理的生长准则。

分裂合并法则是区域生长法的逆过程，从整幅图像出发，根据图像和各区域的不均匀性不断的分裂得到各个子区域，再根据毗邻区域的均匀性，将相邻子区域合成新的区域，得到需要分割的前景目标，进而实现目标的提取。分裂合并法利用了图像数据的金字塔或四叉树数据结构的层次概念，将图像划分成一组任意不相交的出视区域，根据给定的均匀性检测准则进行分裂和合并这些区域，逐步改善区域的划分。

在实际应用中通常将区域生长法和分裂合并法结合使用，该类算法对某些复杂物体定义的复杂场景的分割或者对某些自然景物的分割等类似先验知识不足的图像分割效果较为理想。

5.2.4 图像特征提取和选择

特征是某一类对象区别于其他类对象的相应（本质）特点或特性。对于图像而言，每一幅图像都具有能够区别于其他类图像的自身特征，有些是可以直观地感受到的自然特征，如亮度、边缘、纹理和色彩等；有些则是需要通过变换或处理才能得到的，如矩、直方图以及主成分等。

特征提取也是图像分析的重要一环，首先根据待识别的图像，通过计算产生一组原始特征，即特征形成。原始特征的数量很大，原始样本处在高维空间中，因而要进行特征提取，通过映射或变换的方法将高维空间中的特征用低维空间特征描述，或进行特征选择，从一组特征中挑选出最有效的特征以降低维数。

5.3 图像预处理技术

图像预处理，是将每一个文字图像分检出来交给识别模块识别，是在图像分析（对输入图像进行特征抽取、分割和匹配）前所进行的处理。因而图像预处理一般都是低层次的图像处理，即输入是数字图像，输出也是数字图像。其主要是为更好地完成后续任务做准备，如消除图像中无关的信息，去除噪声，恢复有用的真实信息，增强有关信息的可检测性和最大限度地简化数据。图像预处理主要包括图像灰度化、图像几何变换、图像增强这 3 个步骤。

5.3.1 图像灰度化

灰度图像上每个像素的颜色值又称为灰度，指黑白图像中点的颜色深度，范围一般为 0~255，白色为 255，黑色为 0。灰度值是指色彩的浓淡程度，灰度直方图是指一幅数字图像中，对应每一个灰度值统计出具有该灰度值的像素数。一个 256 级灰度的图像，如果 RGB 3 个量相同时，如，RGB（100,100,100）就代表灰度为 100，RGB（50,50,50）代表灰度为 50。

现在大部分的彩色图像都是采用 RGB 颜色模式，在处理图像时，要分别对 RGB 这 3 种分量进行处理，让像素点矩阵中的每一个像素点都满足下面的关系：R=G=B。图像灰度化处理有以下几种方式。

（1）分量法

将彩色图像中的 3 个分量的亮度作为 3 个灰度图像的灰度值，可根据应用需要选取一种灰度图像。

（2）最大值法

将彩色图像中的 3 个分量亮度的最大值作为灰度图的灰度值。

（3）平均值法

彩色图像中的 3 个分量亮度求平均得到一个灰度值。

（4）加权平均法

根据重要性及其他指标，将 3 个分量以不同的权值进行加权平均。由于人眼对绿色的敏感度最高，对蓝色敏感度最低，因此，对 RGB 这 3 个分量进行加权平均能得到较合理的灰度图像。

5.3.2 图像几何变换

包含相同内容的两幅图像可能会因为由成像角度、透视关系乃至镜头自身原因所造成的几何失真而呈现出截然不同的外观，这就给观测者或图像识别程序带来了困扰。通过适当的几何变换可以最大限度地消除这些几何失真所产生的负面影响，有利于在后续的处理和识别工作中将注意力集中在图像内容本身，更确切地说是图像中的对象，而不是该对象的角度和位置等。图像几何变换将一幅图像中的坐标位置映射到另一幅图像中的新坐标位置，不改变图像的像素值，只是在图像平面上进行像素的重新安排。一个图像几何变换需要两部分运算：首先是空间变换所需的运算，如平移、旋转和镜像等，需要用它来表示输出图像与输入图像之间像素映射关系；此外，还需要使用灰度插值算法，因为按照这种变换关系进行计算，输出图像的像素可能被映射到输入图像的非整数坐标上。

图像的平移是图像的几何变换中最简单的变换之一，它是将一幅图像上的所有点都按照给定的偏移量沿水平方向、垂直方向移动，平移后的图像大小与原图像相同。图像的缩放是指将原图像在 x 轴方向（即水平方向）按比例缩放 x 倍，在 y 轴方向（即垂直方向）按比例缩放 y 倍，从而得到一幅新图像。图像的旋转一般是指将图像围绕某一指定点旋转一定的角度，旋转通常也会改变图像的大小，可以把转出显示区域的图像截去，也可以改变输出图像的大小以扩展显示范围。图像的转置就是将横坐标与纵坐标交换位置。转置后图像宽度与高度对调。镜像变换以中线为轴，进行对称变换。

插值方式主要有最近邻插值和双线性插值。最近邻插值简单、快速，将放大后未知的像素点位置换算到原始图像上，并与原始图像上邻近的 4 个像素点做比较，最靠近的邻近点的像素值即该像素点的像素值。双线性插值较慢，将放大后未知的像素点位置换算到原始图像上，并将原始图像上邻近的 4 个像素点的灰度级别加权求和得到（权值可以采用距离进行度量，距离越近，权值越大）。在一些几何运算中，双线性插值的平滑作用会使图像的细节退化，而其斜率的不连续性则会导致变换产生不希望的结果，这些都可以通过高阶插值得到弥补，高阶插值常用卷积来实现，输出像素的值为输入图像中距离它最近的 4×4 领域内采样点像素值的加权平均值。

5.3.3 图像增强

在对图像进行边缘检测、分割等操作之前，都要对原始的图像进行增强处理，从而消除无关信息，改善图像效果，突出图像特征，便于计算机进行识别和分析。

根据图像处理所在空间的不同，可以分为基于空间域的算法和基于频率域的算法。空间域即图像本身，基于空间域的算法直接对图像的像素进行处理；基于频率域的算法是在图像的某种变换域内对图像的变换系数值进行某种修正，是一种间接增强的算法。

基于空间域的算法分为点运算算法和邻域增强算法，点运算算法即灰度级校正、灰度变换和直方图修正等，目的或使图像成像均匀，或扩大图像动态范围，扩展对比度；邻域增强算法分为图像平滑和锐化两种，平滑一般用于消除图像噪声，但是也容易引起边缘的模糊，锐化的目的在于突出物体的边缘轮廓，便于目标识别。

（1）点运算算法

灰度变换可调整图像的灰度动态范围或图像对比度，是图像增强的重要手段之一。灰度变换主要针对独立的像素点进行处理，通过改变原始图像数据所占据的灰度范围而使图像在视觉上得到良好的改变。如果选择的灰度变换函数不同，即使是同一图像也会得到不同的结果。因此，选择灰度变换函数应该根据图像的性质和处理的目的来决定。选择的标准是经过灰度变换后，像素的动态范围增加，图像的对比度扩展，使图像变得更加清晰、细腻，容易识别。灰度变换法按映射函数可以分为线性变换和非线性变换。在曝光度不足或过度的情况下，图像灰度可能会局限在一个很小的范围内，在显示器上看到的将是一个模糊不清、没有灰度层次的图像。线性变换，即用一个线性单值函数，对图像内的每一个像素做线性扩展，将有效地改善图像视觉效果。非线性变换是指制定非线性函数进行灰度变换，典型的非线性变换函数有幂函数、对数函数、指数函数、阈值函数、多值量化函数、窗口函数等。

灰度直方图反映了数字图像中每一灰度级与其出现频率间的关系，它能描述该图像的概貌。通过修改直方图的方法增强图像是一种实用而有效的处理技术。直方图修正的目的是使修正后的图像的灰度间距拉开或者图像灰度分布均匀，从而增大反差，使图像细节清晰。其方法主要有直方图均衡化和直方图规定化。直方图均衡化是将原图像通过某种变换，得到一幅灰度直方图为均匀分布的新图像。而在某些情况下，并不一定需要具有均衡直方图的图像，有时需要具有特定的直方图的图像，以便能够增强图像中某些灰度级。直方图规定化方法就是针对上述思想提出来的，是使原图像灰度直方图变成规定形状的直方图而对图像作修正的增强方法。

（2）邻域增强算法

图像平滑的主要目的是减少图像噪声。实际应用中采集到的图像通常受到干扰而含有噪声，噪声和信号交织在一起，若平滑不当，会导致图像本身细节模糊不清，使得图像降质。图像平滑总是要以一定的细节模糊为代价的，因而既要平滑噪声又要保持图像细节，是研究的主要问题之一。空间域平滑方法主要有均值滤波和中值滤波。均值滤波采用线性的方法，平均整个窗口范围内的像素值。均值滤波本身存在着固有的缺陷，即它不能很好地保护图像细节，在图像去噪的同时也破坏了图像的细节部分，从而使图像变得模糊，不能很好地去除噪声点。均值滤波对高斯噪声表现较好，对椒盐噪声表现较差。中值滤波采用非线性的方法，它在平滑脉冲噪声方面非常有效，同时可以保护图像尖锐的边缘，选择适当的点来替代污染点的值，所以处理效果好，对椒盐噪声表现较好，但对高斯噪声表现较差。

图像锐化的目的是突出图像的边缘信息和线条，加强图像的轮廓特征，使图像的边缘、细节、轮廓变得清晰，便于人眼的观察和机器的识别。常用算法有梯度法、算子、高通滤波、掩模匹配法、统计差值法等。Sobel 算子利用滤波算子的形式来提取边缘。x、y 方向各用一个模板，两个模板组合起来构成一个梯度算子。x 方向模板对垂直边缘影响最大，y 方向模板对水平边缘影响最大。Sobel 算子检测方法对灰度渐变和噪声较多的图像处理效果较好，Sobel 算子对边缘定位不是很准确，图像的边缘不止一个像素，当对精度要求不是很高时，是一种较为常用的边缘检测方法。Robert 算子是一种梯度算子，它用交叉的差分表示梯度，是一种利用局部差分算子寻找边缘的算子，对具有陡峭的低噪声的图像效果最好。Prewitt 算子是加权平均算子，对噪声有抑制作用，但是像素平均相当于对图像进行低通滤波，因此 Prewitt 算子对边缘的定位不如 Robert 算子。拉普拉斯算子对噪声比较敏感，因此很少用该算子检测边缘，而是用来判断边缘像素。拉普拉斯高斯算子是一种二阶导数算子，将在边缘处产生一个陡峭的零交叉。拉普拉斯算子是各向同性的，能对任何走向的界线和线条进行锐化，无方向性，这是拉普拉斯算子区别于其他算法的最大优点。

在实际图像处理中，为了有效、快速地对图像进行处理和分析，往往需要将图像从空间域转换到变换域，并利用这种域的特性对图像进行各种快速地处理分析。频率域则是以修改图像的傅里叶变换为基础，把图像看成一种二维信号，对其进行基于二维傅里叶变换的信号增强。对于一幅图像，直流分量代表图像的平均灰度，大面积背景区域和缓慢变化部分代表低频分量，而它的边缘、细节、条约部分以及颗粒噪声都代表高频分量。采用低通滤波（即只让低频信号通过）法，可去掉图像中的噪声，起到平滑图像的增强作用，但同时也可能滤除某边界对应的频率分量，使得图像边界变模糊；采用高通滤波法，则可增强边缘等高频信号，使图像的边缘或线条变得清晰，图像得到锐化[2]。

5.4 图像特征提取与分类

图像特征提取与分类是图像处理过程中很重要的环节，对后续图像分类有着重要的影响，并且对于图像数据具有样本少、维数高的特点，要从图像中提取有用的信息，必须对图像特征进行降维处理，特征提取与特征选择就是最有效的降维方法，其目的是得到一个反映数据本质结构、识别率更高的特征子空间。

5.4.1 原始特征提取

图像的基本特征可以分为颜色特征、形状特征、纹理特征和空间关系特征。

（1）基于颜色特征的提取方法

颜色特征是一种全局特征，描述了图像或图像区域所对应的景物的表面性质。由于颜色对图像或图像区域的方向、大小等变化不敏感，所以通过颜色特征不能很好地捕捉图像中对象的局部特征。另外，仅使用颜色特征查询时，如果数据库很大，常会将许多不需要的图像也检索出来。基于颜色特征的提取方法包含：颜色直方图、颜色集、颜色矩、颜色聚合向量和颜色相关图。其中，颜色直方图是最常用的表达颜色特征的方法，其优点是不受图像旋转和平移变化的影响，进一步借助归一化还可不受图像尺度变化的影响，其缺点是没有表达出颜色空间分布的信息；颜色集，是对颜色直方图的一种近似，其将图像表达为一个二进制的颜色索引集；颜色矩，其将图像中任何的颜色分布用它的矩来表示。

（2）基于形状特征的提取方法

基于形状特征的提取方法都可以比较有效地利用图像中感兴趣的目标来进行检索，但也存在一些问题，例如当目标有变形时检索结果就不太可靠，且许多形状特征仅描述了目标的局部特征，对全面描述目标有较高的时间和空间要求等。基于形状特征的提取方法有：基于边界的，例如 Hough 变换、傅里叶变换等；基于区域的，例如矩不变量、几何矩特征、转动惯量等；其他方法，例如有限元法、旋转函数和小波描述符等。

（3）基于纹理特征的提取方法

纹理特征也是一种全局特征，它描述了图像或图像区域所对应景物的表面性质。作为一种统计特征，纹理特征常具有旋转不变性，并且对于噪声有较强的抵抗能力。但纹理只是一种物体表面的特性，无法完全反映出物体的本质属性，因此仅利用纹理特征无法获得高层次图像内容，且纹理特征还有一个很明显的缺点是当图像的分辨率变化时，所计算出来的纹理可能会有较大偏差。常用的基于纹理特征的提取方法有：基于统计的灰度共生矩阵和能量谱函数法；几何法，例如基于图像基元的结构化方法；模型法，以图像的构造模型为基础，采用模型参数作为纹理特征，典型的方法有随机场模型法；信号处理法，例如小波变换等。

（4）基于空间关系特征的提取方法

空间关系，是指图像中分割出来的多个目标之间的相互的空间位置或相对方向关系，这些关系可分为连接/邻接关系、交叠/重叠关系和包含/包容关系等。提取图像空间关系特征可以有两种方法：一种方法是首先对图像进行自动分割，划分出图像中所包含的对象或颜色区域，然后根据这些区域提取图像特征，并建立索引；另一种方法则简单地将图像均匀地划分为若干规则子块，然后对每个图像子块提取特征，并建立索引。

空间关系特征的使用可加强对图像内容的描述区分能力，但空间关系特征常对图像或目标的旋转、反转、尺度变化等比较敏感。另外，实际应用中，仅仅利用空间信息往往是不够的，不能有效准确地表达场景信息。

上述特征提取方法是图像特征的初步获取，其各有利弊。针对不同的实际问题，可选择适当的图像特征提取方法。但仅用单一的特征来进行图像检索或匹配，其结果准确度不高，为了提高准确度，有人提出了多特征融合的图像检索或匹配技术。

5.4.2 特征降维

为进一步减少数据过拟合的风险，可以对数据进行特征提取，尽可能多地保持相关信息的情况下，对数据进行压缩，将原始数据集变换为一个维度更低的新的特征子集。特征提取方法可分为两种：主成分分析（Principal Component Analysis，PCA）和线性判别分析（Linear Discriminant Analysis，LDA）。

PCA 的目的是找到高维数据中的主成分，并利用"主成分"数据表征原始数据，从而达到降维的目的。数据在主成分方向具有最大可分性和最近重构性。其中最大可分性可以理解为我们希望降维过后的数据不影响后续我们对其的分类处理，其数据特征的差异性仍然足够强，也即方差最大；最近重构性可以理解为我们希望降维过后的数据仍然保留其主要的特征，也即数据样本点到这个超平面的距离和最小。

已知一组去中心化的数据 $x=\{x_1,x_2,\cdots,x_n\}$，其中向量 x_i 在超平面 W 上的投影是 $x_i^T W$，投影后的方差为

$$D(x)=\frac{1}{n}\sum_{i=1}^{n}(x_i^T W)^2 \tag{5-8}$$

展开之后可以得到

$$D(x)=\frac{1}{n}\sum_{i}^{n}W^T x_i x_i^T W \tag{5-9}$$

样本的协方差矩阵为

$$C=\frac{1}{n}\sum_{i}^{n}x_i x_i^T = XX^T \tag{5-10}$$

优化的目标是使同一维度的方差最大，本质上就等于最大化该降维后样本的协方差矩阵的迹，前提是 W 正交的。

$$\max \ \mathrm{tr}(W^\mathrm{T} C W) \tag{5-11}$$

$$\mathrm{s.t.} \ W^\mathrm{T} C W = I \tag{5-11a}$$

引入拉格朗日乘子法得到

$$f(W) = \mathrm{tr}(W^\mathrm{T} C W) + \lambda(W^\mathrm{T} W - I) \tag{5-12}$$

求导后，

$$\frac{\partial f}{\partial W} = \frac{\mathrm{tr}(W^\mathrm{T} C W)}{\partial W} + \lambda \frac{\partial(W^\mathrm{T} W)}{\partial W} = 0 \tag{5-13}$$

根据矩阵迹求导的性质可得

$$CW = \lambda W \tag{5-14}$$

此时，

$$D(x) = W^\mathrm{T} C W = W^\mathrm{T} \lambda W = \lambda \tag{5-15}$$

因此，x 投影后的方差就是协方差矩阵的特征值，而最大方差就是协方差矩阵最大的特征值，最佳投影方向就是最大特征值所对应的特征向量。

LDA 是数据挖掘领域中比较经典的一种有监督的算法。从降维的层面考虑，其也是在寻找一个投影矩阵，使得投影之后数据样本，同类的接近，而不同类的远离。LDA 的中心思想就是最大化类间距离以及最小化类内距离。

定义两个样本 C_1 和 C_2，均值分别为 μ_1 和 μ_2，投影方向为 w，则投影后两个样本之间的距离就可表示为

$$D(C_1, C_2) = \left\| w^\mathrm{T}(\mu_1 - \mu_2) \right\|_2^2 \tag{5-16}$$

投影后样本的方差为

$$\mathrm{Var}(C_1') = \sum_{x \in C_1} (w^\mathrm{T} x - w^\mathrm{T} \mu_1)^2 \tag{5-17}$$

$$\mathrm{Var}(C_2') = \sum_{x \in C_2} (w^\mathrm{T} x - w^\mathrm{T} \mu_2)^2 \tag{5-18}$$

优化目标为

$$J(w) = \frac{D(C_1, C_2)}{\mathrm{Var}(C_1') + \mathrm{Var}(C_2')} \tag{5-19}$$

整理可得

$$J(w) = \frac{w^T(\mu_1 - \mu_2)(\mu_1 - \mu_2)^T w}{\sum_{x \in C_i} w^T(x - \mu_i)(x - \mu_i)^T w} \quad (5-20)$$

分别定义类间散度矩阵 $S_w = \sum_{x \in C_i}(x - \mu_i)(x - \mu_i)^T$，以及类内散度矩阵 $S_b = (\mu_1 - \mu_2)(\mu_1 - \mu_2)^T$，优化目标可以简化为

$$\max J(w) = \frac{w^T S_b w}{w^T S_w w} \quad (5-21)$$

最大化 $J(w)$ 只需对 w 求偏导，并令导数等于 0，得到

$$(w^T S_w w)S_b w = (w^T S_b w)S_w w \quad (5-22)$$

代入式（5-20）可得

$$S_b w = \lambda S_w w \quad (5-23)$$

其中，$\lambda = J(w)$，整理得到

$$S_w^{-1} S_b w = \lambda w \quad (5-24)$$

最大化的目标就对应了矩阵 $S_w^{-1} S_b$ 的最大特征值，而投影方向就是这个特征值对应的特征向量。

对比上述两种特征提取的方法，PCA 为非监督降维，LDA 为有监督降维；PCA 希望投影后的数据方差尽可能的大（最大可分性），因为其假设方差越多，则所包含的信息越多；而 LDA 则希望投影后相同类别的组内方差小，而组间方差大。LDA 能合理运用标签信息，使得投影后的维度具有判别性，不同类别的数据尽可能地分开。两种方法均可以用于语音识别和脸部特征识别中。

5.4.3 特征选择

特征选择也是降低特征空间维数的一种基本方法，它是用计算的方法从一组给定的特征中选出能够有效识别目标的最小特征子集。与特征提取最本质的区别就是特征提取主要是从原特征空间到新特征空间的一种变换，特征提取到的子特征会失去对类别原有主观意义的具体解释，而特征选择可以保持对这种具体意义的解释。特征选择的基本步骤可以分为：候选特征子集的生成（搜索策略）、子集评价（评价准则）、停止准则和结果验证。根据搜索策略和评价准则的不同，特征选择方法可以分为两大类。

（1）按搜索策略分类

按搜索策略分类，特征选择方法可以分为：基于全局寻优的分支定界法、基于启发式搜索的方法和随机搜索方法。

基于全局寻优的分支定界法是一种从包含所有候选特征开始，逐步去掉不被选中的特征的自顶向下的方法，具有回溯的过程，能够考虑到所有可能的组合。其基本思想是：设法将所有可能的特征组合构建成一个树状结构，按照特定的规律对树进行搜索，使得搜索过程尽可能早的达到最优解而不必遍历整棵树。要做到这一点必须要求准则判据对特征具有单调性，且当处理高维数据时，基于全局寻优的分支定界法复杂度较高，因此很难广泛使用。

在很多情况下，即使采取基于全局寻优的分支定界法，全局寻优的计算量可能仍然很大，因此提出了一些基于启发式搜索的方法：单独最优特征组合、序列前向选择（Sequential Forward Selection，SFS）、广义序列前向选择（Generalized Sequential Forward Selection，GSFS）、序列后向选择（Sequential Backward Selection，SBS）、广义序列后向选择（Generalized Sequential Backward Selection，GSBS）、增 1 去 r 选择、广义的增 1 去 r 选择、浮动搜索和浮动广义序列后向选择（Floating Generalized Sequential Backward Selection，FGSBS）等。

随机搜索方法在计算中将特征选择问题与遗传算法、模拟退火算法、粒子群优化算法，随机森林或一个随机重采样过程结合起来，以概率推理和采样过程作为算法基础，基于分类估计的有效性，在算法运行过程中对每个特征赋予一定的权重，再根据给定的或自适应的阈值对特征的重要性进行评价。例如，Relief 及其扩展算法就是一种典型的根据权重选择特征的随机搜索方法，它能有效去掉无关特征，但不能去除冗余特征，且只能用于两类分类问题。

（2）按评价准则分类

按评价准则分类，特征选择方法依据是否独立于后续的学习算法可分为过滤（Filter）式、封装（Wrapper）式和嵌入（Embedded）式 3 种。Filter 式独立后续学习算法，直接利用训练数据的统计特性来评估特征。Wrapper 式利用学习算法的训练准确率来评价特征子集。Embedded 式结合了 Filter 式和 Wrapper 式。

Filter 式的特征选择方法一般使用评价准则来使特征与类间的相关性最大，特征间的相关性最小。Filter 式可以很快排除很多不相关的噪声特征，缩小优化特征子集搜索的规模，计算效率高，通用性好，可用作特征的预筛选器。但当特征和分类器息息相关时，该方法不能保证选择出一个优化特征子集，即使能找到一个满足条件的优化子集，其计算规模也比较大。根据评价函数可分为 4 类。

① 基于距离度量。

常用的距离度量有：欧氏距离、闵可夫斯基（Minkowski）距离、切比雪夫（Chebyshev）距离和平方距离等。

② 基于信息度量。

常用信息度量有：信息增益与互信息。信息增益可以有效地选出关键特征，剔除无关特征。

③ 基于依赖性度量。

该方法利用一些统计相关系数,如皮尔逊(Pearson)相关系数、费希尔(Fisher)得分、方差得分、t 检验、秩和检验或希尔伯特–施密特(Hilbert-Schmidt)依赖性准则等来度量特征相对于类别可分离性间的重要性程度。有研究者提出了一种基于稀疏表示的特征选择方法,且在人脸图像聚类实验中取得了较好的结果。

④ 基于一致性度量。

该方法的思想是寻找全集有相同区分能力的最小子集,尽可能保留原始特征的辨识能力。它具有单调、快速、去除冗余和不相关特征、处理噪声等优点,但其对噪声数据敏感,且只适合处理离散特征。

Wrapper 式依据选择子集最终被用于构造分类模型,把特征选择算法作为学习算法的一个组成部分,直接使用训练结果的准确率作为特征重要性程度的评价标准。该方法在速度上要比 Filter 式慢,但它所选的优化特征子集规模相对要小得多,非常有利于关键特征的辨识;同时其准确率比较高,但泛化能力较差,时间复杂度较高。

关于 Wrapper 式的研究也比较多,例如:张戈等[2]提出的 ABC-CRO 算法就是基于 Wrapper 框架。Hsu 等[3]用决策树来进行特征选择,采用遗传算法来寻找使得决策树分类错误率最小的一组特征子集。Chiang 等[4]将 Fisher 判别分析与遗传算法结合,用于化工故障过程中辨识关键变量,其效果也不错。Guyon 等[5]利用支持向量机的分类性能衡量特征的重要性,最终构造了一个分类性能较高的分类器。Michalak 等[6]提出了一种基于相互关系的双重策略的 Wrapper 特征选择方法快速特征子集(Fast Feature Subset Ranking,FFSR),以特征子集作为评价单位,以子集收敛能力作为评价标准。戴平等[7]提出了一种基于支持向量机(Support Vector Machine,SVM)的快速特征选择方法。

针对 Filter 式和 Wrapper 式的利弊,提出了 Embedded 式的特征选择方法,该方式先用 Filter 式初步去掉无关或噪声特征,只保留少量特征,减少后续搜索规模,然后再用 Wrapper 式进一步优化,选择分类准确率最高的特征子集。

Filter 式效率高,尤其是基于排序的算法,它适合各种数据类型,因为基于距离、一致性度量、依赖性和信息论的评价准则都可套用该框架。Wrapper 式选择的子集性能较优,它是搜索策略和学习器结合使用的,性能好坏和搜索策略、学习器息息相关。若是选用序列搜索方式,则时间复杂度高,易发生过拟合,不适合高维数据且只能获取局部最优解;随机搜索方式可以用于高维数据并且获得近似最优解,但降维效果会差一些。Embedded 式数量较少,这取决于学习器的特性,某些学习器天然具有特征选择的功能。Embedded 式效率高,特征子集性能优异但只针对其本身,且易出现过拟合。

5.5 机器学习与深度学习方法

机器视觉领域的核心问题之一就是目标检测，它的任务是找出图像中所有感兴趣的目标（物体），确定其位置和大小。目标检测可以采用机器学习方法，随着深度学习方法的兴起，网络可实现端到端的训练。

5.5.1 机器学习方法

（1）HOG+SVM 方法

梯度直方图特征（Histogram of Oriented Gradient，HOG）[8]是一种对图像局部重叠区域的密集型描述符，它通过计算局部区域的梯度方向直方图来构成特征。HOG 是应用在计算机视觉和图像处理领域，用于目标检测的特征描述器。

图像的梯度直方图，具体来说就是梯度方向的分布图，因为我们更加关注图像上的形状和纹理。为了观察这些梯度的空间分布，需要把图像分成网格，并由此计算多个直方图。HOG 的基本思路是首先将图像分成小的连通区域，我们将这些小的连通区域叫作细胞单元。然后采集细胞单元中各像素点的梯度或边缘的方向直方图。最后把这些直方图组合起来就可以构成特征描述器。

HOG 的优点有：HOG 表示的是边缘（梯度）的结构特征，因此可以描述局部的形状信息；位置和方向空间的量化一定程度上可以抑制平移和旋转带来的影响；采取在局部区域归一化直方图，可以抵消光照变化带来的部分影响。由于一定程度忽略了光照颜色对图像造成的影响，使得图像所需要的表征数据的维度降低了。而且由于它这种分块分单元的处理方法，也使得图像局部像素点之间的关系可以很好地得到表征。HOG 的缺点有：速度慢，实时性差；难以处理遮挡问题。

SVM 是常见的一种判别方法。在机器学习领域，是一个有监督的学习模型，通常用来进行模式识别、分类以及回归分析，在行人检测中可以用作区分行人和非行人的分类器。SVM 使用铰链损失函数计算经验风险并在求解系统中加入了正则化项以优化结构风险，是一个具有稀疏性和稳健性的分类器[9]。SVM 可以通过核方法进行非线性分类，是常见的核学习方法之一。

在使用 HOG + SVM 进行行人检测时，HOG 特征的提取可以用图 5-6 所示的流程表示：颜色空间的归一化是为了减少光照以及背景等因素的影响；划分检测窗口成大小相同的细胞单元，并分别提取相应的梯度信息；组合相邻的细胞单元中相互有重叠的块，这样能有效地利用重叠的边缘信息，以统计整个块的直方图；对每个块内的梯度直方图进行归一化，从而进一步减少背景颜色及噪声的影响；最后将整个窗口中所有块的 HOG 特征收集起来，并使用特征向量来表示其特征。

在这一过程中,不同尺度的参数模板、梯度方向的选择、重叠块及单元格的大小还有归一化因子等因素都会影响最终的检测结果。最终通过 SVM 分类器分离出正确的行人目标。我们对图像的各个像素点进行采集,得到边缘的方向直方图,根据直方图的信息就可以描述图片的特征。

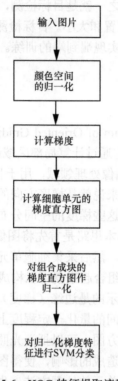

图 5-6 HOG 特征提取流程

(2)区分训练的可变形零件模型(Discriminatively Trained Deformable Part Models,DPM)[10]

DPM 采用了改进后的 HOG 特征、SVM 分类器和滑动窗口检测思想,针对目标的多视角问题,采用了多组件的策略,针对目标本身的形变问题,采用了基于图结构的部件模型策略。此外,将样本所属的模型类别,部件模型的位置等作为潜变量,采用多示例学习来自动确定。

该模型包含了一个 8×8 分辨率的根滤波器(图 5-7(a))和 4×4 分辨率的组件滤波器(图 5-7(b))。其中,图 5-7(b)的分辨率为图 5-7(a)的分辨率的 2 倍,并且根滤波器的大小是组件滤波器的 2 倍,因此,看的梯度会更加精细。图 5-7(c)所示为组件滤波器高斯滤波后的 2 倍空间模型。

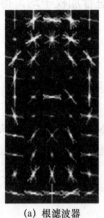 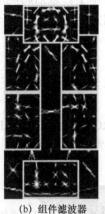 

(a) 根滤波器　　　　　(b) 组件滤波器　　　(c) 组件滤波器高斯滤波后的2倍空间模型

图 5-7　DPM

响应值得分公式如下。

$$\text{score}(x_0, y_0, l_0) = R_{0,l_0}(x_0, y_0) + \sum_{i=1}^{n} D_{i,l_0-\lambda}(2(x_0, y_0) + v_i) + b \quad (5\text{-}25)$$

其中：x_0、y_0、l_0 分别为锚点的横坐标、纵坐标和尺度；$R_{0,l_0}(x_0, y_0)$ 为根模型的响应分数；$D_{i,l_0-\lambda}(2(x_0, y_0) + v_i)$ 为部件模型的响应分数；b 为不同模型组件之间的偏移系数，加上这个偏移量使其与根模型进行对齐；$2(x_0, y_0)$ 表示组件模型的像素为原始的 2 倍；v_i 为锚点和理想检测点之间的偏移系数。

部件模型的详细响应得分公式为

$$D_{i,l}(x, y) = \max_{\text{d}x, \text{d}y}(R_{i,l}(x+\text{d}x, y+\text{d}y) - d_i\phi_d(\text{d}x, \text{d}y)) \quad (5\text{-}26)$$

其中：x、y 为训练的理想模型的位置；$R_{i,l}(x+\text{d}x, y+\text{d}y)$ 为组件模型的匹配得分；$d_i\phi_d(\text{d}x, \text{d}y)$ 为组件的偏移损失得分；d_i 为偏移损失系数；$\phi_d(\text{d}x, \text{d}y)$ 为组件模型的锚点和组件模型的检测点之间的距离。

综上所述，组件模型的响应越高，各个组件和其相应的锚点距离越小，则响应分数越高，越有可能是待检测的物体。

DPM 首先采用 HOG 进行特征的提取，但是又有别于 HOG。在 DPM 中，只保留了 HOG 中的细胞，对于任意一张输入图像，首先提取其 DPM 特征图，然后将原始图像进行高斯金字塔上采样，最后提取其 DPM 特征图。对原始图像的 DPM 特征图和训练好的根滤波器进行卷积操作，从而得到根滤波器的响应图。对 2 倍图像的 DPM 特征图和训练好的组件滤波器进行卷积操作，从而得到组件滤波器的响应图，然后对其精细高斯金字塔进行下采样操作。这样根滤波器的响应图和组件滤波器的响应图就具有相同的分辨率了。最后将响应图进行加权平均,得到最终的响应图。亮度越大表示响应值越大。

5.5.2 深度学习方法

基于深度学习的目标检测方法可以分为两大类:基于候选区域(两阶段)和基于回归(单阶段)的目标检测方法。

对于两阶段的代表方法有 Faster RCNN[11]。Faster RCNN 由 RCNN 和 Fast RCNN 发展而来。Faster RCNN 可以分为 4 个主要内容,其流程如图 5-8 所示。

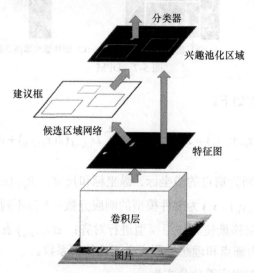

图 5-8 Faster RCNN 流程

① 卷积层。作为一种 CNN 网络目标检测方法,Faster RCNN 首先使用一组基础的卷积+激活层+池化层提取图像的特征图。该特征图被共享用于后续候选区域网络(Region Proposal Network,RPN)层和全连接层。

② RPN 用于生成区域建议框。该层通过 softmax 逻辑回归判断锚框属于前景或者背景,再利用边界框回归修正锚框获得精确的建议框。

③ 兴趣池化区域。该层收集输入的特征图和建议框,综合这些信息后提取建议特征图,送入后续全连接层判定目标类别。

④ 分类器。利用建议特征图计算建议框的类别,同时再次边界框回归获得检测框最终的精确位置。

同样属于两阶段的方法还有 Mask-RCNN[12],该方法将网络中涉及特征图尺寸变化的环节都不使用取整操作,而是通过双线性差值来填补非整数位置的像素。这使得下游特征图向上游映射时没有位置误差,不仅提升了目标检测效果,还使得该方法能满足语义分割任务的精度要求。

  先前的检测系统使用分类器对测试图像的不同切片进行评估。例如：机器学习方法中的可变形部件模型（Deformable Parts Model，DPM）涉及在图像中均匀间隔的位置上滑动窗口并在这些部件上运行分类器；两阶段的基于区域的卷积神经网络（Region-based Convolutional Neural Networks，R-CNN）是另一种模型，它运行一种分割算法将一幅图像分割成一个个小块，然后在这些小块上运行一个分类器，但是，该方法速度慢，优化困难。

  鉴于此，单阶段方法如 YOLO[13]（You Only Look Once，你只需看一次）应运而生。YOLO 将对象检测重新定义为一个回归问题。它将单个卷积神经网络应用于整个图像，将图像分成网格，并预测每个网格的类概率和边界框，如图 5-9 所示。例如，以一个 100×100 的图像为例。我们把它分成网格，比如 7×7。然后，对于每个网格，网络都会预测一个边界框和与每个类别（汽车、行人、交通信号灯等）相对应的概率。每个边界框可以使用 4 个描述符进行描述：边界框的中心、高度、宽度和值映射到对象所属的类。此外，该方法还可以预测边界框中存在对象的概率。如果一个对象的中心落在一个网格单元中，则该网格单元负责检测该对象。每个网格中将有多个边界框，但是，在训练时，我们希望每个对象只有一个边界框，因此，我们根据哪个边界框与真值框的重叠度最高，从而分配一个边界框来负责预测对象。最后，我们对每个类的对象应用一个称为"非最大抑制（Non Max Suppression）"的方法来过滤出"置信度"小于阈值的边界框。这为我们提供了图像预测。同属于单阶段的方法还有 SSD[14]方法。

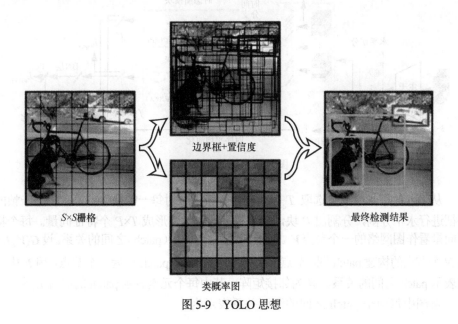

图 5-9 YOLO 思想

5.6 应用实例

5.6.1 车辆与行人识别和跟踪

行人重识别（Person Re-Identification，ReID）技术是现在计算机视觉研究的热门方向，主要解决跨摄像头跨场景下行人的识别与检索。该技术能够根据行人的穿着、体态、发型等信息认知行人，与人脸识别结合能够适用于更多新的应用场景，将人工智能的认知水平提高到一个新阶段。

如何有效地克服视觉上相似负样本的遮挡问题和视觉歧义问题仍然是一个非常具有挑战性的问题。观察到视频的不同帧之间可以提供互补信息，行人的结构信息可以为外观特征提供额外的区分线索，一个新的时空图卷积网络（Spatial-Temporal Graph Convolutional Network，STGCN）被提出[15]。STGCN包括两个 GCN 分支：空间分支和时间分支。空间分支提取人体的结构信息，时间分支从相邻帧中挖掘判别线索。用于联合优化这些分支，模型提取了与外观信息互补的鲁棒时空信息。

STGCN 结构如图 5-10 所示，最上层是时间分支，用于从相邻帧的小块中提取时间线索。中层是空间分支，用于对小块的空间关系建模。底层是全局分支，用于提取行人外观特征。

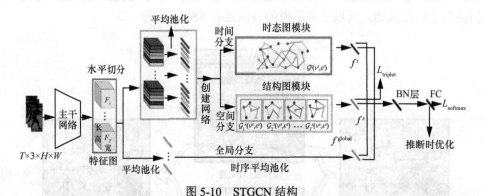

图 5-10 STGCN 结构

从输入的视频序列里选取 T 帧，使用主干网络对每一帧提取特征，将每一帧的特征进行水平分割，分割出 P 块，再进行平均池化，形成 $T\times P$ 个特征向量。每个特征向量看作图网络的一个节点 V。使用 GCN 来建模块（patch）之间的关系。设 $G(V,E)$ 为 N 个节点的构建 patch 图，节点 V 和边 E 将每一个 patch 视为一个节点，用 E 中的边表示 patch 之间的关系。A 为邻接矩阵，其中每个元素表示 patch 的成对关系。

将图中每两个 patch 之间的两两关系表示为

$$e(\boldsymbol{x}_i, \boldsymbol{x}_j) = \phi(\boldsymbol{x}_i)^{\mathrm{T}} \phi(\boldsymbol{x}_j) \quad (5\text{-}27)$$

其中，ϕ 是对原有 patch 特征的对称转换，ϕ 可以表示为 $\phi = \boldsymbol{wx}$。参数 w 是一个 $d \times d$ 维权重，可以通过反向传播学习。通过添加这样的变换，可以自适应地选择和学习帧内或不同帧之间不同面片的相关性。

我们可以构建与 G 相关的邻接矩阵 A，它是 GCN 的关键组成部分，因为每个元素 A_{ij} 都反映了节点 $\boldsymbol{x}_i$ 和节点 $\boldsymbol{x}_j$ 的关系。但考虑到以下两点：

① 对于邻接矩阵的每一行，所有的边值（即连接到 patch 的边）之和应为 1。
② 邻接矩阵的每个元素都是非负的，系数应该在（0,1）的范围内。

因此，要对邻接矩阵 A 的每一行进行归一化处理。

视频中不同帧的 patch 可以提供互补的信息，以缓解遮挡和噪音造成的问题。在此模型中，时间图卷积网络（Temporal Graph Convolutional Network，TGCN）模型被设计用来捕获不同帧间 patch 之间的时间动态关系。为了提取时间信息，将所有节点以及边关系组成一个图网络进行图卷积，对输出进行最大池化输出一个一维向量作为时间信息表示。为了提取空间信息，对每一张图像都进行图卷积，分别输出一个一维向量，最后按时间顺序拼接起来作为空间信息。

模型由全局分支、时间分支和空间分支组成。全局分支为每个视频特征提取全局的外观特征。带有 TGCN 的时间分支在不同帧间建立 patch 的时间关系模型，用于学习时间信息，可以为其他 patch 提供互补信息。带有空间图卷积网络（Spatial Graph Convolutional Network，SGCN）的空间分支用来建模每一帧的空间关系，以提供结构信息。采用批处理硬三重损失函数和软最大交叉熵损失函数对网络进行训练，SGCN 结果如图 5-11 所示。

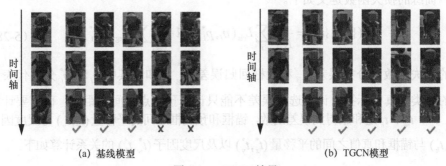

图 5-11　SGCN 结果

利用车载传感器对车辆目标进行识别和跟踪，是实现自动驾驶功能最重要的任务之一。基于图像实例分割，能分割出不同对象。本书介绍一种基于图像实例分割的行人车辆检测识别方法[16]，其主要采用 Mask-RCNN 模型。

该方法主要采用 Mask-RCNN 模型进行检测，而 Mask-RCNN 模型是在 RCNN 的基础上添加区域锚点和区域子网选取以及掩码生成支路，以此完成端到端检测、分类和实例分割任务。RCNN 的检测识别图像核心的算法就是区域选取，可以挑选输入图像中目标存在可能性最高的区域作为输出。区域选取在 RCNN 中的作用与位置，如图 5-12 所示。

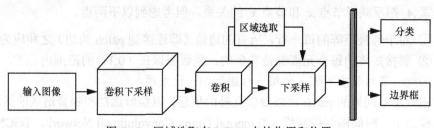

图 5-12　区域选取在 RCNN 中的作用和位置

由于目标几何尺寸的差异很大，道路上人与车辆的长宽比都不相同，因此要精确识别需要网络能够适应不同几何尺寸的目标。采用锚点机制，给出多种不同的长宽比、不同尺寸的窗口，进行定位。这里介绍的算例，在 Mask-RCNN 设计中，以 16×16 的正方形为基础窗，并提供 3 种缩放倍数，分别为 8、16、32 倍，以及 3 种不同长宽比，即 1:1、2:1、1:2，可得到 9 种不同几何尺寸的锚点。

掩码分支是生成掩码，采用 7×7 和 14×14 的特征图，并用全连接的方法对图像的像素进行逐个分类预测，从而完成实例分割的功能。选择合适的边框 IoU 值（预测选框和选框真值的覆盖率），这里假设 IoU>0.7 判定预选框有目标，IoU<0.3，判定预选框无目标。

训练的损失函数定义如下。

$$L(\{p_i\},\{t_i\}) = \frac{1}{N_{cls}} \sum_i L_{cls}(p_i, p_i^*) + \lambda \frac{1}{N_{reg}} \sum_i L_{reg}(t_i, t_i^*) \quad (5\text{-}28)$$

总的损失函数为分类误差 L_{cls} 和边框回归误差 L_{reg} 之和。其中 p_i 和 p_i^* 分别代表预测的分类和真值标签，计算选框误差不能只计算预测点之间的距离，而需要计算 t_x、t_y、t_w、t_h 之和来得到误差函数，锚框和预测框之间的平移量 (t_x, t_y) 与尺度因子 (t_w, t_h) 与锚框和真值之间的平移量 (t_x^*, t_y^*) 以及尺度因子 (t_w^*, t_h^*) 的关系计算如下。

$$\begin{cases} t_x = (x - x_a)/w_a, t_y = (y - y_a)/h_a \\ t_w = \log(w/w_a), t_h = \log(h/h_a) \\ t_x^* = (x^* - x_a)/w_a, t_y^* = (y^* - y_a)/h_a \\ t_w^* = \log(w^*/w_a), t_h^* = \log(h^*/h_a) \end{cases} \quad (5\text{-}29)$$

其中，x_a、y_a、w_a、h_a 分别是锚框的中心 x、y 坐标和锚框的宽和高；对应的，x、y、w、h 分别是预测框的中心 x、y 坐标和锚框的宽和高；x^*、y^*、w^*、h^* 分别是真值的中心 x、y 坐标和锚框的宽和高。据此，Mask-RCNN 模型首先通过 RCNN 骨干网络提取输入的图像特征，其次通过区域选取网络筛选出潜在区域的目标，然后通过入兴趣区域池化，分别得到 2 048 维的特征编码和掩码生成支路，最后分别进行识别分类与掩码生成。Mask-RCNN 模型的主要流程如图 5-13 所示。

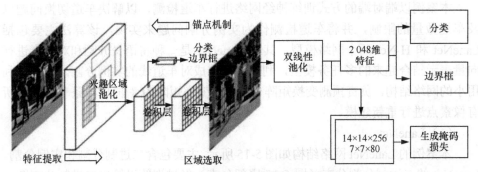

图 5-13　Mask-RCNN 模型的主要流程

COCO 数据集中有超过 12 000 张包含对象掩码注释的汽车图像。这里，该示例基于 COCO 数据对模型进行预训练，并在 KITTI 等道路视频数据集上进一步训练。在测试集上平均精确度值为 36.8，接入视频并利用帧之间的互补性对车辆召回率达到 98.4%。行人 AP^{75} 约为 35.8，平均处理时间约为 275 FPS。Mask-RCNN 模型的测试结果如图 5-14 所示，结果表明该模型适用于道路上行人和车辆图像分割。

图 5-14　Mask-RCNN 模型的测试结果

5.6.2 车道线识别

当代汽车正在整合越来越多的驾驶员辅助功能,其中包括自动车道保持功能。同时,使汽车能够在道路车道内正确定位,这对于全自动驾驶的后续车道偏离或轨迹规划决策也至关重要。为此,精确的车道检测是全自动驾驶的关键因素。本书给出一个基于摄像机的车道线检测案例[17]。

1. 辨识方法

本案例以端对端的方式训练神经网络进行车道检测,以解决车道切换问题以及车道数量的限制,并将车道检测作为实例分割问题来实现。该算法主要包括 LaneNet 和 H-Net 两个网络模型,其中 LaneNet 是一种将语义分割和对像素进行向量表示结合起来的多任务模型,利用聚类完成对车道线的实例分割。H-Net 利用小的网络结构,负责预测变换矩阵 H,使用变换矩阵 H 对同属一条车道线的所有像素点进行重新建模。

(1) LaneNet

本案例的 LaneNet 网络结构如图 5-15 所示,主要包含二进制分割和实例分割。LaneNet 的二进制分割分支(图 5-15 底部分支)经过训练以输出二进制分割图,指示哪些像素属于车道,哪些像素不属于车道。为了构建地面真假分段图,将所有地面真假车道点连接在一起,从而形成每个车道的连接线。需要说明的是,即使是在遮挡汽车等物体的情况下,或者在没有明显的可视车道线段(例如虚线或褪色的车道)的情况下,本案例也会绘制这些地面真车道。这样,即使阻塞或处于不利情况下,网络也将学会预测车道位置。使用标准的交叉熵损失函数训练分割网络。

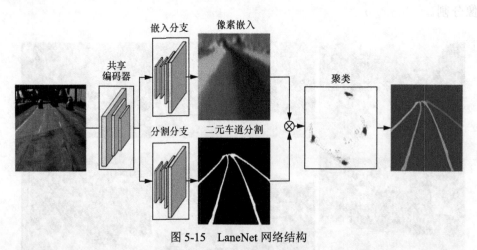

图 5-15 LaneNet 网络结构

此外,实例分割任务拆解成语义分割和聚类两部分。在设计语义分割模型时,主要考虑了以下两个方面:在构建标签时,为了处理遮挡问题,需要对被车辆遮挡的车道线和虚线进行还原（估计）；在构建损失函数时，为了解决样本分布不均衡的问题（属于车道线的像素远少于属于背景的像素），使用交叉熵，同时使用有界权重对损失进行修正。

$$W_{class} = \frac{1}{\ln(c + p(\text{class}))} \quad (5\text{-}30)$$

其中：p 为对应类别在总体样本中出现的概率；c 为超参数，这里取值为1.02。

为了区分车道线上的像素属于哪条车道，二进制分割每个像素初始化一个嵌入向量，并且在设计计算损失时，使属同一条车道线的表示向量距离尽可能小，属不同车道线的表示向量距离尽可能大。这部分的损失函数由两部分组成，方差损失 L_{var} 和距离损失 L_{dis}。

$$L_{var} = \frac{1}{C}\sum_{c=1}^{C}\frac{1}{N_c}\sum_{i=1}^{N_c}\left[\|\mu_c - x_i\| - \delta_v\right]_+^2 \quad (5\text{-}31)$$

$$L_{dis} = \frac{1}{C(C-1)}\sum_{c_A=1}^{C}\sum_{c_B=1}^{C}\left[\delta_d - \|\mu_{c_A} - \mu_{c_B}\|\right]_+^2 \quad (5\text{-}32)$$

其中，C 为车道线数量，c_A 和 c_B 分别代表两条不同的车道线，N_c 为属同一条车道线的像素点数量，μ_c 为车道线的均值向量，μ_{c_A} 和 μ_{c_B} 分别代表两条车道线的均值，x_i 为像素向量，$[x]_+ = \max(0,x)$，文中设置 δ_v=0.5，δ_d=3。

聚类可视为后处理，嵌入分支操作已经为聚类提供好了特征向量，利用这些特征向量可以采用任意聚类算法来完成实例分割的目标。为了方便聚类，本案例采用 $\delta_d > 6\delta_v$。在进行聚类时，首先使用均值漂移聚类，使得簇中心沿着密度上升的方向移动，防止将离群点选入相同的簇中；之后对像素向量进行划分：以簇中心为圆心，以 $2\delta_v$ 为半径，选取圆中所有的像素归为同一车道线。重复该像素划分步骤，直到将所有的车道线像素分配给对应的车道。

（2）H-Net

如上所述，LaneNet 的输出是每个通道的像素集合。在原始图像空间中通过这些像素拟合多项式不是理想的，因为必须诉诸高阶多项式才能应对弯曲的车道。解决此问题的一种常用方法是将图像投影到"鸟瞰"表示形式，即车道彼此平行，因此弯曲车道可以拟合 2~3 阶多项式。在这种方法中，变换矩阵 H 只被计算一次，所有的图片使用的是相同的变换矩阵，这会导致地平面（山地、丘陵）变化下的误差。为了解决这个问题，采用具有自定义损失函数的神经网络 H-Net，对网络进行端到端优化以预测变换矩阵 H 的参数，其中变换后的车道点可以最佳地拟合二阶或三阶多项式。该网络的输入是图片，输出为变换矩阵 H。

$$H = \begin{bmatrix} a & b & c \\ 0 & d & e \\ 0 & f & 1 \end{bmatrix} \tag{5-33}$$

可以看出变换矩阵 H 只有 6 个参数,因此 H-Net 的输出是一个 6 维的向量。H-Net 由 6 层普通卷积网络和一层全连接网络构成,其网络结构见表 5-1。

表 5-1 H-Net 网络结构

类型	特征数	大小	输出
Conv+BN+ReLU	16	3×3	128×64
Conv+BN+ReLU	16	3×3	128×64
Maxpool		2×2/2	64×32
Conv+BN+ReLU	32	3×3	64×32
Conv+BN+ReLU	32	3×3	64×32
Maxpool		2×2/2	32×16
Conv+BN+ReLU	64	3×3	32×16
Conv+BN+ReLU	64	3×3	32×16
Maxpool		2×2/2	16×8
Linear+BN+ReLU		1×1	1 024
Linear		1×1	6

曲线拟合过程就是通过坐标 y 去重新预测坐标 x 的过程,具体过程见表 5-2。

表 5-2 曲线拟合过程

过程	表达式
对于包含 N 个像素点的车道线,每个像素点 $p_i = [x_i, y_i, 1]^T$ 首先使用 H-Net 的预测输出 H,对其进行坐标变换	$P' = HP$
随后使用最小二乘法对三阶多项式的参数进行拟合	$\omega = (Y^T Y)^{-1} Y^T x'$
根据拟合出的参数 $\omega = [\alpha, \beta, \gamma]^T$ 预测出 x_i^*	$x_i^* = \alpha y'^2 + \beta y' + \gamma$
最后将 $x_i'^*$ 投影回去	$p_i^* = H^{-1} p_i'^*$

定义曲线拟合的损失函数如下:由于车道拟合是通过使用最小二乘法的封闭式解决方案完成的,损失是可微分的,因此可使用自动微分来计算梯度。

$$\text{Loss} = \frac{1}{N} \sum_{i=1}^{N} (x_i^* - x_i)^2 \tag{5-34}$$

第5章 视觉传感器信号处理技术

2. 参数设置及检测结果

（1）参数设置

对于LaneNet，嵌入维度设置为4，同时参数δ_v和δ_d分别设置为0.5和3。将输入的图像重新缩放至512×256，并使用优化器以8的批量大小和5×10^{-4}的学习速率训练网络，直到收敛。

对于H-Net，采用三阶多项式拟合训练，并使用尺寸为128×64的输入图像的缩放版本。该网络使用优化器进行训练，批处理大小为10，学习速率为5×10^{-5}，直到收敛。

（2）辨识结果

目前，TuSimple车道数据集是常用于测试车道检测任务上的深度学习方法的大规模数据集，包括在良好和中等天气条件下的3 626个训练图像和2 782个测试图像。借助该数据集，对算法示例进行检验。采用accuracy $=|P_t\cap G_t|/|G_t|$统计真值车道线分对的概率，其中，P_t和G_t分别代表预测和真值的车道线上的点；另外，采用FP $=(|P_t|-|P_t\cap G_t|)/|P_t|$统计估计中的车道线误检率；采用FN $=(|G_t|-|P_t\cap G_t|)/|G_t|$统计真值车道线中漏检率。通过将LaneNet与三阶多项式拟合和H-Net的变换矩阵结合使用，该案例在TuSimple挑战中获得了第4位，与LaneNet的辨识精度之间只有0.5%的差异。可视化结果如图5-16所示。综上，H-Net构建的模型对车道线检测具有较高的精度。

图5-16 可视化结果

注：第一行为真实的车道点；中间一行为LaneNet输出；最后一行为车道拟合后的最终车道预测。

5.6.3 交通标志牌识别

道路交通标志识别作为智能汽车环境感知的基础以及实现驾驶辅助系统功能的必要条件，对汽车安全性有着重要的作用，同时对实现车辆自动驾驶、完善智能交通系统、推进智慧城市等具有重要意义。交通标志牌识别（Traffic Sign Recognition，TSR）系统分为交通标志识别和车道线检测两个部分，其中交通标志识别又分为检测和识别两个步骤。车道线检测，主要包括获取图像、预处理图像和阈值分割；其次是交通标志的识别，主要包括交通标志的特征提取和交通标志的分类。当检测出交通标志之后，再提取交通标志的特征对交通标志进行分类识别。交通标志分类的方法比较多，目前主流的方法主要有基于模板匹配[18]、机器学习[19]和深度学习的方法[20]。

基于模板匹配的方法广泛应用于模式识别领域中，它的算法较为简单。将预先已知的小模板在大图像中平移来搜索子图像，通过一定的算法在大图像中找到与模板最匹配（相似）的目标，确定其坐标位置。基于模板匹配的方法的识别结果易受到图像扭曲、遮挡、损坏等影响，难以兼顾计算量和鲁棒性的要求，因此基于机器学习的方法是一种比较流行的方法。目前的方法主要是采用"人工提取特征+机器学习"，即提取一些能够表示或描述交通标志信息的特征，再结合基于机器学习的方法进行识别。常用的人工提取特征有尺度不变特征变换（Scale Invariant Feature Transform，IFT）、ORB（Oriented Fast and Rotated BRIEF）特征、Gabor 小波特征和方向梯度直方图特征。常用的机器学习分类器有 SVM、反向传播（Back Propagation，BP）神经网络、超限学习机（Extreme Learning Machine，ELM）和 K 最近邻（K-Nearest Neighbor，KNN）算法。

一种高效且快速的基于改进主成分分析（PCA）法和 ELM 的 TSR 算法，被称为 PCA-HOG[14]算法。该算法首先提取交通标志数据库中每个交通标志的梯度方向直方图特征，利用改进 PCA 对提取出的 HOG 特征进行降维处理，之后利用降维后的 HOG 特征进行 ELM 模型训练，利用经过训练的 ELM 模型识别测试图片，其算法流程如图 5-17 所示。

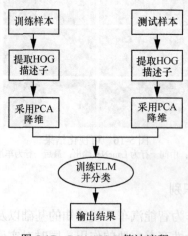

图 5-17　PCA-HOG 算法流程

目前我们主要利用 PCA-HOG 和 ELM 模型进行交通标志识别。在 ELM 模型训练阶段，首先提取包含 43 类交通标志的训练样本集的 HOG 特征，将特征保存为文本文件，其中每一行表示一个训练样本的特征，每行的第一个元素是分类识别的期望输出，也就是 43 类交通标志的类标[0,1,2,3,…,42]，剩余的是每个样本的 HOG 特征，并且 HOG 特征在训练前要进行预处理使元素归一化到区间[−1,1]；然后使用 PCA 对提取出的 HOG 特征进行降维，降维后每个训练样本的 HOG 特征组成特征矩阵 X，而矩阵 Y 代表每个训练样本的期望输出[0,1,2,3,…,42]，X 和 Y 组成的特征矩阵[Y,X]作为 ELM 的输入，经过 ELM 训练后可以得到用于识别的训练模型。在识别阶段，和训练阶段一样，先提取每一张交通标志的 HOG 特征，PCA 降维后的特征与其期望输出组成的特征矩阵 Z 作为 ELM 训练好的模型的输入，识别输出向量经过最大值操作后的输出就代表此交通标志的类别。

基于改进 PCA 和 ELM 的交通标志识别算法的识别率可达 97.69%，接近人眼的识别率。基于神经网络等识别算法的时间复杂度很高，而 PCA-HOG 算法可以大大减少的训练时间。该算法在普通配置的计算机上仅仅耗时 0.16 ms 便可识别一张交通标志，可以达到实时识别的要求。

参考文献

[1] 李卫国, 王利利, 任福华. 工业机器人基础[M]. 北京: 北京理工大学出版社, 2018.

[2] 张戈, 王建林. 基于混合 ABC 和 CRO 的高维特征选择方法[J]. 计算机工程与应用, 2019: 1-13.

[3] HSU W. Genetic wrappers for feature selection indecision tree induction and variable ordering in Bayesian network structure learning[J]. Information Sciences, 2004, 163(17): 103-122.

[4] CHIANG L H, PELL R J. Genetic algorithms combined with discriminant analysis for key variable identification[J]. Journal of Process Control, 2004, 14(2): 143-155.

[5] GUYON I, WESTON J, BARNHILL S, et al. Gene selection for cancer classification using support vector machines[J]. Machine Learning, 2002, 46(1/2/3): 389-422.

[6] MICHALAK K, KWASNICKA H. Correlation-based feature selection strategy in classification problems[J].International Journal of Applied Mathematics and Computer Science, 2006, 16(4): 503-511.

[7] 戴平, 李宁. 一种基于 SVM 的快速特征选择方法[J]. 山东大学学报: 工学版, 2010, 40(5): 60-65.

[8] DALAL N, TRIGGS B. Histograms of oriented gradients for human detection[C]//2005 IEEE Computer Society Conference on Computer Vision and Pattern Recognition. Piscataway: IEEE Press, 2005: 886-893.

[9] 周志华. 机器学习[M]. 北京: 清华大学出版社, 2016.

[10] FELZENSZWALB P F, MCALLESTER D A, RAMANAN D. A discriminatively trained, multiscale, deformable part model[C]//2008 IEEE Conference on Computer Vision and Pattern Recognition. Piscataway: IEEE Press, 2008: 1-8.

[11] REN S, HE K, GIRSHICK R B, et al. Faster RCNN: towards real-time object detection with

region proposal networks[J] IEEE Transactions on Pattern Analysis and Machine Intelligence. 2015, 39(1): 1137-1149.

[12] HE K, GKIOXARI G, DOLLÁR P, et al. Mask RCNN[J] IEEE Transactions on Pattern Analysis and Machine Intelligence, 2020, 42(1): 386-397.

[13] REDMON J, DIVVALA S, GIRSHICK B, et al. You only look once: unified, real-time object detection[C]//2016 IEEE Conference on Computer Vision and Pattern Recognition. Piscataway: IEEE Press, 2016: 779-788.

[14] LIU W, ANGUELOV D, ERHAN D, et al. SSD: single shot multibox detector [C]//European Conference on Computer Vision. Heidelberg: Springer, 2016: 21-37.

[15] YANG J, ZHENG W, YANG Q, et al. Spatial-temporal graph convolutional network for video-based person RE-identification[C]//2020 IEEE/CVF Conference on Computer Vision and Pattern Recognition. Piscataway: IEEE Press, 2020: 3286-3296.

[16] 程远航, 吴锐. 基于图像实例分割的行人车辆检测识别方法[J].信息与电脑（理论版）, 2020, 32(6): 130-132.

[17] NEVEN D, BRABANDERE B D, GEORGOULIS S, et al. Towards end-to-end lane detection: an instance segmentation approach[C]//2018 IEEE Intelligent Vehicles Symposium. Piscataway: IEEE Press, 2018: 286-291.

[18] STEFANO L D, MATTOCCIA S, TOMBARI F. ZNCC-based template matching using bounded partial correlation[J].Pattern Recognition Letters，2005，26(14)：2129-2134.

[19] 徐岩, 韦镇余. 一种改进的交通标志图像识别算法[J]. 激光与光电子学进展, 2017, 54(2): 124-131.

[20] HUANG G, ZHU Q, SIEW C. Extreme learning machine: a new learning scheme of feedforward neural networks[C]//2004 IEEE International Joint Conference on Neural Networks. Piscataway: IEEE Press, 2004: 985-990.

第 6 章
车载定位传感器信号处理技术

6.1 引言

随着车辆智能化的加速发展，导航定位技术在智能汽车上扮演着愈来愈重要的角色。智能车辆上的车载定位系统主要对车载定位传感器信号进行处理及融合，为车辆提供运动状态信息，如车身姿态、速度、位置等。精确的车辆状态信息可以为感知系统提供参考，是规划及决策系统的重要输入，也是运动控制系统正确运行的基础。因此，随着汽车智能化程度的提升，对车载导航定位系统的功能及精度要求也越来越高，车载导航定位技术也逐渐成为当前智能汽车系统的研究热点之一。本章主要介绍用于智能汽车定位系统的车载定位传感器信号，如全球导航卫星系统（Global Navigation Satellite System，GNSS）信号、轮速信号、惯性传感器信号等，并对基于这些信号的车辆定位系统进行介绍，给出智能汽车组合定位系统的应用实例。

6.2 车载定位传感器信号简介

当前应用于智能车辆上的车载定位传感器信号主要可以分为两大类，分别为绝对定位信号及相对定位信号。绝对定位信号是指可以直接通过传感器获取载体在导航坐标系下的绝对位置的传感器信号，如 GNSS 接收机解算当前位置，基于激光雷达、摄像头或车对外界（Vehicle to Everything，V2X）的信息交换技术的地图匹配及道路信标匹配以直接获取当前位置等。相对定位信号主要指测量载体相对于前一时刻的运动状态变化从而递推出当前位置与前时刻位置的相对变化量，如轮速信号、陀螺仪和加速度计等惯性传感器信号、视觉里程计、激光里程计等。本节以车载底盘传感器为主，分别介绍 GNSS 信号、轮速信号以及惯性传感器信号。

6.2.1 GNSS 信号

GNSS 是一类导航系统的总称。目前全球的导航卫星系统有美国的全球定位系统（Global Positioning System，GPS）、俄罗斯的格洛纳斯（Globall Navigation Satellite System，Glonass）、欧洲的伽利略卫星导航系统（Galileo Satellite Navigation System，Galileo）以及中国的北斗卫星导航系统（BeiDou Navigation Satellite System，BDS）。这些导航系统是由地球太空轨道中的卫星发射带有定位所需信息的无线电信号，用户端接收来自不同卫星的信号并进行解算来实现自身定位的。图 6-1 所示为 GPS 卫星在地球周围的分布示意。

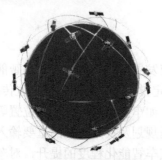

图 6-1 GPS 卫星在地球周围的分布示意

GNSS 主要包括空间段（卫星星座）、控制段（地面监控系统）以及用户段（GNSS 接收机）[1]。空间段包括多颗人造卫星，主要负责将信息广播给用户，其在多个频段上广播测距码以及导航电文等多种信号。控制段包括监测站网、注入站和控制站。监测站的位置已知，其可以测量与卫星之间的距离，并可以用来确定卫星的轨道及校正时钟，并将这些信息传送给控制站。控制站可以根据监测站传来的信息决定卫星是否需要执行变轨或其他动作，并经由注入站将信息传送给卫星。用户段一般包括天线、接收机以及信息处理器。常见的用户段如智能手机的 GNSS 定位模块，汽车、飞机、轮船等导航系统中的 GNSS 定位模块等。用户段接收空间段的广播信息，进行信息解算后得到用户的位置。图 6-2 所示为用户段用于接收信号的 GNSS 天线以及用于 GNSS 信息解算的 GNSS 板卡示例。

(a) GNSS天线　　　　　(b) GNSS板卡

图 6-2 GNSS 天线以及 GNSS 板卡示例

第 6 章 车载定位传感器信号处理技术

常见的 GNSS 板卡的输出频率一般为 1~50 Hz，也有更高输出频率的板卡。随着输出频率的增大，GNSS 板卡的价格也成倍增加，因此用于车载定位系统的 GNSS 板卡输出频率多在 1~20 Hz，考虑量产车的成本因素，在满足定位需求的情况下，选取低频率输出的 GNSS 接收机可以达到更好的成本控制。

6.2.2 轮速信号

轮速传感器通过测量车轮的旋转角速度从而确定车轮的滚动线速度。一般情况下，现如今装备有车轮防抱死系统（Anti-lock Braking System，ABS）的汽车每个车轮上均安装有轮速传感器，用于测量每个车轮的旋转角速度，如图 6-3 所示。轮速传感器的测量值可以通过车载诊断（On Board Diagnostics，OBD）接口经由控制器局域网（Controller Area Network，CAN）总线获取，目前广泛使用的轮速传感器主要分为两种，分别为磁电式轮速传感器和霍尔式轮速传感器。

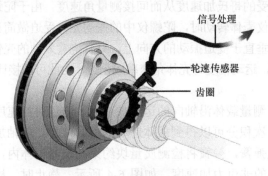

图 6-3 轮速传感器[2]

磁电式轮速传感器的工作依据是电磁感应原理，其由磁感应传感头和齿圈组成。齿圈一般与轮轴或轮毂固连，随车轮转动；磁感应传感头为静止部件，随着齿圈的转动，齿圈上的齿和间隙依次经过磁感应传感头的磁场，改变磁路的磁阻，使得传感头中的线圈产生具有一定幅值和频率的感应电势脉冲，从而反映车轮转速。磁电式轮速传感器结构简单，成本低，但其频率响应较低，且抗干扰能力较差。

霍尔式轮速传感器基于霍尔效应原理，其构成与磁电式轮速传感器类似，但其需要施加控制电流以产生磁场作为输入信号，随着齿圈的转动，磁感应强度随轮速变化，产生霍尔电势脉冲，再经由电子电路转换成标准脉冲电压，从而获取车轮的转速。其输出信号电压幅值不受转速影响，具有频率响应高的特点，且抗电磁波干扰能力强。

6.2.3 惯性传感器信号

惯性传感器一般指陀螺仪和加速度计。陀螺仪用于测量角速度，加速度计通过测量比力从而获取加速度。惯性测量单元（Inertial Measurement Unit，IMU）是将陀螺仪和/或加速度计集成在一起，用于测量多轴的角速度及加速度，有的也会同时集成磁力计、温度传感器、气压计等其他传感器。根据测量数量的不同，常见的 IMU 有三轴 IMU（仅测量三轴角速度）、六轴 IMU（测量三轴角速度和三轴加速度）以及集成了三轴磁力计的九轴 IMU 等。根据精度的不同，IMU 可分为战略级、惯导级、战术级以及速率级，受制于成本，用于量产汽车的微机电系统IMU（Micro Electro Mechanical System IMU，MEMS-IMU）一般最高只能达到战术级精度。IMU 的信号输出频率很高，一般都在 100 Hz 以上。

1. 陀螺仪

陀螺仪用于测量载体相对于惯性坐标系的角速度。根据陀螺仪的工作原理，可将陀螺仪分为机械式陀螺仪、振动式陀螺仪、光学陀螺仪等。所有的微机电系统（Micro Electro Mechanical System，MEMS）陀螺仪均为振动式陀螺仪。振动式陀螺仪的原理是检测振动元件所受的哥氏加速度从而间接测量角速度。由于陀螺仪内部元件安装轴的结构，当陀螺仪壳体转动时，陀螺仪中的振动元件受迫做简谐振动，且振动元件的运动被约束在垂直于受迫振动的方向上，只有绕输入轴的壳体转动才会在输出轴上产生振摆运动，运动幅度与壳体角速率成正比，由此可间接计算角速度。

2. 加速度计

加速度计用于测量载体沿轴向的运动加速度，通过对加速度一次积分可以得到载体的速度，二次积分可以得到载体运动的相对位移。单轴加速度计的主要部件为检测质量块及弹簧，弹簧将检测质量块约束在仪器壳体内，通过测量质量块的位移来计算载体的非引力加速度，如图 6-4 所示。静止时，检测质量块的平衡点标定为零点。

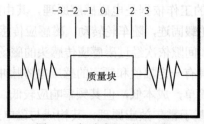

图 6-4 加速度计原理示意

3. IMU

对于智能网联汽车来说，单轴加速度计或单轴陀螺仪无法完成智能驾驶所需的定位导航任务。一般智能网联汽车在三维空间内定位导航所需的惯性传感器为多轴加速度计及陀螺仪的组合，即惯性测量单元。典型的 IMU 主要包括加速度计、陀螺仪、温度传感器、IMU 数据处理器、相关电路及电源系统等。以一个六轴 IMU 为例，其三轴加速度计和三轴陀螺仪安装示意如图 6-5 所示。其中 3 个加速度计分别测量载体沿 3 个正交轴方向的加速度，3 个陀螺仪分别测量绕 3 个正交轴的角速度。传感器的 3 个正交轴与 IMU 壳体固连。

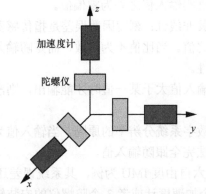

图 6-5　三轴加速度计和三轴陀螺仪安装示意

图 6-6 所示为常见的 IMU 传感器产品，分别为美国亚德诺半导体技术有限公司（Analog Devices Inc，ADI）的 ADIS16490，以及日本 TDK 集团的 MPU9250。

(a) ADIS16490　　(b) MPU9250

图 6-6　常见的 IMU 传感器产品

4. 惯性传感器误差特性与补偿

由于传感器制造过程、所用材料以及工作原理等原因，惯性传感器均具有一定的误差。随着价格的降低，一般情况下传感器的误差也越来越大。载体的姿态通过陀螺仪测量的角速度积分得到，而速度和位置通过对加速度计测量的导航系下的加速度分别进行一次和两次积分得到。积分会造成惯性传感器误差累积，最终造成所计算出的载体运动状态发散，因此在基于惯性传感器的定位系统中，必须要对传感器误差进行分析、标定与补偿[3]。

惯性传感器误差可以分为两类：系统误差和随机误差。系统误差是指传感器的固定误差，一般可以通过实验室标定进行补偿，特别对于高端惯性传感器，每个传感器出厂都会进行标定补偿，低端传感器可进行同一批次使用相同参数进行补偿或不进行补偿。随机误差是指传感器随机产生的误差，一般无法预测，或仅有统计特性，该类误差无法进行预先标定补偿，仅可以在算法融合时进行实时估计或进行算法补偿。

常见的惯性传感器系统误差有以下几种。

- 系统性零偏：当传感器的输入为零时，陀螺仪和加速度计的输出值称为零偏。所有的惯性传感器都具有零偏，并且零偏值与传感器的输入值大小无关，其输出值与真实输入值之差为零偏值。
- 刻度因数误差及其非线性：刻度因数误差是指传感器输出值变化速率与输入值变化速率的比值。当比值不为常数，而是随输入值变化时，称为刻度因数误差的非线性。
- 死区：当传感器输入值大于某一值时才能输出，则没有输出值的区间称为死区。
- 量化误差：由于数字系统分辨率的原因，当输入值为连续曲线时，输出值呈阶梯状，而无法完全跟随输入值。

对于 IMU 来说，以六自由度 IMU 为例，其系统误差还有以下几种。

- 非正交误差：3 个加速度计或者 3 个陀螺仪的安装轴不正交。该误差一般是由于生产制造过程造成的。
- 安装角误差：传感器的敏感轴与 IMU 的载体坐标系不重合，具有偏差角，造成传感器的测量值并不是载体坐标系下的输入值。该误差一般是由传感器与 IMU 壳体安装过程造成的。

常见的惯性传感器随机误差有以下几种。

- 上电零偏误差：传感器每次启动的初始零偏值不同。
- 零偏不稳定性：传感器运行过程中，随着时间的变化，零偏呈现随机性波动。造成零偏不稳定性的主要误差来源是温度变化引起的不稳定。
- 噪声：传感器输出值的随机波动，如白噪声及其他有色噪声等。

惯性传感器的误差是造成最终基于 IMU 的车辆位姿估计系统产生误差的直接原因，且最终误差随时间发散，因此，提高 IMU 的精度以及补偿 IMU 误差对于基于 IMU 的位姿估计系统来说非常重要。由于汽车量产对零部件成本的控制，与军用及航空航天领域的 IMU 相比，车用 MEMS-IMU 的精度普遍不是很高，因此需要对 IMU 误差进行标定补偿以及在信息融合端进行算法补偿。通常来说，IMU 的系统误差可以通过转台试验来进行实验室标定，通过误差参数标定来对传感器的输出值进行修正。对于随机误差，一般通过误差建模进行在线估计补偿，如对传感器零偏的估计与补偿；对于白噪声等随机噪声误差，采用卡尔曼滤波算法或其他信息融合方法进行处理。

6.3 GNSS 定位

对于大多数智能汽车领域的应用工程师来说，不需要详细了解或掌握 GNSS

接收机内部的卫星信号解算方法。在进行车辆组合定位导航系统设计及搭建时，采购的应用级 GNSS 接收设备可以直接输出解算后的 GNSS 天线处的速度、位置、航迹角、GNSS 状态等多种信息，可以直接用于基于特征级融合的组合定位系统。对于某些 GNSS 接收板卡，也可以输出伪距、伪距率等数据，可用于基于 GNSS 的紧耦合组合定位系统。本节简要介绍 GNSS 的几种定位方法和原理，基于 GNSS 接收机输出的特征数据的松耦合组合定位系统会在 6.6 节的应用实例中进行简要介绍。

6.3.1 单点定位

GNSS 单点定位是指用户仅使用一台接收机设备独立完成定位。GNSS 定位的基本几何原理为三球交汇原理。接收机接收到单颗卫星所发出的导航电文，便可以通过光速乘以信号接收的时间差计算出接收机与此颗卫星的距离，则接收机的位置一定位于以此颗卫星为球心，半径为该距离的球面上[4]。由于该距离还包含有很多误差项，因此称为伪距，即接收机与卫星之间的伪距为

$$\rho_i = \sqrt{(x_i-x)^2 + (y_i-y)^2 + (z_i-z)^2} \qquad (6-1)$$

其中：ρ_i 为伪距，即用户与第 i 颗卫星之间的距离；(x_i, y_i, z_i) 为第 i 颗卫星的空间坐标；(x, y, z) 为用户的空间坐标。因此若不考虑伪距中的误差项，如果有 3 颗可见卫星，则可以计算出接收机的位置。但实际上，伪距中的误差对定位解算结果影响很大，其中重要的有时钟不同步误差等。一般用户接收机的时钟不可能与卫星时钟完全同步，因此时钟偏差会造成接收机与卫星间距离误差。在考虑时钟偏差为 Δt 的情况下，接收机与卫星之间的伪距为

$$\rho_i = \sqrt{(x_i-x)^2 + (y_i-y)^2 + (z_i-z)^2} + c\Delta t \qquad (6-2)$$

其中，c 为光速，Δt 为时钟偏差。因此利用 GNSS 进行定位至少需要同时有 4 颗可见卫星。而在实际工程应用中，由于信号传播、环境影响等各方面原因均会造成误差，仅利用 4 颗卫星计算出的位置精度会很差，因此在实际应用中，接收机往往会利用尽可能多的可见卫星，通过优化迭代求解等手段估计出更为精确的定位结果。当使用的卫星数大于 4 颗时，可以使用最小二乘法估计当前的用户位置最优值。由于每颗卫星的位置不同，信号质量也不同，因此伪距的测量精度也不同，根据伪距的测量精度可以对信号进行加权后使用最小二乘法计算当前的用户位置估计值。

尽管可以利用多颗可见卫星，对于民用 GNSS 来说，单点定位的精度一般只能达到米级。

6.3.2 差分定位

为了提高 GNSS 定位的精度，可以采用差分 GNSS（Differential GNSS，DGNSS）技术。差分定位技术是考虑到在同一时空区域，各接收机所接收的卫星信号具有相同或类似的误差特性，因此可以利用不同接收机观测量求差或不同次观测量求差的方法对共有误差，如星历误差、电离层及对流层传播延迟误差等进行补偿，以提升最终的定位精度。差分 GNSS 技术需要一台具有精确测定位置的接收机（称为基站），并具有将信息广播出去的能力，用户距离基站越近，则定位结果越精确。图 6-7 所示为差分 GNSS 示意。

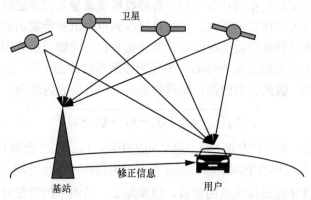

图 6-7 差分 GNSS 示意

目前常用的差分 GNSS 技术可分为两类：一类是 DGNSS；另一类是实时载波（Real-time Kinematic，RTK）相位差分技术。

DGNSS 是由基站将计算得到的伪距改正数进行广播，用户收到伪距改正数后对计算得到的卫星与接收机直接的伪距进行修正。为了得到经差分修正的伪距测量，可以用差分修正量直接取代卫星时钟偏差、电离层误差、对流层误差等修正项，即

$$\rho_R = \rho_M + \Delta\rho \tag{6-3}$$

其中，ρ_R 为经修正后的真实伪距，ρ_M 为测量得到的伪距，$\Delta\rho$ 为伪距修正量。经差分修正后的伪距可以采用与独立 GNSS 相同的位置解算方法进行用户位置估计，但在进行最优估计时应对测量误差协方差进行调整，剔除用户和参考站之间抵消了的误差协方差，同时增加参考站接收机跟踪噪声协方差。采用 DGNSS 一般可以使位置精度达到分米级。

RTK 相位差分技术是基于载波相位观测值的实时动态定位技术，用于提高从基于卫星导航系统获得的位置数据的精度。它除了使用卫星信号的信息内容外，

还要使用信号载波相位的测量,并依靠参考基站或虚拟基站来提供实时校正,从而提供厘米级的精度。在卫星状态良好时,其精度可达 1~2 cm。

DGNSS 以及 RTK 相位差分技术均可以分为局域系统、区域系统以及广域系统。在局域系统中,修正数从单个参考基站发送给其覆盖范围内的用户,用户距离参考基站越近,导航定位结果越精确。一般参考基站的覆盖半径在 500 km 以下。区域系统通过使用来自多个参考基站的修正信息以使得用户获得更高的精度。其中来自各个参考基站的信息根据用户的距离被加权后作为修正信息。广域系统的目的是使用非常少的参考站提供米级定位精度。一般情况下是数个已知精确位置的参考基站向主控站发送各基站测得的伪距以及各种测量信息,由主控站计算出 GNSS 星历和卫星时钟参数改正数,以及电离层网格模型参数,再一起发送给用户。

6.3.3 精密单点定位

精密单点定位(Precise Point Positioning,PPP)是几种相对复杂的 GNSS 位置解算技术的组合,其融合了广域差分技术、双频电离层延迟校正、伪距载波相位平滑等技术[5]。PPP 仅基于单个 GNSS 接收机,使用消费级的硬件便可以达到分米级定位。用户只利用一台 GNSS 接收机的载波相位和测码伪距观测值,采用高精度的卫星轨道和钟差产品,并通过模型改正或参数估计的方法精细考虑与卫星端、信号传播路径及接收机端有关误差对定位的影响,实现高精度定位。PPP 已经越来越多地用于机器人、导航、农业、采矿等领域。但与传统 GNSS 定位方法相比,PPP 需要较强的数据处理能力,并且需要数十分钟的初始化以完成收敛,这造成了在某些需要快速初始化的应用领域中的不便。

6.4 航迹推算定位系统

航迹推算(Dead Reckoning,DR)是指利用运动状态传感器测量载体运动的变化量(没有绝对位置或姿态信息),通过积分的方法推算当前时刻的位姿状态。航迹推算所得到的为载体的状态变化量,因此要求已知载体的初始状态,以求得载体的当前状态。在推算过程中仅使用了惯性传感器,其又称为惯性导航系统(Inertial Navigation System,INS)。其不易受外界干扰,自主性高,可全天候、全时间地工作于各种环境下,应用广泛。一般用于航迹推算的传感器有轮速传感器、方向盘转角传感器、惯性传感器、磁力计等。由于积分导致的传感器累积误差,仅使用航迹推算的定位系统输出会随着时间或距离等的增加而逐渐发散。航迹推算的流程可以总结为:利用陀螺仪、方向盘转角传感器、轮速差等测量信息用以确定载体的姿态或航向角;将加速度计、轮速传感器等载体坐标系下的测量量根据载体的姿态角投影到导航坐标系下;在导航坐标系下对载体加速度、速度等状态量进行积分得到速度、位置等状态量。

6.4.1 平面航迹推算定位系统

对于智能车辆来说,最简单的位置估计系统就是 2D 坐标系下的航迹推算定位系统,如图 6-8 所示。下面以 2D 坐标系下航迹推算定位系统为例进行简单介绍。

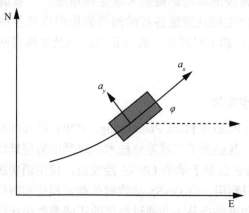

图 6-8 2D 坐标系下航迹推算定位系统示意

以东北(E-N)坐标系作为导航坐标系,要推算出导航坐标系下的车辆状态,就需要将车身坐标系下的加速度、角速度、速度等测量量转换到导航坐标系下。在 2D 坐标系下需要考虑车辆的转向,定义车辆纵向与导航坐标系东向的夹角为航向角(假设 IMU 纵轴与车辆纵轴完全重合),则有导航坐标系下的加速度、导航坐标系下的速度和导航坐标系下的位置如下。

(1)导航坐标系下的加速度

根据 IMU 在载体坐标系下的测量,可以得到导航坐标系下的加速度

$$a_E = a_y \sin\varphi + a_x \cos\varphi \tag{6-4}$$

$$a_N = a_y \cos\varphi + a_x \sin\varphi \tag{6-5}$$

其中,a_E、a_N 分别为导航坐标系下东向、北向的加速度,a_x、a_y 分别为载体坐标系下纵向、侧向的加速度,φ 为航向角。

对于航向角的求解,可以使用磁力计得到车身与地磁北极的夹角,再通过地磁模型转换得到车辆的航向角。而通常的做法是通过横摆角速度,即绕车辆垂向轴的角速度,积分得到航向角的变化量,再与航向角初值相加得到,即

$$\varphi = \int \omega_z dt + \varphi_0 \tag{6-6}$$

其中，ω_z 为绕载体垂向轴的角速度，φ_0 为初始航向角。

需要注意的是，为了简化计算，忽略了地球自转对陀螺仪测量的影响，在 2D 坐标系下也没有考虑车辆的俯仰和侧倾运动。此外，航向角也可以通过车辆两侧轮速差来得到，称为差分里程计。对于一般的前轮转向车辆，可以利用后轮轮速差计算航向角变化率，即，

$$\dot{\varphi} = \frac{\omega_{\mathrm{RL}} R + \omega_{\mathrm{RR}} R}{B} \tag{6-7}$$

其中，ω_{RL}、ω_{RR} 分别为车辆左后轮、右后轮的轮速，R 为轮胎有效滚动半径，B 为轮距。利用轮速差计算的航向角变化率对轮速差的误差很敏感，如受到道路坡度角、倾角的影响，轮胎半径、轮距误差的影响，以及轮速传感器刻度因数误差的影响等，因此精度不是很高，对于需要高精度定位的应用场景不适用。

（2）导航坐标系下的速度

对导航坐标系下的加速度进行积分，则可以得到导航坐标系下的速度为

$$v_{\mathrm{E}} = \int a_{\mathrm{E}} dt + v_{\mathrm{E0}} \tag{6-8}$$

$$v_{\mathrm{N}} = \int a_{\mathrm{N}} dt + v_{\mathrm{N0}} \tag{6-9}$$

其中，v_{E}、v_{N} 分别为导航坐标系下东向、北向的速度，v_{E0}、v_{N0} 分别为东向、北向的初始速度。

若安装有轮速传感器，此处也可以不使用加速度传感器的测量值通过积分的方式获取速度，而是直接从轮速传感器得到。由于驱动轮在驱动过程中存在滑移现象，一般采用从动轮轮速传感器测量值计算车速。对于一般的前驱车辆，利用后轮轮速传感器计算车辆的纵向速度为

$$v_x = \frac{\omega_{\mathrm{RL}} R + \omega_{\mathrm{RR}} R}{2} \tag{6-10}$$

因此车辆在导航坐标系下的速度为

$$v_{\mathrm{E}} = v_x \cos \varphi \tag{6-11}$$

$$v_{\mathrm{N}} = v_x \sin \varphi \tag{6-12}$$

（3）导航坐标系下的位置

对导航坐标系下的速度进行积分，则可以得到导航坐标系下的位置为

$$x_{\mathrm{E}} = \int v_{\mathrm{E}} dt + x_{\mathrm{E0}} \tag{6-13}$$

$$x_{\mathrm{N}} = \int v_{\mathrm{N}} dt + x_{\mathrm{N0}} \tag{6-14}$$

其中，x_E、x_N 分别为导航坐标系下东向、北向的位置，x_{E0}、x_{N0} 分别为东向、北向的初始位置。

6.4.2 轮速信号的处理

在上一节中我们提到可以直接使用由轮速传感器计算得到的速度作为车辆的纵向速度，而在实际应用中，由轮速传感器计算车辆的纵向速度在一些时候也会带来速度的误差，从而累积成最终的位置误差。① 由轮速计算纵向车速需要知道准确的轮胎滚动半径，而轮胎半径是一个缓变量，因此不准确的轮胎半径会直接引入纵向速度误差；② 计算出的车辆纵向速度是车身坐标系下的纵向速度，而导航坐标系一般是东北天（East，North，Up，ENU）坐标系，实际上用于导航定位的车辆速度应为车身坐标系下速度在导航坐标系下速度的投影，因此道路坡度角也会引入速度误差；③ 当车轮出现打滑情况时，轮速便无法反映车身坐标系下的车速了。除了以上误差源，轮速传感器还有死区、量化误差等其他误差，在此不再赘述。下面主要介绍轮胎半径、道路坡度、车轮打滑这3种误差源。

（1）轮胎半径

根据车轮转速计算纵向车速，可以由式（6-15）得到。

$$v_x = \frac{\omega_{RL}+\omega_{RR}}{2}R = \omega R \tag{6-15}$$

其中，ω 为等效轮速。车轮有效滚动半径 R 在实际中并不一定为定值，而是缓变量，其受到胎压、温度、载荷、行驶工况、磨损等外部环境因素和自身因素的影响在一定范围内变化[6]，在整个轮胎的生命周期内，有效滚动半径的变化范围甚至可达5%。在一次行驶过程中，我们可以粗略地认为车轮半径为定值，但在车辆整个寿命周期内的每次行驶均取为出厂轮胎的标称轮胎半径是不准确的。因此，在运行过程中，若有其他传感器或其他信息来源获取某些时刻的车辆速度，则可以对轮胎半径进行自适应，以获取当前工况下准确的轮胎有效滚动半径，从而得到更为准确的纵向速度估计值[7]。下面以智能车辆装备的 GNSS 接收机为例介绍利用 GNSS 信号校正轮胎半径误差的一种方法。

当 GNSS 信号良好，速度测量准确时，可以根据 GNSS 的速度测量值，利用卡尔曼滤波对轮胎半径进行校正。假设相邻两采样时刻，车轮角加速度为零，即 $\dot{\omega}=0$，则选取卡尔曼滤波状态量 $X=[v_k \quad R_k]^T$，轮胎半径估计系统离散模型可表示为

$$\begin{cases} v_k = \omega_{k-1}R_{k-1} \\ R_k = R_{k-1} \end{cases} \tag{6-16}$$

其中，v 为车速，下标 k 表示采样时刻点。根据 GNSS 测量得到的车速，测量方程为

$$Z = v_G \tag{6-17}$$

其中，v_G 为通过 GNSS 测量得到的车速。根据系统方程及测量方程便可以利用标准卡尔曼滤波算法对状态量进行估计，得到当前的轮胎半径估计值。

(2) 道路坡度

在以上的分析中均假设了前提，只考虑车辆在平面内的运动，而实际上道路坡度也会对由轮速计算得到的车速产生影响。由于最终定位系统的输出为导航坐标系下的车辆状态值，因此其为车辆状态在导航坐标系（此处为 EN 坐标系）下的投影。道路坡度对车速计算的影响可参考图 6-9，图 6-10 所示为存在道路坡度时车速在平面坐标系下的投影示意。

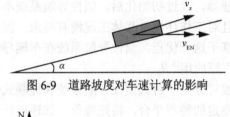

图 6-9 道路坡度对车速计算的影响

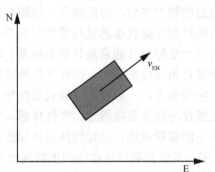

图 6-10 存在道路坡度时车速在平面坐标系下的投影示意

因此，导航坐标系下的车辆速度应为

$$v_{x,\,EN} = \omega R \cos\alpha \tag{6-18}$$

其中，$v_{x,\,EN}$ 为车辆在 EN 平面坐标系下的速度，α 为道路坡度角。当道路坡度角在 8°以下时，坡度对速度的影响在 1%左右。因此若道路坡度角较小，或坡道长度较短时可以忽略道路坡度的影响。但若坡度角较大，或行驶在大桥、长匝道等长距离坡道情况下，则需对坡度的影响进行补偿。

(3) 车轮打滑

当车辆急加速时，路面附着条件无法提供车辆需求的驱动力，车轮会发生较为剧烈的打滑，此时车轮转速与半径的乘积大于车辆实际车速，无法根据轮速传感器的输出直接得到车辆速度。类似地，当车辆紧急制动时车轮会发生抱死，尽管 ABS 会控制车轮的滑移率，但依然无法避免车轮出现滑转，此时轮速与车轮半径的乘积小于车辆实际车速。在这种情况下，由轮速信号得到的车速不可信，需要利用其他传感器计算得到的当前速度用于航迹推算定位系统，如 IMU、GNSS 等。

6.5 惯性导航系统

惯性导航系统基于牛顿运动定律，对载体的加速度及角速度进行测量，然后通过积分运算得到载体的姿态、速度和位置等状态量。惯性导航系统的构成为惯性测量单元和导航处理器。经过初始化后，惯性导航系统不再需要外部的任何信息也能持续工作，并且对工作环境及载体工况没有要求，因此其具有完全的自主性，不受外界干扰。基于这一优点，惯性导航系统在车辆导航、航空、航天、航海、军事等领域均有广泛应用[8-9]。

惯性导航系统一般可分为平台式惯性导航系统和捷联式惯性导航系统。平台式惯性导航系统具有稳定的物理平台，将陀螺仪、加速度计等惯性传感器与载体运动隔离，通过伺服系统控制陀螺仪敏感轴与惯性空间的相对稳定。平台式惯性导航系统可以将平台与某一坐标系（通常是导航坐标系）对齐，即可使惯性导航输出该坐标系下的加速度及角速度测量值，因此导航解算简单，但其成本较高，且不易维护。对于汽车应用来说，一般使用捷联式惯性导航系统。捷联式惯性导航系统中加速度计和陀螺仪与载体直接固定，惯性传感器敏感轴随载体运动而运动，通过对载体坐标系下的测量量进行坐标转换后计算载体的运动状态。由于惯性传感器与载体固连，因此易受到载体运动所产生的振动冲击，精度会受到影响，需要在解算过程中对误差及噪声进行补偿。但捷联式惯性导航系统没有惯性平台，大大减小了系统质量、体积和成本。本章主要介绍捷联式惯性导航系统。

捷联式惯性导航系统首先利用陀螺仪测量的载体角速度求得导航坐标系下的角速度并进行积分得到载体姿态，然后用计算得到的姿态将加速度计的测量投影到导航坐标系下，再进行一次积分得到载体速度，二次积分得到载体位置，其原理如图 6-11 所示，其中 ω_{ib}^{b} 为载体角速度，f^{b} 为载体坐标系下比力，C_{b}^{n} 为姿态转换矩阵，f^{n} 为导航坐标系下比力，v^{n} 为导航坐标系下速度，v^{E}、v^{N}、v^{U} 分别为东、北、天方向速度值，L、λ、h 分别为经、纬、高度值，φ、θ、γ 分别为横摆、俯仰、侧倾角。为了使读者可以对捷联式惯性导航系统基本原理进行理解，本节内容忽略了与地球自转角速度相关的误差源、刚体旋转产生的牵连加速度等多种小量误差源，在保证一定精度的前提下简单地描述惯性导航原理，若需进行高精度惯性导航系统求解，可以参考文献[10]。

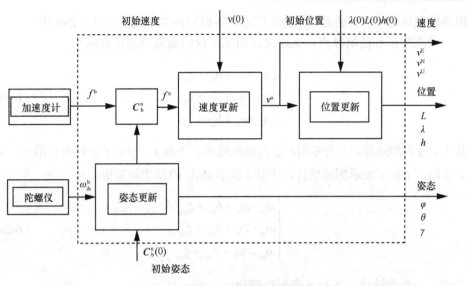

图 6-11 捷联式惯性导航系统原理

6.5.1 惯性导航常用参考坐标系

载体的运动都是相对于某一坐标系来描述的，因此我们需要先建立惯性导航常用参考坐标系。

（1）地心惯性坐标系（i 系）

以地心为原点 O，Ox 轴在地球赤道平面指向春分点，Oz 轴与地球极轴重合指向北极，Oy 轴在地球赤道平面内与另两轴组成右手正交坐标系。

（2）地球坐标系（e 系）

与地球固连。以地心为原点 O，Oz 轴与地球极轴重合指向北极，Ox 轴格林尼治子午面与赤道平面的交线，Oy 轴与另两轴组成右手正交坐标系。

（3）导航坐标系（n 系）

导航坐标系为惯性导航系统求解导航参数所采用的坐标系。对于捷联式惯性导航系统，常用的坐标系有东北天（ENU）坐标系，即坐标轴沿当地纬线指向东为 Ox 轴，沿当地经线指向北为 Oy 轴，沿当地垂线指向天为 Oz 轴。

6.5.2 惯性传感器测量模型

在前述介绍惯性传感器误差时我们提到惯性传感器误差主要分为系统误差和随机误差。其中系统误差可以通过实验室转台标定补偿，而对于随机误差，我们主要在 INS 中考虑零偏误差补偿。对于组合定位系统来说，零偏误差可以在融合算法中实时估计，然后提供给 INS 进行补偿。对于单独的 INS，由于没有外界测量校正，无法实时估计零偏误差，为了减缓 INS 的发散速度，最好对惯性传感器进行提前的粗略零偏标定，对传感器原始测量值进行零偏预补偿，然后再用于 INS 中。

考虑零偏和随机噪声，加速度计和陀螺仪的测量模型可表示为

$$\begin{cases} a_{xs}=a_x+b_{ax}+\xi_{ax} \\ a_{ys}=a_y+b_{ay}+\xi_{ay} \\ a_{zs}=a_z+b_{az}+\xi_{az} \end{cases} \quad (6\text{-}19)$$

其中，a 为加速度，b 为零偏，ξ 为随机噪声，下标 x、y、z 分别表示沿 x、y、z 轴向，下标 a 表示加速度计，下标 s 表示 IMU 的原始测量值。

$$\begin{cases} \omega_{xs}=\omega_x+b_{\omega x}+\xi_{\omega x} \\ \omega_{ys}=\omega_y+b_{\omega y}+\xi_{\omega y} \\ \omega_{zs}=\omega_z+b_{\omega z}+\xi_{\omega z} \end{cases} \quad (6\text{-}20)$$

其中，ω 为角速度，下标 ω 表示陀螺仪。

6.5.3 姿态解算

姿态解算是根据 IMU 输出的三轴角速度值，经过误差补偿后，确定载体在导航坐标系下的姿态。求解姿态角主要有四元数法、方向余弦法、欧拉角法等方法，可以求解出载体坐标系到导航坐标系的姿态转换矩阵，即

$$\boldsymbol{C}_b^n = \begin{bmatrix} C(1,1) & C(1,2) & C(1,3) \\ C(2,1) & C(2,2) & C(2,3) \\ C(3,1) & C(3,2) & C(3,3) \end{bmatrix} \quad (6\text{-}21)$$

其中，$\boldsymbol{C}_b^n$ 表示由载体坐标系到导航坐标系的姿态转换矩阵，可以用四元数法进行求解，其具体的求解算法可以参考[10-11]。而实际上若定义从东北天坐标系到载体坐标系的坐标系旋转顺序为 z-x-y，则用横摆角、俯仰角和侧倾角表示的姿态转换矩阵为

$$\boldsymbol{C}_b^n = \begin{bmatrix} \cos\varphi\cos\gamma-\sin\varphi\sin\theta\sin\gamma & -\sin\varphi\cos\theta & \cos\varphi\sin\gamma+\sin\varphi\sin\theta\cos\gamma \\ \sin\varphi\cos\gamma+\cos\varphi\sin\theta\sin\gamma & \cos\varphi\cos\theta & \sin\varphi\sin\gamma-\cos\varphi\sin\theta\cos\gamma \\ -\cos\theta\sin\gamma & \sin\theta & \cos\theta\cos\gamma \end{bmatrix} \quad (6\text{-}22)$$

其中，φ 为横摆角，γ 为侧倾角，θ 为俯仰角。

因此根据式（6-21）和式（6-22），可以求得载体的姿态角为

$$\theta=\sin^{-1}(\boldsymbol{C}_b^n(3,2)) \quad (6\text{-}23)$$

$$\varphi = -\tan^{-1}\left(\frac{C_b^n(1,2)}{C_b^n(2,2)}\right) \tag{6-24}$$

$$\gamma = -\tan^{-1}\left(\frac{C_b^n(3,1)}{C_b^n(3,3)}\right) \tag{6-25}$$

6.5.4 速度解算

对于车载基于 MEMS-IMU 的低成本 INS 解决方案，可以忽略地球自转等对惯性传感器测量值的影响。在得到载体坐标系到导航坐标系的姿态转换矩阵 C_b^n 后，便可以将补偿过误差的载体坐标系下的加速度测量值转换到导航坐标系下，则有

$$\begin{bmatrix} \dot{v}_E \\ \dot{v}_N \\ \dot{v}_U \end{bmatrix} = C_b^n \begin{bmatrix} f_x \\ f_y \\ f_z \end{bmatrix} + \begin{bmatrix} 0 \\ 0 \\ -g \end{bmatrix} \tag{6-26}$$

其中，f 为比力，g 为当地重力加速度。对式（6-26）再进行积分即可得到导航坐标系下的速度。

6.5.5 位置解算

位置解算的目的是得到载体在导航坐标系下的位置，即经度、纬度和高度。按照航迹推算的方法，对导航坐标系下的速度进行积分即可得到当地坐标系下的位置，坐标轴的单位为米（m），而在实际应用中我们一般需要得到经度、纬度的坐标值，因此还需要根据地球参数进行位置解算。

纬度的变化率为

$$\dot{L} = \frac{v_N}{R_M + h} \tag{6-27}$$

其中，L 为纬度，R_M 为地球椭球当地子午圈曲率半径，h 为高度。

经度的变化率为

$$\dot{\lambda} = \frac{v_E}{(R_N + h)\cos L} \tag{6-28}$$

其中，λ 为经度，R_N 为地球椭球当地卯酉圈曲率半径。

高度的变化率为

$$\dot{h} = v_U \tag{6-29}$$

对式（6-29）再进行积分即可得到载体当前在导航坐标系下的位置。

6.6 应用实例——GNSS/INS/轮速传感器松耦合组合定位系统

6.6.1 系统简介

GNSS/INS/轮速传感器松耦合组合定位系统是指 GNSS、INS、轮速传感器均独立工作,将各自输出的特征级信息进行融合,即直接取 GNSS 板卡输出的速度、位置等特征级信息。GNSS 的优点是可以得到准确的绝对位置、速度信息,但其更新频率低,无法满足车辆定位的需求,且易受环境遮挡,对于车辆应用来说抗干扰能力较差,不够稳定。因此将 IMU 与 GNSS 结合起来可以利用 IMU 高输出频率的特点弥补 GNSS 慢速率的不足,且在 GNSS 信号丢失时 INS 仍可独立运行维持车辆当前状态的实时输出[12-13]。但 INS 受到累积误差的影响,无法单独长时间运行,需要外部测量信息对其进行修正[14],而轮速传感器可以提供车辆的纵向速度信息,减缓 INS 的发散。具体的耦合原理如图 6-12 所示。IMU 原始信号用于 INS 解算,得到递推出的姿态、位置、速度信息;从 GNSS 接收机获取速度及位置测量信息,从轮速传感器获取车辆纵向速度测量信息;将 INS 输出与 GNSS、轮速传感器测量信息通过滤波器进行融合,得到最终估计的载体姿态、速度、位置信息。下面以误差状态卡尔曼滤波作为信息耦合算法为例,介绍 GNSS/INS/轮速传感器松耦合组合定位系统的运行原理。

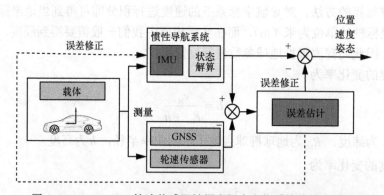

图 6-12 GNSS/INS/轮速传感器松耦合组合定位系统的耦合原理

6.6.2 INS 误差状态模型

建立 INS 的误差状态模型,是指选取变量与真实值之差作为状态量,建立误差动态方程。由于高精度 INS 误差模型较为复杂,不便于读者理解其基本原理,且限于篇幅,本节忽略了地球自转等因素的影响,并忽略了完整误差方程中的某些小量，建立简化的误差状态模型，可以应用于大多数精度要求不是很高的惯性导航系统[15]。

位置误差状态方程为

$$\begin{bmatrix} \delta \dot{L} \\ \delta \dot{\lambda} \\ \delta \dot{h} \end{bmatrix} = \begin{bmatrix} 0 & \dfrac{1}{(R_M+h)} & 0 \\ \dfrac{1}{(R_N+h)\cos(L)} & 0 & 0 \\ 0 & 0 & 1 \end{bmatrix} \begin{bmatrix} \delta v_E \\ \delta v_N \\ \delta v_U \end{bmatrix} \quad (6\text{-}30)$$

其中，$\begin{bmatrix} \delta \dot{L} & \delta \dot{\lambda} & \delta \dot{h} \end{bmatrix}^T$ 为位置误差状态，分别表示纬度误差、经度误差和高度误差，R_M 和 R_N 表示当地子午圈和卯酉圈曲率半径，$\begin{bmatrix} \delta v_E & \delta v_N & \delta v_U \end{bmatrix}^T$ 为速度误差状态向量，分别表示东向、北向和高度方向速度误差。

速度误差状态方程为

$$\begin{bmatrix} \delta \dot{v}_E \\ \delta \dot{v}_N \\ \delta \dot{v}_U \end{bmatrix} = \begin{bmatrix} 0 & f_U & -f_N \\ -f_U & 0 & f_E \\ f_N & -f_E & 0 \end{bmatrix} \begin{bmatrix} \delta \theta \\ \delta \gamma \\ \delta \varphi \end{bmatrix} + C_b^n \begin{bmatrix} b_{ax} \\ b_{ay} \\ b_{az} \end{bmatrix} \quad (6\text{-}31)$$

其中，f_E、f_N、f_U 分别表示东向、北向和高度方向的比力，$\begin{bmatrix} \delta \theta & \delta \gamma & \delta \varphi \end{bmatrix}^T$ 为姿态误差状态向量，分别表示俯仰误差、侧倾误差和横摆角误差。

姿态误差状态方程为

$$\begin{bmatrix} \delta \dot{\theta} \\ \delta \dot{\gamma} \\ \delta \dot{\varphi} \end{bmatrix} = \begin{bmatrix} 0 & \dfrac{1}{(R_M+h)} & 0 \\ \dfrac{1}{(R_N+h)} & 0 & 0 \\ \dfrac{-\tan(L)}{(R_N+h)} & 0 & 0 \end{bmatrix} \begin{bmatrix} \delta v_E \\ \delta v_N \\ \delta v_U \end{bmatrix} + C_b^n \begin{bmatrix} b_{\omega x} \\ b_{\omega y} \\ b_{\omega z} \end{bmatrix} \quad (6\text{-}32)$$

其中，加速度零偏 b_{ax}、b_{ay}、b_{az} 和角速度零偏 $b_{\omega x}$、$b_{\omega y}$、$b_{\omega z}$ 建立为一阶高斯马尔可夫过程，可以表示为

$$\dot{b}_{ai} = -\frac{1}{\tau_{ai}} b_{ai} + w_{ai}, \quad i = x, y, z \quad (6\text{-}33)$$

$$\dot{b}_{\omega i} = -\frac{1}{\tau_{\omega i}} b_{\omega i} + w_{\omega i}, \quad i = x, y, z \quad (6\text{-}34)$$

其中，τ 为相关时间，下标 a 和 ω 分别表示加速度计和陀螺仪，w 为白噪声。对于 MEMS-IMU 来说，将零偏建立为一阶高斯马尔可夫过程可以在长时间滤波时防止过收敛现象，并且同时可以降低 IMU 常值误差的影响。

6.6.3 基于误差状态卡尔曼滤波的信息融合

（1）系统模型

选取导航坐标系下三维位置误差、三维速度误差、三维姿态误差、三维角速度零偏误差、三维加速度零偏误差作为状态向量，则得 15 维状态向量为

$$X = \begin{bmatrix} \delta p_{1\times3} & \delta v_{1\times3} & \delta r_{1\times3} & \sigma_{\omega,1\times3} & \sigma_{a,1\times3} \end{bmatrix}^{T} \quad (6\text{-}35)$$

综合式（6-30）~式（6-34）可以将系统状态方程（6-35）写为如下形式。

$$\dot{X} = AX + Bw \quad (6\text{-}36)$$

其中，A 为系统矩阵，w 为噪声向量，B 为噪声输入矩阵。

（2）测量方程

GNSS 的特征级输出一般有经度、纬度、高度，当使用双天线 GNSS 时还可以输出航向角信息。因此当 GNSS 信号良好时，系统的测量为

$$\begin{cases} \delta L = L_{I} - L_{G} \\ \delta \lambda = \lambda_{I} - \lambda_{G} \\ \delta h = h_{I} - h_{G} \\ \delta v_{E} = v_{E,I} - v_{E,G} \\ \delta v_{N} = v_{N,I} - v_{N,G} \\ \delta v_{U} = v_{U,I} - v_{U,G} \\ \delta \varphi = \varphi_{I} - \varphi_{G} \end{cases} \quad (6\text{-}37)$$

其中，下标 I 表示状态量由 INS 输出，下标 G 表示由 GNSS 测量。

当 GNSS 信号受遮挡或信号质量较差时，GNSS 信号不可用。此时轮速作为唯一的速度测量量，可以根据当前载体的航向角信息计算得到东向和北向的速度，此时系统的测量为

$$\begin{cases} \delta v_{E} = v_{E,I} - v_{E,\omega} \\ \delta v_{N} = v_{N,I} - v_{N,\omega} \end{cases} \quad (6\text{-}38)$$

其中，下标 ω 表示由轮速测量计算得到，具体为

$$\begin{cases} v_{E,\omega} = \omega R \cos\varphi \\ v_{N,\omega} = \omega R \sin\varphi \end{cases} \tag{6-39}$$

依然以式（6-35）为状态向量，则可以将式（6-37）或式（6-38）改写为如下形式，即测量方程

$$Z = CX + \eta \tag{6-40}$$

其中，C 为测量矩阵，η 为测量噪声向量。

（3）误差状态卡尔曼滤波流程

根据系统模型式（6-36）和测量方程式（6-39），则可以使用误差状态卡尔曼滤波对状态进行估计，具体流程如下。

① 状态预测。

$$\hat{X}_{k|k-1} = A_{k-1}\hat{X}_{k-1} \tag{6-41}$$

② 状态误差协方差矩阵预测。

$$P_{k|k-1} = A_{k-1}P_{k-1|k-1}A_{k-1}^{\mathrm{T}} + \Gamma_{k-1}Q_{k-1}\Gamma_{k-1}^{\mathrm{T}} \tag{6-42}$$

③ 卡尔曼增益计算。

$$K_k = P_{k|k-1}C_{k|k-1}^{\mathrm{T}}(C_{k|k-1}P_{k|k-1}C_{k|k-1}^{\mathrm{T}} + R_k)^{-1} \tag{6-43}$$

④ 状态校正。

$$\hat{X}_{k|k} = \hat{X}_{k|k-1} + K_k(Z_k - C_{k|k-1}\hat{X}_{k|k-1}) \tag{6-44}$$

⑤ 协方差矩阵更新。

$$P_{k|k} = (I - K_k C_{k|k-1})P_{k|k-1} \tag{6-45}$$

其中，K_k 表示卡尔曼滤波增益矩阵，A_{k-1} 表示 $k-1$ 时刻系统矩阵，$P_{k|k-1}$ 为 $k-1$ 时刻对 k 时刻预测的状态误差协方差矩阵，$P_{k-1|k-1}$ 为 $k-1$ 时刻协方差矩阵，$P_{k|k}$ 为 k 时刻协方差矩阵，$C_{k|k-1}$ 为测量矩阵，$\hat{X}_{k|k}$ 为 k 时刻最优状态，$\hat{X}_{k-1}$ 为 $k-1$ 时刻最优状态，$\hat{X}_{k|k-1}$ 为 $k-1$ 时刻预测 k 时刻的状态，Z_k 为 k 时刻测量量，Γ_{k-1} 为过程噪声的输入矩阵，Q_{k-1} 过程噪声协方差矩阵，R_k 为测量噪声协方差矩阵，I 为单位矩阵。在实际的离散系统应用时，还需对系统方程进行离散化后使用离散卡尔曼滤波进行计算。

综上，利用误差状态卡尔曼滤波对载体当前状态的估计流程可总结为图 6-13 所示。

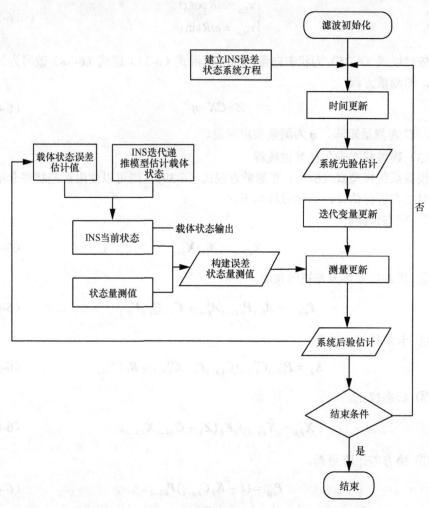

图 6-13 利用误差状态卡尔曼滤波对载体当前状态的估计流程

参考文献

[1] 李克昭. GNSS 定位原理[M]. 北京: 煤炭工业出版社, 2014.

[2] DYGALO V G, KELLER A V. Real-time diagnostic complex of automated car active safety system unit[J]. IOP Conference Series: Materials Science and Engineering, 2020, 819(1): 012039, 1-9.

[3] SKOG I, HANDEL P. In-car positioning and navigation technologies—a survey[J]. IEEE Transactions on Intelligent Transportation Systems. 2009, 10(1): 4-21.

[4] 毕欣. 自主无人系统的智能环境感知技术[M]. 武汉: 华中科技大学出版社, 2020.

[5] 张小红, 李星星, 李盼. GNSS 精密单点定位技术及应用进展[J]. 测绘学报, 2017(10):

1399-1407.

[6] 孙达. 汽车轮胎滚动半径试验研究[D]. 秦皇岛: 燕山大学, 2005.

[7] 李艳, 杨波, 薛亮, 等. 基于车辆运动约束的里程计误差在线标定方法[J]. 中国惯性技术学报, 2016, 24(4): 485-489.

[8] 严恭敏, 翁浚. 捷联惯导算法与组合导航原理[M]. 西安: 西北工业大学出版社, 2019.

[9] 罗建军. 组合导航原理与应用[M]. 西安: 西北工业大学出版社, 2012.

[10] 秦永元. 惯性导航[M]. 第 2 版. 北京: 科学出版社, 2014.

[11] SOLÀ J. Quaternion kinematics for the error-state Kalman filter[J]. 2017. arXiv: 1711.02508.

[12] 张晓亮. GPS/SINS 组合导航系统应用研究[D]. 南京: 南京理工大学, 2013.

[13] 崔留争. MEMS-SINS/GPS 组合导航关键技术研究[D]. 长春: 中国科学院研究生院（长春光学精密机械与物理研究所）, 2014.

[14] 蔡伯根. 利用 GPS 和惯性传感器的融合和集成实现车辆定位[J]. 北方交通大学学报, 2000, 24(5): 7-14.

[15] NOURELDIN, ABOELMAGD, KARAMAT, et al. Fundamentals of inertial navigation, satellite-based positioning and their integration [M]. Heidelberg: Springer, 2013.

第 7 章
多传感器融合技术

🔍 7.1 车载传感器数据融合方法

数据融合是一个实时的连续的过程，它多层次、多方面地对多源信息进行探测、联想、估计以及组合处理，其目的是获得被测目标的精确状态、一致性估计和完整的实时评价。本概念源于军事领域，现已向其他信息科学领域拓展。

多传感器数据融合（Multi-sensor Information Fusion，MSIF），就是利用计算机技术将来自多传感器或多源的信息和数据，在一定的准则下加以自动分析和综合，以完成所需要的决策和估计而进行的信息处理过程。

7.1.1 多传感器融合

（1）硬件同步（硬同步）

使用同一种硬件同时发布触发采集命令，实现各传感器采集、测量的时间同步，做到同一时刻采集相同的信息。

（2）软件同步

软件同步包括时间同步和空间同步。

时间同步，又称时间戳同步，通过统一的主机给各个传感器提供基准时间，各传感器根据已经校准后的时间为各自独立采集的数据加上时间戳信息，可以做到所有传感器时间戳同步，但由于各个传感器各自采集周期相互独立，无法保证同一时刻采集相同的信息。

空间同步，将不同传感器坐标系的测量值转换到同一个坐标系中，其中激光传感器在高速移动的情况下需要考虑当前速度下的帧内位移校准。

7.1.2 多传感器融合的基本原理

多传感器融合的基本原理就像人脑综合处理信息的过程一样，将各种传感器

第 7 章 多传感器融合技术

进行多层次、多空间的信息互补和优化组合处理,最终产生对观测环境的一致性解释。在这个过程中要充分利用多源数据进行合理支配与使用,而数据融合的最终目标则是基于各传感器获得的分离观测信息,通过对信息多级别、多方面组合导出更多有用信息。这不仅是利用了多个传感器相互协同操作的优势,而且也综合处理了其他信息源的数据来提高整个传感器系统的智能化。

具体来讲,多传感器数据融合原理如下。

① 多个不同类型传感器(有源或无源)收集观测目标的数据。

② 对传感器的输出数据(离散或连续的时间函数数据、输出矢量、成像数据或一个直接的属性说明)进行特征提取的变换,提取代表观测数据的特征矢量 Y_i。

③ 对特征矢量 Y_i 进行模式识别处理(如聚类算法、自适应神经网络或其他能将特征矢量 Y_i 变换成目标属性判决的统计模式识别法等),完成各传感器关于目标的说明。

④ 将各传感器关于目标的说明数据按同一目标进行分组,即关联。

⑤ 利用融合算法将目标的各传感器数据进行合成,得到该目标的一致性解释与描述。

7.1.3 多传感器的前融合与后融合技术

(1) 前融合

前融合使所有传感器都运行同一套算法,将来自超声波、摄像头和毫米波雷达的不同原始数据统一处理,相当于一套环绕全车 360°的超级传感器通过一套复杂精密的超级算法完成整个感知过程,图 7-1 所示为前融合技术示意。

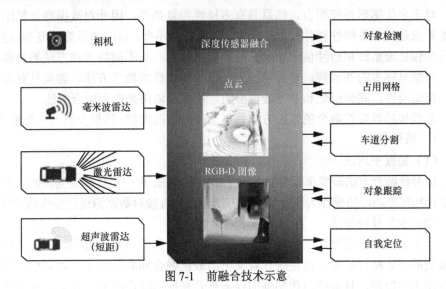

图 7-1 前融合技术示意

（2）后融合

后融合是指不同的传感器各司其职，超声波雷达、摄像头、毫米波雷达分别通过不同的算法进行独立的感知，完成识别后生成独立的信息和目标列表。这些信息和目标列表经过校验和比对，在生成最终目标列表的过程中，传感器会通过算法过滤掉无效和无用信息，并将一些物体合并，完成整个感知过程。图 7-2 所示为后融合技术示意。

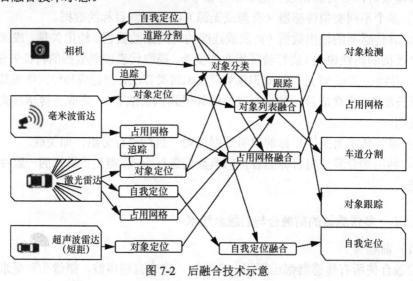

图 7-2　后融合技术示意

7.1.4　多传感器数据融合算法

对于多传感器系统而言，信息具有多样性和复杂性，因此对数据融合算法的基本要求是具有鲁棒性和并行处理能力。其他要求还有：算法的运算速度和精度；与前续预处理系统和后续信息识别系统的接口性能；与不同技术和方法的协调能力；对信息样本的要求等。一般情况下，基于非线性的数学方法，如果具有容错性、自适应性、联想记忆和并行处理能力，则都可以用来作为融合方法。

车载传感器数据融合的常用方法基本上可分为两大类：随机类和人工智能类。

1. 随机类

（1）加权平均法

信号级融合方法最简单直观的方法是加权平均法，将一组传感器提供的冗余信息进行加权平均，结果作为融合值。该方法是一种直接对数据源进行操作的方法。

（2）卡尔曼滤波法

卡尔曼滤波法主要用于融合低层次实时动态多传感器冗余数据。该方法用测量模型的统计特性递推，决定统计意义下的最优融合和数据估计。如果系统具有线性动力学模型，且系统与传感器的误差符合高斯白噪声模型，则卡尔曼滤波法将为数据融合提供唯一统计意义下的最优估计。

卡尔曼滤波的递推特性使系统处理不需大量的数据存储和计算。但是采用单一的卡尔曼滤波器对多传感器组合系统进行数据统计时，存在很多严重问题，例如：① 在组合信息大量冗余情况下，计算量将以滤波器维数的三次方剧增，实时性难以满足；② 传感器子系统的增加使故障概率增加，在某一系统出现故障而没有来得及被检测出时，故障会污染整个系统，使系统可靠性降低。

(3) 多贝叶斯估计

贝叶斯估计为数据融合提供了一种手段，是融合环境中多传感器高层信息的常用方法。它使传感器信息依据概率原则进行组合，测量不确定性以条件概率表示，当传感器组的观测坐标一致时，可以直接对传感器的数据进行融合，但大多数情况下，传感器的测量数据要以间接方式采用贝叶斯估计进行数据融合。

多贝叶斯估计将每一个传感器作为一个贝叶斯估计，将各个单独物体的关联概率分布合成一个联合的后验概率分布函数，通过使联合的后验概率分布函数的似然函数为最小，提供多传感器数据的最终融合值，融合信息与环境的一个先验模型提供整个环境的一个特征描述。

(4) D-S 证据推理法

该方法是贝叶斯估计的扩充，包含 3 个基本要点：基本概率赋值函数、信任函数和似然函数。

D-S 证据推理法的推理结构是自上而下的，分为 3 级：第一级为目标合成，其作用是把来自独立传感器的观测结果合成为一个总的输出结果；第二级为推断，其作用是获得传感器的观测结果并进行推断，将传感器观测结果扩展成目标报告。这种推断的基础是一定的传感器报告以某种可信度在逻辑上会产生可信的某些目标报告；第三级为更新，各传感器一般都存在随机误差，因此在时间上充分独立地来自同一传感器的一组连续报告比任何单一报告更加可靠。所以在推理和多传感器合成之前，要先组合（更新）传感器的观测数据。

(5) 产生式规则

产生式规则采用符号表示目标特征和相应传感器信息之间的联系，与每一个规则相联系的置信因子表示它的不确定性程度。当在同一个逻辑推理过程中，2个或多个规则形成一个联合规则时，可以产生融合。应用产生式规则进行融合的主要问题是每个规则的置信因子的定义与系统中其他规则的置信因子相关，如果系统中引入新的传感器，则需要加入相应的附加规则。

2. 人工智能类

(1) 模糊逻辑推理

模糊逻辑是多值逻辑，通过指定一个 0 到 1 之间的实数表示真实度，相当于隐含算子的前提，允许将多个传感器数据融合过程中的不确定性直接表示在推理过程中。如果采用某种系统化的方法对融合过程中的不确定性进行推理建模，则可以产生一致性模糊推理。与概率统计方法相比，逻辑推理存在许多优点，它在一定程度上克服了概率论所面临的问题，对信息的表示和处理更加接近人类的思维方式，一般比较适合于高层次的应用（如决策），但是，逻辑推理本身还不够成熟和系统化。此外，逻辑推理对信息的描述存在很大的主观因素，因此，信息的表示和处理缺乏客观性。

模糊集合理论对于数据融合的实际价值在于它外延到模糊逻辑，模糊逻辑是一种多值逻辑，隶属度可视为一个数据真值的不精确表示。在多传感器数据融合过程中，存在的不确定性可以直接用模糊逻辑表示，然后，使用多值逻辑推理，根据模糊集合理论的各种演算对各种命题进行合并，进而实现数据融合。

（2）人工神经网络

神经网络具有很强的容错性以及自学习、自组织及自适应能力，能够模拟复杂的非线性映射。神经网络的这些特性和强大的非线性处理能力，恰好满足了多传感器数据融合技术处理的要求。在多传感器系统中，各信息源所提供的环境信息都具有一定程度的不确定性，对这些不确定信息的融合过程实际上是一个不确定性推理过程。神经网络根据当前系统所接受的样本相似性确定分类标准，这种确定方法主要表现在网络的权值分布上，同时，可以采用学习算法来获取知识，得到不确定性推理机制。利用神经网络的信号处理能力和自动推理功能，即实现了多传感器数据融合。

通常使用的方法依具体的应用而定，并且由于各种方法之间的互补性，实际上，常将2种或2种以上的方法组合进行多传感器数据融合。

7.2 贝叶斯估计

7.2.1 贝叶斯估计基本概念

贝叶斯理论是由英国数学家 Thomas Bayes 提出的[1]，1764年发表在伦敦皇家学会哲学汇刊上的贝叶斯遗稿《机遇理论中一个问题的解》中包含了贝叶斯公式，贝叶斯对统计推理的主要贡献是使用了"逆概率"这个概念，并把它作为一种普遍的推理方法提出来。贝叶斯估计[2]的主要思想是假定要估计的模型参数服从一定分布的随机变量，根据经验给出待估参数的先验分布（也称为主观分布），关于这些先验分布的信息被称为先验信息；根据这些先验信息，并与样本信息相结合，应用贝叶斯定理求出待估参数的后验信息；得出后验分布的一些特征值，并把它们作为待估参数的估计量。概括来说，即是先将关于未知参数的先验信息与样本信息综合，再根据贝叶斯定理，得出后验信息，最后根据后验信息去推断未知参数。贝叶斯估计的推理过程如图 7-3 所示。

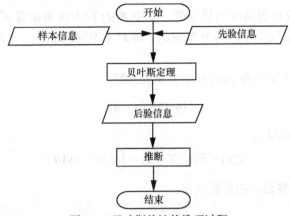

图 7-3 贝叶斯估计的推理过程

贝叶斯估计根据贝叶斯定理计算后验概率。

$$P(H|E) = \frac{P(E|H)P(H)}{P(E)} \tag{7-1}$$

其中,

① |表示将某事件成立作为条件（因此 $A|B$ 表示假定 B 事件成立时,A 事件发生）。

② H 表示假说,其概率可能会受实验数据（以下称为证据）的影响。一般来说有许多互相矛盾的假说,其任务是要确认哪一个假说可能性最高。

③ E 表示证据。证据对应新的数据,也就是还没用来计算先验概率的数据。

④ $P(H)$,先验概率,是观察到数据 E（目前证据）之前,假说 H 的概率。

⑤ $P(H|E)$,后验概率,是在给定证据 E 之后,假说 H 的概率,是希望求得的信息,也就是在有目前证据时,假说 H 的概率。

⑥ $P(E|H)$ 是假定 H 成立时,观察到证据 E 的概率。在假说 H 不变时,这是 E 的函数,也是似然函数,指出在给定假设下假说和证据的相容程度。似然函数是证据 E 的函数,而后验概率是假说 H 的函数。

⑦ $P(E)$ 有时称为边缘似然率。此系数对所有可能的假说都是定值,因此在判断不同假说的相对概率时,不会用到这个系数中。

针对不同的假说 H 数值,只有 $P(H)$ 和 $P(E|H)$（都在分子）会影响 $P(H|E)$ 的数值。假说的后验概率和其先验概率（固有似然率）与新产生的似然率（假说和新得到证据的相容性）乘积成正比。

贝叶斯估计[3],设总体 X 的分布函数为 $F(x,\theta)$,θ 为随机变量,$p(\theta)$ 为 θ 的先验分布。若是在决策空间 D 中存在一个决策函数 $d^*(x)$,使得对决策空间 D 中任一决策函数 $d(x)$,均有,

$$R(d^*) = \inf_d R(d), \forall d \in D \quad (\text{下确界}) \tag{7-2}$$

则称 $d^*(x)$ 为参数 θ 的贝叶斯估计量。其中 $R(d)$ 称为决策函数 $d^*(x)$ 的贝叶斯风险。贝叶斯估计量依赖于先验分布 $p(\theta)$，即对于不同的 $p(\theta)$，θ 的贝叶斯估计量是不同的。

若给定 θ 的先验分布 $p(\theta)$ 和平方损失函数

$$L(q,d) = (q-d)^2 \tag{7-3}$$

则 θ 的贝叶斯估计为

$$d(x) = E(\theta | X = x) = \int_q \theta p(\theta | x) d\theta \tag{7-4}$$

其中，$p(\theta|x)$ 为参数 θ 的后验概率。

7.2.2 基于贝叶斯估计的数据融合算法

贝叶斯估计和传统方法的主要区别在于是否融合了先验信息和样本信息。贝叶斯估计把待估计的参数看成是符合某种先验概率分布的随机变量；对样本进行观测的过程，就是把先验概率密度转化为后验概率密度，这样就利用样本的信息修正了对参数的初始估计值。

1. 简化的贝叶斯估计

假设一个状态空间，贝叶斯估计提供了一种计算后验（条件）概率分布的方法，假设 k 时刻的概率为 x_k，已知 k 组测量 $Z_k = \{z_1, z_2, \cdots, z_k\}$ 和先验分布如下，

$$p(x_k | Z^k) = \frac{p(z_k | x_k) p(x_k | Z^{k-1})}{p(Z^k | Z^{k-1})} \tag{7-5}$$

其中：$p(z_k|x_k)$ 为似然函数（基于给定的传感器测量模型）；$p(x_k|Z^{k-1})$ 为先验分布函数（基于给定的转换系统模型）；分母 $p(Z^k|Z^{k-1})$ 只是一种规格化术语，保证概率密度函数归一化。

概率密度函数 $p(Z|X)$ 描述了 Z 关于 X 的概率信息，它是一个基于观测的传感器依赖目标函数。如果状态变量 X 的可用信息独立于以前的观测值，则可以利用似然函数来改进以提供更准确的结果。若将变量 X 的先验信息封装成先验概率，并不是基于观测的数据，则这具有主观性。由于噪声引起的不确定性，由传感器提供的信息通常建模为一个近似于真实值的平均值，根据测量和传感器的操作参数的方差表示噪声的不确定性。概率传感器模型可使测定所获得数据的统计特征更容易。当已知状态的测定量 X 时，这个概率模型能够得到传感器 Z 的概率分布。这个分布是针对具体的某个传感器节点，而且能够通过实验来确定。高斯分布是一种最常用表示传感器不确定性的分布，公式如下，

$$p(Z=z_j \mid X=x) = \frac{1}{\sigma_j\sqrt{2\pi}}\exp\left\{\frac{-(x-z_j)^2}{2\sigma_j^2}\right\} \qquad (7\text{-}6)$$

其中，j 代表第 j 个传感器节点。因此，如果有两个传感器节点建模都使用式（7-6），那么根据贝叶斯理论，这两个传感器的融合均值可由最大后验概率估计（Maximum A Posteriori Estimation，MAP）得到，

$$x_f = \frac{\sigma_2^2}{\sigma_1^2+\sigma_2^2}z_1 + \frac{\sigma_1^2}{\sigma_1^2+\sigma_2^2}z_2 \qquad (7\text{-}7)$$

其中，σ_1 和 σ_2 分布是传感器 1 和 2 的标准偏差。根据文献[4]得到了融合方差。

$$\sigma_f^2 = \frac{\sigma_1^2 \times \sigma_2^2}{\sigma_1^2+\sigma_2^2} = \frac{1}{\sigma_1^{-2}+\sigma_2^{-2}} \qquad (7\text{-}8)$$

2. 改进的贝叶斯估计

由于传感器的故障、本身的局限、复杂环境等因素，传感器经常会提供虚假的数据。然而，前面描述的简化的贝叶斯估计不能够有效地处理虚假数据。该算法会产生相同的加权平均值，且没有考虑来自各个传感器的数据是否真实。后验概率分布总是比任何单个分布有一个较小的方差。简化的贝叶斯估计没有一个机制来判断来自某些传感器的数据是否是虚假的，因此可能会导致错误的估计。在文献[4]中提出了改进的贝叶斯估计，考虑了测量的不一致性。

$$p(X=x \mid Z=z_1,z_2) \propto \frac{1}{\sigma_1\sqrt{2\pi}}\exp\left\{\frac{-(x-z_1)^2}{2\sigma_1^2 f}\right\} \times \frac{1}{\sigma_2\sqrt{2\pi}}\exp\left\{\frac{-(x-z_2)^2}{2\sigma_2^2 f}\right\} \qquad (7\text{-}9)$$

从式（7-9）中可以看到，这一改进导致个体分布的方差与因子 f 成正比。因子 f 由式（7-10）给出。

$$f = \frac{m^2}{m^2-(z_1-z_2)^2} \qquad (7\text{-}10)$$

参数 m 是传感器值最大的预期差值。传感器测量的差值越大，导致因子 f 越大，方差也就越大。状态量 x 的 MAP 保持不变，但是融合的后验概率分布的方差改变了。因此，根据两个传感器测量值的平方差，和单个的高斯分布相比，后验概率分布的方差可能会增加或减少。正如在文献[4]已给出的结论，改进的贝叶斯算法能够非常有效地识别传感器数据的不一致，从而反映测量值的真实状态。

7.2.3 估计算法的局限性

虽然贝叶斯估计解决了传统估计方法的某些缺点，但还具有较大的局限性，归纳为以下 3 个方面。

(1)定义先验似然概率很困难

贝叶斯估计能够在给定参数的情况下，直接确定假设为真的概率，并允许使用假设来确定似然性先验知识，允许使用主观概率作为假设的先验概率。但却需要预先给出不同类型传感器观测对象的分布类型和先验似然概率。分布类型较难确定或不够精确，先验似然概率是在大量统计数据的基础上得出的。当处理的问题比较复杂时需要非常大的统计工作量，往往要求解一个似然方程，而且还存在精度不够等问题，这使得定义先验似然概率很困难。因此，在很多实际问题中，先验似然概率一般靠经验获得，其中的主观因素较大。

(2)不能处理广义的不确定问题

贝叶斯估计要求各个假设事件之间不相容或相互独立。当存在多个潜在假设和多条件相关事件时，要求有些假设是互斥的，这使得计算复杂性迅速增加，反映出贝叶斯估计缺乏分配总的不确定性的能力。

(3)不能直接使用贝叶斯估计进行数据融合

当传感器组的观测坐标一致时，可以直接对传感器的数据进行融合，但大多数情况下，传感器是从不同的坐标框架对同一对象进行描述，这时观测数据要以间接方式采用贝叶斯估计进行数据融合。间接方式要解决的问题是求出与传感器组读数相一致的旋转矩阵和平移矢量。

7.3 扩展卡尔曼滤波

7.3.1 扩展卡尔曼滤波介绍

滤波[5]是抑制和防止干扰的一项重要措施，是将信号中特定波段频率滤除的操作。其是根据某一随机过程的观测结果，对另一与之相关的随机过程进行估计的概率理论与方法。卡尔曼在 1960 年提出了一种新型滤波模型——卡尔曼滤波（Kalman Filter，KF）[6]。卡尔曼滤波是一种利用线性系统状态方程，通过系统输入输出观测数据，对系统状态进行最优估计的算法。因为观测数据中包括系统中的噪声和干扰的影响，所以最优估计也可看作滤波过程。

在测量方差已知的情况下，卡尔曼滤波能够从一系列存在测量噪声的数据中，估计动态系统的状态。由于它便于计算机编程实现，并能够对现场采集的数据进行实时更新和处理，卡尔曼滤波是目前应用最广泛的滤波方法之一，在通信、导航、制导与控制等多领域得到了较好的应用。其基本假设是，根据观测模型上一时刻最佳观测值来估计下一时刻系统状态，获得最佳估计量。被观测的 $Y(t)$ 则是估计过程 $X(t)$ 的线性函数与量测噪声的叠加，在非线性过程中并不平稳。

很多情况下，观测数据和目标动态参数间的关系是非线性的[7]，常用的非线性滤波方法有扩展卡尔曼滤波（Extended Kalman Filter，EKF）、不敏卡尔曼滤波[8]、粒子滤波[9]。在扩展卡尔曼滤波器中，状态转换和观测模型不需要状态是线性函数，可替换为可微的函数。在这 3 种跟踪算法中，扩展卡尔曼滤波速度最快，不敏卡尔曼滤波次之，粒子滤波最慢[10-11]。扩展卡尔曼滤波不仅具有计算量小的优点，也具有统计有效的优点。

Bucy 等致力于研究在非线性系统下的扩展卡尔曼滤波，扩展了卡尔曼滤波的适用范围[12]，例如 Sebesta 等[13]在直升机的惯性导航中使用了 EKF；还有研究者将 EKF 应用在姿态估计[14]、信号跟踪[15]、人员定位[16]等实际应用中。

7.3.2 扩展卡尔曼滤波原理

卡尔曼滤波能够在线性高斯模型的条件下，对目标的状态做出最优的估计，得到较好的跟踪效果。对非线性滤波问题常用的处理方法是利用线性化技巧将其转化为一个近似的线性滤波问题。因此，可以利用非线性函数的局部性特性，将非线性模型局部化，再利用卡尔曼滤波完成滤波跟踪。扩展卡尔曼滤波就是基于这样的思想，将系统的非线性函数做一阶泰勒（Taylor）展开，得到线性化的系统方程从而完成对目标的滤波估计等处理，扩展卡尔曼滤波的原理如图 7-4 所示。

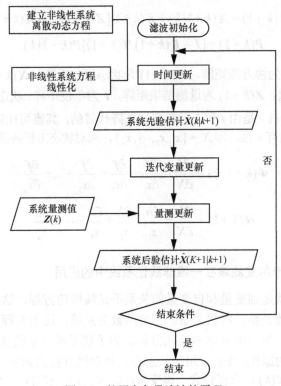

图 7-4　扩展卡尔曼滤波的原理

非线性系统离散动态方程可以表示为

$$X(k+1) = f[k, X(k)] + G(k)W(k) \quad (7\text{-}11)$$

$$Z(k) = h[k, X(k)] + V(k) \quad (7\text{-}12)$$

其中，$X(k)$和$X(k+1)$分别为k和$k+1$时刻的状态向量，$Z(k)$为量测向量，$f(\cdot)$和$h(\cdot)$分别为系统非线性状态函数和量测函数，$W(k)$和$V(k)$均是零均值但协方差不同的不相关高斯白噪声。

这里为了便于数学处理，假定没有控制量的输入，并假定过程噪声是均值为零的高斯白噪声，且噪声分布矩阵$G(k)$是已知的。其中，观测噪声$V(k)$也是加性均值为零的高斯白噪声。假定过程噪声和观测噪声序列是彼此独立的，并且有初始状态估计$\hat{X}(0|0)$和协方差矩阵$P(0|0)$。和线性系统的情况一样，我们可以得到扩展卡尔曼滤波如下。

$$\hat{X}(k|k+1) = f(\hat{X}(k|k)) \quad (7\text{-}13)$$

$$P(k+1|k) = \Phi(k+1|k)P(k|k)\Phi^{T}(k+1|k) + Q(k+1) \quad (7\text{-}14)$$

$$K(k+1) = P(k+1|k)H^{T}(k+1)[H(k+1)P(k+1|k)H^{T}(k+1) + R(k+1)]^{-1} \quad (7\text{-}15)$$

$$\hat{X}(k+1|k+1) = \hat{X}(k+1|k) + K(k+1)[Z(k+1) - h(\hat{X}(k+1|k))] \quad (7\text{-}16)$$

$$P(k+1) = [I - K(k+1)H(k+1)]P(k+1|k) \quad (7\text{-}17)$$

其中，$P(k+1|k)$为协方差矩阵，$K(k+1)$为状态增益矩阵，$\hat{X}(k+1|k+1)$为$k+1$时刻的状态估计值，$Z(k+1)$为量测结果矩阵，I为单位矩阵。状态转移$\Phi(k+1|k)$和量测矩阵$H(k+1)$是由f和h的雅可比矩阵代替的，其雅可比矩阵的求法如下。

假如状态变量有n维，即$X = [x_1, x_2, \cdots, x_n]$，则对状态方程各维求偏导，得，

$$\Phi(k+1|k) = \frac{\partial f}{\partial X} = \frac{\partial f}{\partial x_1} + \frac{\partial f}{\partial x_2} + \frac{\partial f}{\partial x_3} + \cdots + \frac{\partial f}{\partial x_n} \quad (7\text{-}18)$$

$$H(k+1) = \frac{\partial h}{\partial X} = \frac{\partial h}{x_1} + \frac{\partial h}{x_2} + \frac{\partial h}{x_3} + \cdots + \frac{\partial h}{x_n} \quad (7\text{-}19)$$

7.3.3 扩展卡尔曼滤波在一维非线性系统中的应用

非线性方程就是因变量和自变量的关系不是线性的方程，这类方程很多，例如平方关系、对数关系、指数关系、三角函数关系等。这类方程可分为两类，一类是多项式方程，另一类是非多项式方程。为了便于说明非线性卡尔曼滤波——扩展卡尔曼滤波的原理，我们选用的状态方程和观测方程都为非线性的通用系统。

系统状态为$X(k)$，它仅包含一维变量，即$X(k) = [x(k)]$，系统状态方程为

$$X(k) = 0.5X(k-1) + \frac{2.5X(k-1)}{1+X^2(k-1)} + 8\cos(1.2k) + \omega(k) \quad (7\text{-}20)$$

观测方程为

$$Y(k) = \frac{X^2(k)}{20} + v(k) \quad (7\text{-}21)$$

其中：系统状态方程是包含分式、平方、三角函数在内的严重非线性的方程；$\omega(k)$ 为过程噪声，其均值为 0，方差为 Q；观测方程中，观测信号 $Y(k)$ 与状态 $X(k)$ 的关系也是非线性的；$v(k)$ 也是均值为 0，方差为 R 的高斯白噪声。因此该系统是系统状态方程和观测方程都为非线性的一维系统。以此为通用的非线性方程的代表，接下来介绍如何用扩展卡尔曼滤波处理噪声问题。

① 初始化状态 $X(0)$、$Y(0)$ 和协方差矩阵 P_0。

② 状态预测。

$$X(k|k-1) = 0.5X(k-1) + \frac{2.5X(k-1)}{1+X^2(k-1)} + 8\cos(1.2k) \quad (7\text{-}22)$$

③ 观测预测。

$$Y(k|k-1) = \frac{X^2(k|k-1)}{20} \quad (7\text{-}23)$$

④ 一阶线性化状态方程，求解状态转移矩阵 $\boldsymbol{\Phi}(k)$。

$$\boldsymbol{\Phi}(k) = \frac{\partial \boldsymbol{f}}{\partial \boldsymbol{X}} = 0.5 + \frac{2.5[1 - X^2(k|k-1)]}{[1 + X^2(k|k-1)]^2} \quad (7\text{-}24)$$

⑤ 一阶线性化观测方程，求解观测矩阵 $\boldsymbol{H}(k)$。

$$\boldsymbol{H}(k) = \frac{\partial \boldsymbol{h}}{\partial \boldsymbol{X}} = \frac{X(k|k-1)}{10} \quad (7\text{-}25)$$

⑥ 求协方差矩阵预测 $P(k|k-1)$。

$$P(k|k-1) = \boldsymbol{\Phi}(k)P(k-1|k-1)\boldsymbol{\Phi}^{\mathrm{T}}(k) + \boldsymbol{\Gamma}\boldsymbol{Q}\boldsymbol{\Gamma}^{\mathrm{T}} \quad (7\text{-}26)$$

⑦ 求卡尔曼增益。

$$\boldsymbol{K}(k) = P(k|k-1)\boldsymbol{H}^{\mathrm{T}}(k)(\boldsymbol{H}(k)P(k|k-1)\boldsymbol{H}^{\mathrm{T}}(k) + R) \quad (7\text{-}27)$$

⑧ 求状态更新。

$$X(k) = X(k|k-1) + \boldsymbol{K}(Y(k) - Y(k|k-1)) \quad (7\text{-}28)$$

⑨ 协方差更新。

$$P(k) = (I_n - K(k)H(k))P(k|k-1) \qquad (7\text{-}29)$$

其中，第⑥步 $\boldsymbol{\Gamma}$ 为噪声驱动矩阵，第⑧步 $\boldsymbol{K}$ 为状态增益矩阵，第⑨步 $\boldsymbol{I}_n$ 为 n 阶单位矩阵，以上 9 步为扩展卡尔曼滤波的一个计算周期，如此循环下去就是各个时刻 EKF 对非线性系统的处理过程。

7.4 模糊决策

7.4.1 模糊决策基本概念

模糊决策是指在模糊环境下进行决策的数学理论和方法。严格地说，现实的决策大多是模糊决策。模糊决策的研究开始较晚，但涉及的面很广，还没有明确的范围。常用的模糊决策方法有模糊排序、模糊寻优和模糊对策等[17]。

（1）模糊排序

研究决策者在模糊环境下如何确定各种决策方案之间的优劣次序。例如，给定一个模糊序（一个反身、传递的二元模糊关系），或给定一个不传递的普通二元关系，如何近似地排出一个全序；对于有多种指标、多个效用函数的问题，如何利用模糊集合论的方法综合成一个排优次序，多层次的决策问题又应当如何排序。这些问题都已获得初步的解答。

（2）模糊寻优

给定方案及各种目标函数的限制条件以后，寻求最优方案便成了一个优化问题。若目标函数或约束条件是模糊的，这时的最优化就称为模糊寻优。目标函数模糊化的一种途径是以模糊数作为目标函数值，通过模糊数的分析、运算来寻求条件极值。约束条件的模糊化是将约束定义成模糊集合。在线性规划中这样的推广导致模糊线性规划的研究，其结果是使普通的线性规划应用范围更广，能更加灵活地适应各种不同的情况。在非线性规划中有非对称模型和对称模型两种数学模型。

（3）模糊对策

当决策者在对方已有决策的情况下进行决策时，就需要应用对策论。如果双方在选取策略时接受一定的模糊约束，这就需要应用模糊对策论。

7.4.2 模糊一致关系

模糊关系是模糊集合论中最基本的概念之一[18]。事实上，模糊决策过程就是建立事物论域、对策论域到效益论域的模糊关系的过程。据此，我们提出了一种新的模糊关系——模糊一致关系。这种模糊一致关系具有许多优良的特性，特别是中分传递性，使得模糊一致关系符合人类决策思维的心理特性，从而可以作为解决模糊决策问题的理论基础。

定义 7-1 设有论域 $U=\{u_i\,|\,i\in I\}$，$I=\{1,2,\cdots\}$ 为指标集，R 是 U 中的模糊关系，若对任意 $u_i\in U$，$u_j\in U$，都有

$$\mu_R(u_i,u_j)=\mu_R(u_i,u_k)-\mu_R(u_j,u_k)+0.5,\forall k\in I \tag{7-30}$$

则称 R 为模糊一致关系。

定理 7-1 模糊一致关系 R 具有如下特性。

① $\mu_R(u_i,u_i)=0.5$。

② $\mu_R(u_i,u_j)+\mu_R(u_j,u_i)=1$。

③ 模糊一致关系的补关系是模糊一致关系。

④ R 满足中分传递性，即

- 当 $\lambda\geq0.5$ 时，若 $\mu_R(u_i,u_j)\geq\lambda$，$\mu_R(u_j,u_k)\geq\lambda$，有 $\mu_R(u_i,u_k)\geq\lambda$。
- 当 $\lambda\leq0.5$ 时，若 $\mu_R(u_i,u_j)\leq\lambda$，$\mu_R(u_j,u_k)\leq\lambda$，有 $\mu_R(u_i,u_k)\leq\lambda$。

必须指出，模糊一致关系的中分传递性符合人们决策思维的心理特性。设 R 是论域 U 上的模糊关系"重要"，考虑如下 3 种情况。

（1）$\mu_R(u_i,u_k)>\mu_R(u_j,u_k)$

一方面，根据人类评价的一致性，u_i 应该比 u_j 重要，即 $\mu_R(u_i,u_j)>0.5$。

另一方面，根据给定条件，有 $\mu_R(u_i,u_k)-\mu_R(u_j,u_k)>0$，即 $\mu_R(u_i,u_k)-\mu_R(u_j,u_k)+0.5>0.5$，再由定义 7-1，也有 $\mu_R(u_i,u_j)>0.5$。

（2）$\mu_R(u_i,u_k)<\mu_R(u_j,u_k)$

此时，u_j 应比 u_i 重要，即 $\mu_R(u_i,u_j)<0.5$；而由给定条件，有 $\mu_R(u_i,u_k)-\mu_R(u_j,u_k)<0$，即 $\mu_R(u_i,u_k)-\mu_R(u_j,u_k)+0.5<0.5$，再由定义 7-1，也有 $\mu_R(u_i,u_j)<0.5$。

（3）$\mu_R(u_i,u_k)=\mu_R(u_j,u_k)$

此时，u_j 应该与 u_i 同样重要，即 $\mu_R(u_i,u_j)=0.5$，而由给定条件与定义 7-1，也有 $\mu_R(u_i,u_j)=0.5$。

定义 7-2 设 $R^l(l=1,\cdots,n)$ 是 U 中的 n 个模糊一致关系，令

$$\mu_R(u_i,u_j)=\sum_{l=1}^{n}w_l\mu_{R^l}(u_i,u_j) \tag{7-31}$$

$$\sum_{l=1}^{n}w_l=1 \tag{7-32}$$

则称模糊关系 R 为 $R^l(l=1,\cdots,n)$ 的合成，记作 $R=R^1\oplus R^2\oplus\cdots\oplus R^n$。

模糊一致关系 $R^l (l=1,\cdots,n)$ 的合成关系 R 仍然是模糊一致关系。

模糊一致关系合成运算的意义就在于：它可以将群体决策结果，即多个模糊一致关系有效地综合起来，从而形成总体模糊一致关系。

7.4.3 模糊一致矩阵

如果 R 是有限论域 $U = \{u_1, u_2, \cdots, u_m\}$ 上的模糊一致关系，则模糊一致关系 R 可以用模糊矩阵（仍记为 R）来表示，即

$$R = (r_{ij})_{m \times n} \tag{7-33}$$

$$r_{ij} = \mu_R(u_i, u_j) \tag{7-34}$$

显然，模糊矩阵 $R = (r_{ij})_{m \times n}$ 满足 $r_{ij} = r_{ik} - r_{jk} + 0.5$。我们把满足上述关系的模糊矩阵称为模糊一致矩阵。模糊一致矩阵满足中分传递性。

正是模糊一致矩阵的特殊性质使得模糊一致矩阵的概念符合人类决策思维的一致性，因此，模糊一致矩阵可以在诸如模糊相似选择、模糊综合评判、层次分析法、模糊决策等软科学中得到广泛的应用[19-20]。此处仅简要介绍模糊一致矩阵在层次分析法中的应用。

层次分析法把复杂的问题分解为各个组成因素，将这些因素按支配关系组成有序的递阶层次结构，通过两两比较的方式确定层次中诸因素的相对重要性，然后综合人的判断以决定决策诸因素相对重要性总的顺序。层次分析法中的关键环节是建立判断矩阵，从而将决策者对复杂系统的决策思维实行数量化。通过分析，可以发现：① 判断矩阵的一致性指标难于达到；② 判断一致矩阵的一致性与人类决策思维的一致性存在差异。

以文献[19]中一个简单的 A-C 判断矩阵为例。

A	C_1	C_2	C_3
C_1	1	5	1/3
C_2	5	1	3
C_3	3	1/3	1

考虑下三角元素 C_{21}、C_{31} 和 C_{32} 给出的判断：$C_{21}=5$ 表示 C_2 比 C_1 高 4 个级别，$C_{31}=3$ 表示 C_3 比 C_1 高 2 个级别，由此可推断出 C_3 比 C_2 低 2 个级别，即 C_{32} 应等于 $1/3$。显然，对于人的判断来说这是完全一致的。但是，该矩阵本身并非完全一致，即不满足 $C_{ij} = C_{ik}/C_{jk}$，如 $C_{21} = 5 \neq C_{23}/C_{13} = 9$。

为了解决上述问题，引入模糊一致矩阵，文献[18]对层次分析法进行改进，从而得到实用有效的模糊层次分析法。事实上模糊层次分析法将层次分析法中的"构造判断矩阵"变成"构造模糊一致判断矩阵"即可，其一般过程如下。

① 建立优选关系矩阵 $F = (f_{ij})_{m \times n}$。

$$f_{ij} = \begin{cases} 0.5, s(i) = s(j) \\ 1.0, s(i) > s(j) \\ 0.0, s(i) < s(j) \end{cases} \quad (7\text{-}35)$$

其中，$s(i)$ 和 $s(j)$ 分别表示因素 a_i 和 a_j 的相对重要性程度。显然，F 是模糊互补矩阵。

② 按定理 7-2 将 F 改造成模糊一致矩阵 R。

定理 7-2 如果对模糊互补矩阵 $F = (f_{ij})_{m \times n}$ 按行求和。记为

$$r_i = \sum_{k=1}^{n} f_{ik}, i = 1, \cdots, m \quad (7\text{-}36)$$

并施之如下数学变换

$$r_{ij} = \frac{r_i - r_j}{2m} + 0.5 \quad (7\text{-}37)$$

则由此建立的矩阵是模糊一致的。

由此可见：① 借助优先关系矩阵实现对决策的描述由定性向定量的转化是更方便，更有效的；② 直接由优先关系矩阵构造模糊一致的判断矩阵使判断的一致性问题得到妥善解决。

7.4.4 广义去模糊机制

去模糊是模糊决策系统中极其重要的环节。例如，一个模糊决策系统的最后则需要一个清晰的决策结果输出 y。因此，去模糊环节的任务就是将模糊子集 A 转换为清晰的输出 y。

令 A 和 $P_n(X)$ 分别是论域 $X = \{x_1, x_2, \cdots, x_n\}$ 上的模糊子集和模糊幂集，$A \in P_n(X)$，去模糊则是如下映射，

$$\text{DF}: P_n(X) \to \mathbf{R} \quad (7\text{-}38)$$

$$A \to y = \text{DF}(A) \in \mathbf{R} \quad (7\text{-}39)$$

其中，$\mathbf{R}$ 为实数域，DF 表示映射关系。

目前，典型的去模糊方法有：① 最大隶属原则；② 最大关联隶属原则[21]；③ 模糊质心法；④ 高斯变换分布法等。

由此可见，现有的去模糊方法多种多样，尽管如此，这些去模糊策略仍然存在着某些共同的特征。通过分析，我们提出一种可以描绘现有各种去模糊策略的一般形式，如式（7-40）所示。

$$y = \sum_{i=1}^{n} \omega_i x_i \qquad (7\text{-}40)$$

其中，$\omega_i = f(\varLambda) \in [0,1]$，满足 $\sum_{i=1}^{n} \omega_i = 1$

由此可见，去模糊结果实际上就是有限论域 X 中元素 $x_i(i=1,\cdots,n)$ 的加权和，而权系数 ω_i 则是模糊集合 A 的隶属向量 $\varLambda$ 的某种非线性函数。函数 $\omega_i = f(\varLambda)$ 的取法不同就导致了不同的去模糊方法。下面简要讨论。

① 最大隶属原则。

$$\omega_i = \begin{cases} 1, \boldsymbol{a}_i = \max_{i \leqslant j \leqslant n} \boldsymbol{a}_j \\ 0, 其他 \end{cases} \qquad (7\text{-}41)$$

其中，$\boldsymbol{a}_i$ 和 $\boldsymbol{a}_j$ 均为模糊向量。

② 最大关联隶属原则。

$$\omega_i = \begin{cases} 1, V(A, B_i^0) = \max_{i \leqslant j \leqslant n} V(A, B_j^0), \\ 0, 其他 \end{cases} \qquad (7\text{-}42)$$

其中，B 为模糊评价集合。

③ 模糊质心法。

$$\omega_i = \frac{a_i}{\sum_{j=1}^{n} a_j} \qquad (7\text{-}43)$$

显然，由 $\omega_i(i=1,\cdots,n)$ 组成的模糊向量即为隶属向量 $\varLambda$ 的归一化向量。换言之，如果隶属向量 $\varLambda$ 为归一化向量，即满足 $\sum_{j=1}^{n} a_j = 1$，则 $\omega_i = a_i$。

必须指出，为了得到合理有效的去模糊结果，由去模糊策略的一般形式可知，其关键在于选取合适的权系数。这就启发我们，可以采用某种优化手段，如人工神经网络自组织自学习技术来解决权系数获取问题。换言之，可以在去模糊策略一般形式的启迪下，开阔思路，建立新的有效的去模糊方法，从而得到更理想更合理的去模糊结果。

7.5 应用实例——多目标跟踪

多目标跟踪（Multiple Object Tracking，MOT），是多传感器融合技术的一种典型应用。其主要任务是给定一个图像序列，找到图像序列中运动的物体，并将不同帧中的运动物体一一对应,然后给出不同物体的运动轨迹。这些物体可以是任意的,如行人、车辆、运动员、各种动物等。在自动驾驶系统中,目标跟踪算法要对运动的车、行人、其他动物的运动进行跟踪,对它们在未来的位置、速度等信息做出预判。在计算机视觉的3层结构中,目标跟踪属于中间层,是其他高层任务(如动作识别、行为分析等)的基础。目标跟踪又包括单目标跟踪和多目标跟踪。单目标跟踪可以通过目标的表观建模或者运动建模,以处理光照、形变、遮挡等问题,而多目标跟踪就要复杂得多,除了单目标跟踪遇到的问题外,还需要目标间关联匹配。另外在多目标跟踪任务中经常会碰到目标的频繁遮挡、轨迹开始终止时刻未知、目标太小、表观相似、目标间交互、低帧率等问题。所以MOT问题更加棘手。

7.5.1 多目标跟踪方法分类

按照跟踪目标初始化方式分类:基于检测的跟踪(Detection Based Tracking,DBT)(检测目标需要训练检测器)和无检测跟踪(Detection Free Tracking,DFT)(第一帧初始化目标)。

按处理模式分类:离线(Offline)跟踪和在线(Online)跟踪(区别是是否用到后面几帧检测目标的结果)。

DBT和DFT的程序流程如图7-5所示,DBT是指在跟踪之前每一幅图像中的目标信息都事先经过检测算法得到。它首先检测目标,然后链接到已有的轨迹中。跟踪目标的数量和跟踪目标的类型全部由检测算法的结果决定,无法预知,也就是说MOT包含一个独立的检测过程。这种方法性能比较依赖于检测算法的好坏。

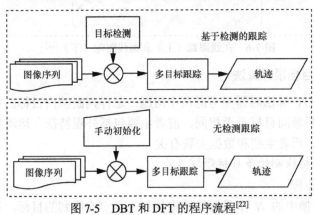

图7-5 DBT和DFT的程序流程[22]

DFT需要人工标定第一帧图像中的目标,之后边检测边跟踪目标。DBT和DFT相比较,DBT使用得更多。原因在于DFT目标需要人工标定,对于非第一帧出现的目标或者中间帧消失的目标没办法处理。DFT相对于DBT的优点在于对目标类型事先要求不高,由人工指定。DBT的目标类型由分类器决定。

在线跟踪和离线跟踪如图 7-6 所示。一般而言，在线跟踪更适用于实际情况，即视频一般时序列化得到，用到的是直到当前帧的前面所有帧的信息，例如要获得图中第 N 帧的目标信息，则通过前 $N-1$ 帧的迭代获得。但是离线跟踪是通过提前获取视频中所有 N 个帧的观测目标，经分析计算组成最后的输出，因此更可能得到全局最优解。考虑到计算复杂度和内存限制，现在许多方法采用的是在较小的时间片段内使用离线跟踪的方法进行折中。

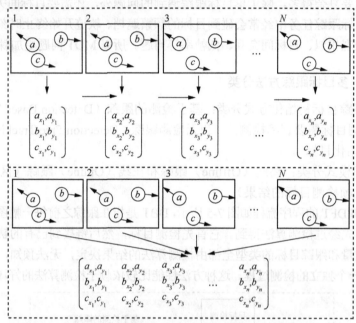

图 7-6 在线跟踪（上）和离线跟踪（下）[22]

7.5.2 多目标跟踪算法

在设计 MOT 算法时需要考虑两个问题：怎样判断帧内目标的相似性；基于相似性怎样判断帧间目标是否相同。前者主要包括外观特征、运动特征和形状特征的建模问题，后者主要和数据关联有关。

1. 基于目标检测的多目标跟踪算法

（1）跟踪流程

① 在上一帧中的 N 个目标轨迹中找到了本次检测到的目标，说明正常跟踪到了。

② 在上一帧中的 N 个目标轨迹中没有找到本次检测到的目标，说明这个目标是这一帧中新出现的，所以需要记录保存下来，用于下一帧的跟踪关联。

③ 在上一帧中存在某个目标，但这一帧并没有与之关联的目标。说明该目标

可能从视野中已消失,需要将其移除。这种情形下还可能是由于检测误差或者目标被遮挡,导致在这一帧中该目标并没有被检测到。

(2)处理流程

跟踪目标,先要将视频中的目标检测出来,这一步称为"目标检测"。然后根据检测得到的结果,将每帧中的目标关联起来。目标检测算法有很多,如基于区域的快速卷积神经网络(Fast Region-based Convolutional Neural Network,Fast R-CNN)、单枪多盒检测器(Single Shot Multi Box Detector,SSD)和你只看一次(You Only Look Once,YOLO)等。

(3)数据关联方式

① 通过计算两帧中两个目标间的距离,认为距离最短的就是同一个目标。

② 加上判断条件如交并比(Intersection over Union,IoU),当 IoU 超过一定的阈值就说明是同一个目标。

这种方式的优点是简单,匹配速度快,缺点也显而易见,即,当遇见目标被遮挡、目标过于密集、视频跳帧太大等情况时,跟踪就会失败。

2. 基于轨迹预测的多目标跟踪算法

先预测目标的下一帧会出现的位置,然后让真实的检测结果与预测的位置进行对比关联。这样的话,只要预测足够准确,几乎不会出现前面提到的由于速度太快而存在的误差。

跟踪预测方法有:卡尔曼滤波、粒子滤波、均值漂移算法。数据关联算法有:多假设跟踪方法、关联滤波器方法、匈牙利算法、马尔可夫链蒙特卡洛方法和贪婪关联算法。

3. 基于目标特征建模的多目标跟踪算法

基于目标特征建模的多目标跟踪算法引入卷积神经网络,表观特征提取模型。对每个检测到的目标,先利用卷积神经网络提取表观特征(可以理解为该目标的一种特征编码),然后计算每个目标特征之间的余弦距离。该算法的准确率大幅提高,但耗时增多。其流程如图 7-7 所示。

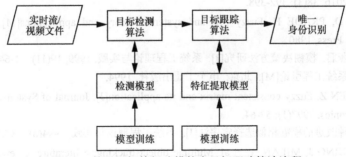

图 7-7 基于目标特征建模的多目标跟踪算法流程

参考文献

[1] DALE A I. Most honorable remembrance: the life and work of thomas bayes[M]. New York: Springer, 2003.

[2] AMINI K, BOSTAN E, UNSER M. Bayesian estimation for continuous-time sparse stochastic processes[J]. IEEE Transactions on Signal Processing, 2013, 61(4): 907-919.

[3] 李贤平, 沈崇圣, 陈子毅. 概率论与数理统计[M]. 上海: 复旦大学出版社, 2003.

[4] GARG D, KUMAR M, ZACHERY R. A generalized approach for inconsistency detection in data fusion from multiple sensors[C]//American Control Conference. Piscataway: IEEE Press, 2006: 2078-2083.

[5] 杨文, 侍洪波, 汪小帆. 卡尔曼一致滤波算法综述[J]. 控制与决策, 2011, 26(4): 481-488.

[6] KALMAN R E. A new approach to linear filtering and prediction problems[J]. Journal for Basic Engineering, 1960, 82(1): 35-45.

[7] 陈咏梅, 潘泉, 张洪才, 等. 基于推广卡尔曼滤波的多站被动式融合跟踪[J]. 系统仿真学报, 2003, 15(4): 521-524.

[8] 刘德春, 谭信. 非线性滤波算法性能对比[J]. 电子设计工程, 2011, 19(13): 49-51.

[9] 胡士强, 敬忠良. 粒子滤波算法综述[J]. 控制与决策, 2005, 20(4): 361-366.

[10] 潘勃, 冯金富, 李骞. 毫米波/红外多传感器融合跟踪算法研究[J]. 红外与毫米波学报, 2012, 29(3): 230-235.

[11] 杨永健, 樊晓光, 王晟达, 等. 基于修正卡尔曼滤波的目标跟踪[J]. 系统工程与电子技术, 2014, 36(5): 846-851.

[12] 黄小平, 王岩. 卡尔曼滤波原理及应用——MATLAB 仿真[M]. 北京: 电子工业出版社, 2015.

[13] SEBESTA K D, BOIZO T N. A real-time adaptive high-gain EKF, applied to a quadcopter inertial navigation system[J]. IEEE Transactions on Industrial Electronics, 2014, 61(1): 495-503.

[14] 贾瑞才. 基于四元数 EKF 的低成本 MEMS 姿态估计算法[J]. 传感技术学报, 2014, 27(1): 90-95.

[15] 刘岩, 姚志成, 程俊仁, 等. 基于自适应 EKF 的弱 GNSS 信号跟踪算法[J]. 计算机测量与控制, 2014, 22(6): 1842-1845.

[16] 刘云, 房飞翔. 基于 LO-EKF 算法对矿井人员定位跟踪的优化研究[J]. 云南大学学报(自然科学版), 2016, 38(3): 392-398.

[17] DUBOIS D, PRADE H. Fuzzy sets and systems: theory and applications[M]. New York: Academic Press, 1980.

[18] 姚敏, 黄燕君. 模糊决策方法研究[J]. 系统工程理论与实践, 1999, 19(11): 61-64.

[19] 王众托. 系统工程引论[M]. 北京: 电子工业出版社, 1994.

[20] MIN Y, SEN Z. Fuzzy consistent matrix and its application[J]. Journal of Systems Engineering and Electronics, 1997(1): 57-64.

[21] 姚敏. 一种改进的模糊相似选择定序法[J]. 系统工程理论与实践, 1994(8): 18-21.

[22] LUO W, XING J, MILAN A, et al. Multiple object tracking: a literature review[J]. Artificial Intelligence, 2021, 293: 103448.

第 8 章
其他传感器技术

🔍 8.1 超声波雷达

超声波是无人驾驶中一款极其常见的传感器，应用在目前很多先进驾驶辅助系统（Advanced Driving Assistance System，ADAS）或者 L1、L2、L2.5 级别的自动驾驶车辆上。例如最常见的倒车雷达，就是使用了超声波雷达，它是汽车驻车或者倒车时的安全辅助装置，能以声音或者更为直观的显示器告知驾驶员周围障碍物的情况，解除了驾驶员驻车、倒车和启动车辆时前后左右探视所引起的困扰，并帮助驾驶员扫除了视野死角和视线模糊的缺陷。

超声波可以探测到对应方向的最近障碍物距离，且造价相对便宜，是车上最易大规模使用的传感器，广泛用于倒车雷达、自动泊车、盲区检测等功能。

8.1.1 超声波雷达的工作原理

超声波雷达的工作原理，是利用传感器内的超声波发射机发射出一定频率的超声波，由接收机接收经障碍物反射回来的超声波，根据超声波反射接收的时间差，由控制单元内的中央处理单元（Central Processing Unit，CPU）处理换算成距离，即距离=声速×时间/2，如图 8-1 所示。当然，这只是最基本的工作原理，实际上还要考虑多普勒效应、温度影响、噪声干扰、机械特性等。但是总体来说，返回的数据误差极小，一般最大不会超过±5 cm 左右，环境正常情况下，基本同一个障碍物的距离不会产生波动。

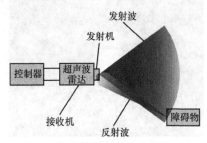

图 8-1　超声波雷达的工作原理示意

通常来说超声波传感器的最大探测距离在 2.5～5 m，最小探测距离在 15～30 cm，再小就进入了超声波传感器的盲区。因为超声波是靠振动发出超声波，然后接收回波进行障碍物距离的判断，但是超声波探头有一个余震，如果在余震的这段时间内，探测距离过短，就无法分别出到底是余震还是回波，导致盲区，无法判断到探测障碍物的距离。

8.1.2 超声波雷达的类型

按工作频率分类，超声波雷达可以分为 40 kHz、48 kHz 和 58 kHz 这 3 种，一般来说，频率越高，灵敏度越高，但水平与垂直方向的探测角度就越小。

按构造分类，超声波雷达可分为较传统的等方性雷达以及工艺水平更高的异方性雷达。等方性雷达的水平角度与垂直角度相同，异方性雷达的水平角度与垂直角度不同。等方性雷达的缺点在于垂直照射角度过大，容易探测到地面，无法侦测较远的距离。异方性雷达探头产生的超声波波形强弱较不稳定，容易产生误报警的情况。

按技术方案分类，超声波雷达可以分为模拟式、四线式数位、二线式数位、三线式主动数位，它们的信号抗干扰能力依次提升，技术难度与价格总体递进。

按具体应用分类，超声波雷达可分为两种类型。第一种安装在汽车前后保险杠上，也就是用于测量汽车前后障碍物的倒车雷达，这种雷达业内称为超声波驻车辅助（Ultrasonic Parking Assistant，UPA）；第二种安装在汽车侧面，用于测量侧方障碍物距离雷达，这种雷达业内称为自动泊车辅助（Automatic Parking Assistant，APA）。UPA 和 APA 的探测范围和探测区域都不相同，如图 8-2 所示。图 8-2 中的汽车配备了前后向共 8 个 UPA，左右侧共 4 个 APA。UPA 的探测距离一般在 15～250 cm 之间，主要用于测量汽车前后方的障碍物。APA 的探测距离一般在 30～500 cm 之间，探测范围更远，因此相比于 UPA 成本更高，功率也更大。APA 的探测距离优势让它不仅能够检测左右侧的障碍物，而且还能根据超声波雷达返回的数据判断停车位是否存在。

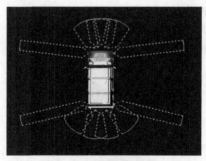

图 8-2 超声波雷达布局

8.1.3 超声波雷达的数学模型

虽然 UPA 和 APA 无论在探测距离还是探测形状上区别很大,但是它们依然可以用同样的数学模型描述。描述一个超声波雷达的状态需要如下 4 个参数,其数学模型的示意如图 8-3 所示。

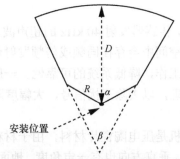

图 8-3 超声波雷达数学模型的示意

- 参数 1:α。

α 是超声波雷达的探测角,一般 UPA 的探测角为 120°左右,APA 的探测角比 UPA 小,大概为 80°。

- 参数 2:β。

β 是超声波雷达检测宽度范围的影响因素之一,该角度一般较小。UPA 的 β 角为 20°左右,APA 的 β 角比较特殊,为 0°。

- 参数 3:R。

R 也是超声波雷达检测宽度范围的影响因素之一,UPA 和 APA 的 R 值差别不大,都在 0.6 m 左右。

- 参数 4:D。

D 是超声波雷达的最大量程。UPA 的最大量程为 2~2.5 m,APA 的最大量程至少是 5 m。

8.1.4 超声波雷达的优势与劣势

(1)优势

超声波的能量消耗较缓慢,在介质中传播的距离比较远,穿透性强,测距的方法简单,成本低。

(2)劣势

超声波雷达在速度很高情况下测量距离有一定的局限性,这是因为超声波的传输速度很容易受天气情况的影响,在不同的天气情况下,超声波的传输速度不同,而且传播速度较慢,当汽车高速行驶时,使用超声波测距无法跟上汽车的车距实时变化,误差较大。此外,超声波散射角大,方向性较差,在测量较远距离的目标时，其回波信号会比较弱，影响测量精度。但是，在短距离测量中，超声波雷达具有非常大的优势。

8.1.5 超声波雷达的技术特点

（1）抗同频干扰

在超声波雷达系统中，传感器发射 40 kHz 的超声波，接收的主要还是 40 kHz 的信号，在实际使用环境空间中会存在同频或倍频发射信号，如果处理不当，就会误判，影响系统的正常工作，降低系统的可靠性。一般除了采用硬件滤波外，通常还需进行软件滤波处理，以去除干扰信号，大幅度降低误判。

（2）不侦测地面

超声波发射机、接收机是压电陶瓷片材料，由于材料本身特性，发射时除在水平方向上有一定角度外，垂直方向也有一定角度。地面因为路面可能凹凸不平，还有石头、木块等杂物，而且考虑到车身负载，传感器与地面距离也不一样，这样传感器难免会收到地面的回波，以至产生干扰、误判，这就是所谓的照地问题。解决方法是通过与机构配合设计（如探头上仰），也可通过软件对一些关键感度值的控制使超声波在水平方向上有效地克服照地问题。

（3）抗共振

倒车雷达系统的传感器是安装在车的保险杠上，这样传感器就和车一样经常在各种振动环境下经受考验。如何使传感器正常工作而不受颠簸影响，通常需设计一种吸振材料，它具有良好的弹性，防止与保险杠形成共振，这样就可保证倒车时超声波的发送、接收不受车体振动影响。

（4）防水

橡胶套除了有抗共振作用外，也兼顾防水作用，传感器长期外露于车体外，一般都采用硅填充胶防水技术以达防水作用。

（5）耐温

车辆经常在不同温度下使用，因此超声波雷达系统的各部件也需经得起温差变化无常的考验，否则其产品寿命率将远远降低。根据这一情况，设计中所选元器件，甚至塑料外壳都应使可受温度在-40～85℃范围内，个别甚至可达-55～125℃。

8.2 红外传感器

红外探测就是利用仪器接收被探测物发出或者反射的红外线，从而掌握被测物体所处位置的技术。红外传感器因环境适应性好、隐蔽性好、抗干扰能力强，能在一定程度上识别伪装目标，且具有设备体积小、重量轻、功耗低等特点，能够弥补其他传感器的不足，在无人系统中占据重要地位[1-5]。

8.2.1 红外线

红外线是太阳光谱的一部分，红外线的最大特点就是具有光热效应，辐射热量。它是光谱中最大光热效应区。红外线是一种不可见光，与所有电磁波一样，具有反射、折射、散射、干涉、吸收等性质。红外线在真空中的传播速度为 3×10^8 m/s。红外线在介质中传播会产生衰减，在金属中传播衰减很大，但红外辐射能透过大部分半导体和一些塑料，大部分液体对红外辐射吸收非常大。不同的气体对其吸收程度各不相同，大气层对不同波长的红外线存在不同的吸收带。研究分析表明，波长为 1～5 μm、8～14 μm 区域的红外线具有比较大的"透明度"。即这些波长的红外线能较好地穿透大气层。自然界中任何物体，只要其温度在绝对零度之上，都能产生红外线辐射。红外线的光热效应对不同的物体是各不相同的，热能强度也不一样。例如，黑体（能全部吸收投射到其表面的红外辐射的物体）、镜体（能全部反射红外辐射的物体）、透明体（能全部穿透红外辐射的物体）和灰体（能部分反射或吸收红外辐射的物体）将产生不同的光热效应。

8.2.2 红外传感器分类

红外传感器是利用红外线为介质来进行数据处理的一种传感器。根据发出方式不同，红外传感器可分为主动式红外传感器和被动式红外传感器两种。

1. 主动式红外传感器

主动式红外传感器的发射机发出一束经调制的红外光束，被红外接收机接收，从而形成一条红外光束组成的警戒线。当遇到树叶、雨、小动物、雪、沙尘、雾遮挡则不报警，人或相当体积的物品遮挡将发生报警。

主动式红外传感器技术主要采用一发一收，属于线形防范，现在已经从最初的单光束发展到多光束，而且还可以双发双收，最大限度地降低误报率，从而增强该产品的稳定性、可靠性。因为红外线属于环境因素不相干性良好（对于环境中的声响、雷电、振动、各类人工光源及电磁干扰源，具有良好的不相干性）的探测介质；同时也是目标因素相干性好的产品，所以主动式红外传感器将会得到进一步的推广和应用[6-7]。

2. 被动式红外传感器

被动式红外传感器是靠探测人体发射的红外线来进行工作的。传感器收集外界的红外辐射进而聚集到红外传感器上。红外传感器通常采用热释电元件，这种元件在接收红外辐射温度发出变化时就会向外释放电荷。被动式红外传感器是以探测人体辐射为目标的，因此辐射敏感元件对波长为 10 μm 左右的红外辐射必须非常敏感。为了对人体的红外辐射敏感，在它的辐射照面通常覆盖有特殊的滤光片，使环境的干扰受到明显的控制作用。

被动式红外传感器包含两个互相串联或并联的热释电元。而且制成的两个电极化方向正好相反，环境背景辐射对两个热释电元几乎具有相同的作用，使其产生释电效应相互抵消，于是探测器无信号输出。一旦入侵人进入探测区域内，人体红外辐射通过部分镜面聚焦，从而被热释电元接收，但是两片热释电元接收的热量不同，热释电也不同，不能抵消，经信号处理发出信号。

根据能量转换方式的不同，红外传感器又可分为光子式红外传感器和热释电式红外传感器两种。

（1）光子式红外传感器

光子式红外传感器是利用红外辐射的光子效应进行工作的，如图 8-4 所示。光子效应是指当有红外线入射到某些半导体材料上时，红外辐射中的光子流与半导体材料中的电子相互作用，改变了电子的能量状态，从而引起各种电学现象。通过测量半导体材料中电子性质的变化，就可以知道相应红外辐射的强弱。光子探测器类型主要有内光电探测器、外光电探测器、自由载流子式探测器、量子阱式探测器等。

图 8-4　光子式红外传感器

光子探测器的主要特点是灵敏度高、响应速度快，具有较高的响应频率，但缺点是探测波段较窄，一般工作于低温（为保持高灵敏度，常采用液氮或温差电制冷等方式，将光子探测器冷却至较低的工作温度）环境。

（2）热释电式红外传感器

热释电式红外传感器（如图 8-5 所示）是利用红外辐射的热效应引起元件本身的温度变化来实现某些参数的检测的，其探测率、响应速度都不如光子型传感器。但其可在室温下使用，灵敏度与波长无关，因此应用领域很广[8-10]。利用铁电体热释电效应的热释电式红外传感器灵敏度很高，获得了广泛应用。

图 8-5　热释电式红外传感器

当某些绝缘物质受热时，随着温度的上升，在晶体两端会产生数量相等而符号相反的电荷，这种由于热变化而产生的电极化现象称为热释电效应[4]。热释电效应在近十年被用于热释电式红外传感器中。能产生热释电效应的晶体称为热释电体，又称为热电元件。热电元件常用的材料有单晶、压电陶瓷及高分子薄膜等。

8.2.3　红外传感器相关技术

1. 红外夜视技术

红外夜视技术分为主动红外夜视技术和被动红外夜视技术。主动红外夜视技术是通过主动照射并利用目标反射红外源的红外光来实施观察的夜视技术，对应装备为主动红外夜视仪。被动红外夜视技术是借助于目标自身发射的红外辐射来实现观察的红外技术，它根据目标与背景或目标各部分之间的温差或热辐射差来发现目标，其对应装备为热成像仪。热成像仪具有不同于其他夜视仪的独特优点，如可在雾、雨、雪的天气下工作，作用距离远，能识别伪装和抗干扰等，已成为国外夜视装备的发展重点。

（1）主动红外夜视技术（近红外区）

主动红外夜视系统（如图 8-6 所示）由红外线发射机、红外变像管、电源以及光学系统构成，其工作原理为：红外线发射机向前发射红外线，当前方有障碍物时，红外线碰触到障碍物便会被反射回来，然后经由物镜组落到红外变像管的光电发射体上，光电发射体吸收光子能量发射光电子，光电子经过变像管的加速、增强、成像处理后最终轰击到荧光屏上形成可见光图像。最后经由目镜放大，人们就能观察到放大了的图像。

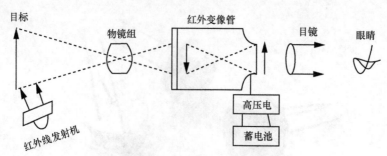

图 8-6 主动红外夜视系统

主动红外夜视系统的工作波段在 800~1 000 nm 的近红外区域。主动红外夜视系统的作用距离，取决于红外发射模块的功率。功率越大，系统作用距离越远。但受限于车载设备对重量和体积的限制，实际的红外夜视系统的作用距离也受到一定的限制。

第三代红外夜视技术简称 IR-III 技术，属于一种主动红外。它的原理是经过一个发出红外光的 PN 结，发出波长为 850 nm 的红外，根据监控系列中摄像捕捉图像的装置，电荷耦合器件（Charge-Coupled Device，CCD）能感应红外的光谱特性，进行主动照明，反射红外光线成像。IR-III 技术是继主动红外第一代普通发光二极管（Light-Emitting Diode，LED），第二代阵列式 LED Array（阵列）之后，最新出现的一种新型红外夜视技术，它具有夜视距离远，零光衰，功耗低，光电转化效能高，体积小等特点。IR-III 技术仅由一个发光二极管组成，其发热量极小，芯片部位仅为 50℃，曾一度被称为"冷光源"。此外，IR-III 技术采用特殊封装材料代替普通环氧树脂作为透镜，有效地防止了透镜材料内部因受热出现断裂面而光衰，使得红外光线可以持续发出不会被损耗，一个发光二极管将光束集中在透镜的焦点发出，也大大保证了光的强度。此外，IR-III 技术具有板上芯片（Chips on Board，COB）封装技术，能有效地降低功耗，单颗 IR-III 技术的发光管所发出来的红外光是第一代传统 LED 红外摄像机整个模组的 3.7 倍。

（2）被动红外夜视技术（中、远红外区）

自然界中一切温度高于绝对零度（−273℃）的物体，每时每刻都辐射出红外线，同时这种红外线辐射都载有物体的特征信息，这就为利用红外技术判别各种被测目标的温度高低和热分布场提供了客观的基础。

被动红外夜视即热成像红外夜视[11]，被动红外夜视系统如图 8-7 所示。物体发出的红外辐射经由光学系统的光谱滤波和光学扫描后，在光敏面上汇聚。然后水平扫描器和垂直扫描器对其扫描，扫描器形成的物体图像在探测器上逐点扫过。接着探测器将接收到的红外光信号转换成相应的电压信号，电压信号由放大器进行放大、模数转换器进行数模转换，最终形成图像信号，并在显示器上显示。

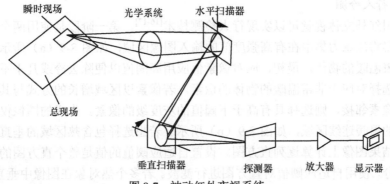

图 8-7 被动红外夜视系统

2. 红外双目立体视觉

双目立体视觉系统采用两个相机同时采集图像，通过两幅图像对应点的视差来计算点的三维坐标，实现三维定位。目标识别和点匹配算法是双目视觉三维定位的基础和重点。但在一定范围内，这些算法对一些噪声十分敏感，而采用人工表示往往改变了环境，不是很方便。为实现目标的可靠定位，现有很多方案采用红外相机做双目立体视觉或者普通相机加上红外滤光片的方式代替红外相机实现特定红外光谱表示图像的采集[12-14]。

红外双目立体视觉环境感知系统（如图 8-8 所示）也是基于视差获取视域空间内的三维信息，即由两个摄像机的图像平面和前方物体之间构成一个三角形，已知两个摄像机之间的位置关系，通过相似三角形原理来获得两个摄像机公共视场内物体的深度数据、三维尺寸及空间物体特征点的三维坐标。此种方法不受物体材质的影响，可以增强包括无人机、载人直升机在内的机动平台的作业可靠性。

若将红外热成像技术与双目立体视觉技术进行一体化融合，又可以实现透雾、透云、不受电磁干扰、不需任何辅助光源便可以进行全天时、全天候作业[15]。此外，宽动态成像技术可以使红外热像仪能够在温度骤变的情况下实现成像自适应调节，继而保证视域内障碍物距离数据的实时抓取。

图 8-8 红外双目立体视觉环境感知系统

3. 行人检测

应用红外立体视觉可以实现行人检测技术[16-17]。第一阶段是使用两个不同的阈值获得将注意力集中在有高强度值的输入图像区域，如图 8-9（a）所示，这些区域代表温暖的物体。最初，应对像素值应用高阈值以便除去冷或几乎不温暖的区域，选择对应于非常温暖的物体的像素。若像素以区域增长的方式与其他已经选择的像素邻接，则选择具有高于下阈值的灰度级的像素。生成的图像仅包含呈现热点的温暖连续区域，如图 8-9（b）所示。若想选择包含热区域的垂直条纹，则需在结果图像上计算逐列直方图。设置自适应阈值的值是整个直方图的平均值的一部分，使用自适应阈值对直方图进行滤波。若多个热对象在图像中垂直对齐，那么它们的贡献在直方图中相加。同时，也可以通过计算每个条带的灰度级的新的方向直方图来区分哪里属于相同水平条纹的暖区。确定暖区后对行人可能位于的区域生成矩形边界框，如图 8-10（a）所示，再对边界框进行细化即可准确的检测到行人，如图 8-10（b）所示。

(a) 双阈值处理图像　　　　　(b) 最终生成图像

图 8-9　行人检测处理过程

(a) 暖区生成边界框　　　　　(b) 边界框细化

图 8-10　暖区元素检测

4. 目标跟踪

计算机立体视觉包括能够从一组 2D 图像获取、估计和提取空间中的场景的距离信息系统。利用长波红外传感器，系统可以进一步升级，以便将系统置于低能见度场景中，普通色彩传感器不会是最佳选择。数据流通过模拟信号流转换为通用串行总线（Universal Serial Bus，USB）进行处理。传感器平行放置，安装在支架上并连接到机器人平台。

第 8 章 其他传感器技术

如果将两个传感器放置到场景中,则可以使用对极几何通过计算匹配特征点之间的视差来获得距离。基于来自绝对差值和(Sum of Absolute Differences,SAD)算法的成本来匹配特征点。从图 8-11 找到一个像素块,并根据目标图像上的像素强度计算 SAD。通过纠正两个图像来简化搜索。每个可能的特征点位于同一像素行,不需垂直搜索。沿每个像素行具有最小成本的块被认为是最佳匹配。该差异与物体(人)的实际距离成反比,然后被发送到机器人以便跟踪[18]。

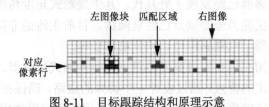

图 8-11 目标跟踪结构和原理示意

8.3 其他车身状态传感器

8.3.1 车身高度传感器

车身高度传感器是汽车上用于测量车身前后悬架姿态变化必不可少的零部件。目前汽车的悬架控制系统(如主动悬架系统、悬架阻尼控制系统、空气悬架系统等)和前大灯自动调节系统均需要通过该传感器测量汽车行驶姿态的变化。

目前测量车身高度的方法主要采用图 8-12 所示的四连杆式车身高度传感器测量,其中汽车的下摆臂通过四连杆结构与一个角度传感器的旋转臂连接,当车身高度发生变化时,下摆臂会以旋转轴为圆心发生旋转,同时带动四连杆机构运动,角度传感器的摆臂被带动旋转,角度传感器的输出信号发生变化,间接反映了车身高度的变化。所以,采用旋转角度传感器以及四连杆机构就可以测量出车身高度的变化。也就是说这种车身高度传感器的核心就是一个角度传感器。

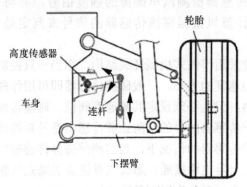

图 8-12 四连杆式车身高度传感器

不同于以上的四连杆结构，另外一种测量方法采用了电涡流测距的原理，可以以完全非接触的方式测量车身高度的变化。这种测量方案的优点是实现了传感器同被测体的完全非接触测量，传感器寿命更长，可靠性更高。但是由于电涡流测量技术比较复杂，开发难度较大，同时传感器成本也较高，目前在车上的普及度远不如四连杆式测量方案。

从起初采用的接触式电阻膜式角度传感器到各种非接触式角度传感器，测量车身高度所用的传感器已经发展了好几代。其中接触式角度传感器由于存在寿命短、精度低、抗干扰能力差等缺点已经被淘汰。目前主流的非接触式传感器分为线性霍尔型、磁阻型、电磁感应型、差分霍尔型等。

线性霍尔型起初应用在车身高度测量上的非接触式传感器，其利用了霍尔元件输出与磁场呈正比的特点，通过设计一个特殊的磁路，确保在一定角度范围内，霍尔元件的磁场与转轴角度呈正比关系。同时专用特殊应用集成电路（Application Specific Integrated Circuit，ASIC）的出现也使传感器在一定角度范围内能够对输出进行编程及线性补偿，提高了测量的精度。但是，由于线性霍尔只能直接测量一个方向磁场强度的原因，磁场强度的细微变化都会引起输出的变化，这就需要在制造传感器时确保很高的定位精度，已确保磁场与角度的线性度，同时还需要选用在汽车级工作温度内温度系数很小的钕钴磁钢。这些都不利于传感器精度的提高以及成本的控制。

磁阻型、电磁感应型和差分霍尔型是近几年新兴起的技术，由于均采用了类似对原始测量信号的差分处理方式，因此在确保了很高的测量精度的同时，对传感器的制造工艺以及磁铁材料等却没有很高的要求，并且随着集成电路技术的不断发展，成本与线性霍尔元件已经基本相当，具有很广阔的应用前景。

8.3.2 碰撞传感器

碰撞传感器是安全气囊系统中的控制信号输入装置。其作用是在汽车发生碰撞时，由碰撞传感器检测汽车碰撞的强度信号，并将信号输入安全气囊计算机，安全气囊计算机根据碰撞传感器的信号来判定是否引爆充气元件使气囊充气。

碰撞传感器多数采用惯性式机械开关结构，相当一只控制开关，其工作状态取决于汽车碰撞时加速度的大小。一般碰撞传感器即可用作碰撞信号传感器，也可作碰撞防护传感器，但是必须设定其减速度阀值。碰撞传感器负责检测碰撞的激烈程度；设置防护传感器的目的是防止前传感器意外短路而造成防误膨开，因为在不设置碰撞防护传感器的情况下，当监测前碰撞传感器时，如果不慎将其信号输出端子短路使点火器电路接通，那么气囊就会引爆充气膨开。

碰撞传感器的种类可以分为以下几种。

1. 按功能分类

（1）碰撞烈度传感器

碰撞烈度传感器用于检测汽车受碰撞程度。该传感器按安装位置分为：左前碰撞传感器、右前碰撞传感器和中央碰撞传感器。

（2）碰撞防护传感器

碰撞防护传感器用于防止安全气囊产生误胀开，又称为安全碰撞传感器或侦测碰撞传感器。

2. 按结构分类

（1）机电结合式传感器

机电结合式传感器利用机械机构运动（滚动或转动）来控制电器触电运动，再由触电断开与闭合来控制气囊点火器电路接通与切断的传感元件。目前常用的有滚球式碰撞传感器、滚轴式碰撞传感器和偏心锤式碰撞传感器。

（2）电子式传感器

电子式传感器利用碰撞时应变电阻的变形使其电阻值变化或压电晶体受力使输出电压变化来控制安全气囊电路。

（3）水银开关式传感器

水银开关式传感器利用水银导电良好的特性来控制气囊点火器电路接通与切断，一般用作防护传感器。

参考文献

[1] 林武文, 徐锦, 徐世录. 红外探测技术的发展[J]. 激光与红外, 2006, 36(9): 840.

[2] 王大海, 梁宏光, 邱娜, 等. 红外探测技术的应用与分析[J]. 红外与激光工程, 2007, 36(9): 107.

[3] 张雪, 梁晓庚. 红外探测器发展需求[J]. 电光与控制, 2013, 20(2): 41.

[4] 杨波, 陈忧先. 热释电红外传感器的原理和应用[J]. 仪表技术, 2008, 6: 66.

[5] 姜啸, 宇钟声, 赵圣. 红外阵列探测器研究进展[J]. 商品与质量, 2010, 10: 91.

[6] 何柏村. 基于红外光谱的CO气体浓度检测系统研究[D]. 杭州: 中国计量学院, 2014.

[7] 肖心通. 基于红外传感器的气体浓度测量系统设计[D]. 天津: 天津大学, 2011.

[8] 李清生. 热释电红外传感器[J]. 电器时代, 2004, 9: 63.

[9] 孟祥忠, 宋保业, 许琳. 热释电红外传感器及其典型应用[J]. 仪器仪表用户, 2007, 14(4): 42.

[10] 冯莉, 明东, 徐瑞, 等. 热释电红外传感器在生物特征识别领域中的研究进展[J]. 现代仪器, 2011, 3: 10.

[11] 史骏. 基于远红外技术的车载辅助驾驶系统的优化[J]. 信息技术, 2017(12): 70-72.

[12] MOHD M N H, KASHIMA M, SATO K, et al. A non-invasive facial visual-infrared stereo vision based measurement as an alternative for physiological measurement[C]//Asian

Conference on Computer Vision. Berlin: Springer, 2014: 684-697.

[13] SADEGHIPOOR Z, THOMAS J B, SÜSSTRUNK S. Demultiplexing visible and near-infrared information in single-sensor multispectral imaging[C]// Color and Imaging Conference Society for Imaging Science and Technology. Piscataway: IEEE Press, 2016(1): 76-81.

[14] 吴磊. 红外双目立体视觉显著目标测距技术研究[D]. 南京：南京理工大学, 2015.

[15] 佟颖. 基于红外与可见光双波段图像的立体视觉关键技术研究[D]. 天津: 天津大学, 2016.

[16] BERTOZZI M, BROGGI A, LASAGNI A, et al. Infrared stereo vision-based pedestrian detection[C]// IEEE Proceedings of Intelligent Vehicles Symposium. Piscataway: IEEE Press, 2005: 24-29.

[17] 范俊. 基于红外车载安全技术的研究[D]. 成都：电子科技大学, 2016.

[18] KONG W, ZHANG D, WANG X, et al. Autonomous landing of an UAV with a ground-based actuated infrared stereo vision system[C]// IEEE/RSJ International Conference on Intelligent Robots and Systems. Piscataway: IEEE Press, 2013: 2963-2970.

名词索引

DR　165

IMU　160~162, 166, 170, 172~174, 176

INS　10, 165, 171, 173, 174, 176

MIMO　8, 59~63, 70, 77, 78

贝叶斯估计　183~188

波形分解　88, 90

差分定位　164

场景重建　117, 120

超声波　3, 7, 9, 75, 181, 182, 201~204

车道线检测　8, 115, 120, 150, 153

车辆检测　114, 147, 156

车载传感器　1, 7, 10, 147, 180, 182

初配准　106, 107

单点定位　163

点云分割　99, 105, 106

点云滤波　91

点云配准　106, 107

点云特征　92, 96, 98, 105, 119

傅里叶变换　19~24, 27, 48, 51, 128, 134, 135

毫米波雷达　3, 7, 8, 41~43, 47, 67, 69, 70, 72~75, 77, 181, 182

恒虚警　48, 54, 56, 57~59

红外　75, 77, 86, 126, 127, 200, 204~210, 213, 214

机器学习　141, 145, 154, 155

215

激光测距　79～81

激光雷达　2, 7～9, 73～75, 79, 81～89, 91, 99, 107, 113～118, 120, 121, 126, 127, 157

加速度计　157, 159～162, 166, 170, 172, 176

降噪　88～91, 118

经验模态分解滤波　90

精密单点定位　165, 178

精配准　106, 107

距离选通成像　111, 112

聚类　99～102, 104, 119, 140, 150, 151, 181

卡尔曼滤波　35, 117, 162, 168, 169, 174, 176～178, 182, 183, 188～192, 199, 200

轮速传感器　159, 165, 167, 168, 170, 174

滤波器　13, 35～39, 49～54, 57, 58, 61, 65, 67, 89, 92, 117, 142, 143, 174, 183, 189, 199

脉冲探测　90

脉冲压缩　48～52, 61, 62, 70

模糊决策　192, 194, 195, 200

目标跟踪　64, 65, 196～200, 210, 211

目标检测　8, 48, 52, 55, 116, 121, 141, 144, 198, 199

目标追踪　116

全波形信号　90

三维成像　69, 73, 85～88, 107, 111, 113

深度学习　6, 7, 91, 93, 97, 104, 141, 144, 153, 154

视觉　2, 7, 8, 10, 99, 117, 122, 123, 125, 128, 129, 133, 141, 146, 157, 197, 209, 210, 214

数据融合　74, 180～184, 186, 188

特征描述子　93, 95～97

特征提取　8, 97, 98, 106, 114～116, 127, 128, 130, 131, 134～136, 138, 142, 147, 154, 181, 199

图像处理　106, 122, 123, 127, 128, 131, 133, 134, 141

陀螺仪　157, 159～162, 165, 167, 170, 172, 176

维纳滤波　35, 89

稀疏采样　112, 113

线性系统　16～19, 35, 40, 188～190, 192

小波分解滤波　88

信号处理　　10～13, 40, 41, 47, 48, 53, 56, 59～61, 63, 69, 71, 77～79, 88, 118, 122, 123,
　　　　　　135, 157, 184, 206
智能网联　　1, 4, 8, 10, 11, 160
自动驾驶　　2～11, 75, 147, 150, 153, 197, 201
组合定位系统　　157, 163, 171, 174

名词索引

信号中断 10—13, 40, 41, 42, 48, 52, 58, 59—61, 63, 69, 71, 77—79, 98, 118, 122, 123, 135, 152, 185, 208
智能网阶段 1, 4, 8, 10, 11, 160
自动监测 2—11, 15, 16, 150, 153, 197, 201
综合优化系统 152, 163, 171, 174